KB270010

한국탄생의 비밀

가장 확실한 예언은
이미 과거의 역사 속에서부터
움트고 있었다!

박상하 지음

경영자료사

가장 확실한 예언은 이미 과거의 역사 속에서부터 움트고 있었다

모두가 아는 명백한 사실이지만, 우리의 공동체 한국은 지난 백여 년 사이 한 나라가 겪을 수 있는 온갖 고난과 시련을 온몸으로 통과해야 했다. 수천 년 동안 영속되어 왔던 왕조의 허무한 종말과 함께 일제의 잔혹한 강점으로 숨죽여야 했던 반백 년 동안의 식민지배, 이어진 해방 공간에서의 혼란이 채 물러가기도 전에 폭풍우처럼 밀어닥친 동족상잔의 처참한 잿더미 속에서, 하지만 우리는 그러한 폐허와 공허를 딛고 일어나 이른바 '반세기만의 기적'으로 불리는 지금의 한국을 이룩해내었다.

말할 나위도 없이 어느 나라 어느 민족도 고난과 시련이 비켜갔던 역사란 없다. 이 세상에 더 우월한 역사란 존재하지도 않는다.

그렇다하더라도 오늘날 한국의 탄생은 새삼 이러저러한 수치를 들먹일 필요도 없이 분명 이 시대의 위대한 이야기 가운데 하나라는 데는 누구도 부인하지 못한다. 지구촌 경제학자들의 관심과 상상력을 불러일으키기에 충분할 뿐더러, 나아가 이러한 경제적 위업에 당장 또 다른 찬사를 찾지 않으면 안 될 기적이 아닐 수 없다. 더욱이 이러한 기적은 지구촌이 처음으로 목격한 현상일 뿐 아니라, 앞으로도 더는 나타나지 않을 것이라고 전문가들은 단언한다.

그렇다면 이런 의문이 다시금 오롯이 남는다. 과연 이러한 현상을 어떻게 설명할 수 있을 것인가 하는 점이다. 또한 이것은 비단 지구촌의 경제학자들만이 아닌 그 간 우리 모두의 뜨거운 관심사 중 하나이기도 했다.

물론 뒤에 좀 더 곡진히 언급할 기회가 따로 마련되겠지만, 동아시아의 변방에서 오랫동안 숨죽이고 살아왔던 한국이라는 역사적 공동 운명체가, 마침내 세계사의 전면에 등장하게 된 이러한 역사적 위업을 그저 단순히 몇 가지 이유만으로 설명해내기란 결코 쉽지 않은 일이다. 역사를 이해하고 수용하는 데는 도움이 될 수 있을지라도 그 간체까지 받아들이는 데는 일정한 한계가 있을 뿐만 아니라, 현상의 복잡함이란 보는 이에 따라 접근 문법부터 얼마든지 달라질 수 있기 때문이다.

그렇대도 필자는 굳이 우리의 역사를 붙들고자 한다. 우리의 역사를 붙들고서 그 해답을 찾아나갈 참이다. 그것은 앞서 얘기한 것처럼 지구촌 경제학자들의 관심과 상상력을 불러일으키기에 충분할 뿐더러, 나아가 이러한 경제적 위업에 당장 또 다른 찬사를 찾지 않으면 안 될, 그 같은 한국의 탄생을 이뤄낸 우리의 퍼즐을 역사만이 고스란히 공유하고 있는 까닭에서다. 역사야말로 가장 폭 넓게 보여주고 있으면서도 또한 가장 절약해서 효과적으로 보여주고 있기 때문이라고 말할 수 있다.

그리하여 한 끼니의 밥조차 구할 길이 없어 가족 가운데 누군가를 속절없이 해외에 입양 보내지 않으면 안 되었던, 그 가난하고 누추하기 짝이 없었던 나라와 겨레가 어떻게 불과 반세기여 만에 지구촌이 주목하는 지금의 한국을 이룩할 수 있었는지. 그 같은 반세기여 만의 기적을 이룩한 '우리들의 퍼즐'이란 게 대체 어떠한 것이었기에 한 나라가 겪을 수 있는 온갖 고난과 시련 속에서도 오늘날의 한국을 탄생시킬 수 있었는지. 도대체 그 엄청난 폭발력은 우리의 어디에서부터 기인한 것이었는지. 의문과 질문을 던져 애써 묻기로 작정한 것이다.

한데 참으로 놀라운 일이 아닐 수 없다. 오늘의 이런 '한국의 탄생'을 일찍이 한 발 앞서 꿰뚫어본 이가 있었다. 파란 눈의 서양인인 미국 하버드대 동아시아언어문화학과 카터 J. 에커트Carter J. Eckert 교수였다. 그는 하버드대대학원에서 서양 중세사를 전공하던 중 1970년에 한국으로 건너와 평화봉사단원Peace Corps 등으로 '77년까지 장기 체류하면서, 한국인의 숨은 잠재력potential energy을 목격했다. 헐벗고 굶주린다 해서 봉사하러 온 한국이 '대단히 특별한 나라'라는데 주목케 된 것이다.

그런 뒤 미국으로 돌아가 워싱턴 주립대에서 '일제하 경성방직과 고창 김씨가金氏家' 연구로 박사 학위를 받고 줄곧 하버드대 강단에 서면서, 지난 1991년에는 「제국의 후예Offspring of Empire」라는 매우 두툼한 저서를 펴냈다. 일찍이 그가 주목했던 한국이라는 '대단히 특별한 나라'를 심도 있게 진단하고 분석한, 오늘날 한국의 탄생을 밝혀내는 명저였다.

에커트 교수는 이 저서에서 오늘날 한국의 탄생에 관한 기존 연구들이 대부분 1960~70년대의 급속한 수출 주도 성장기에 초점을 맞추어 설명하고 있는데 반해, 그는 그 이전의 한국 역사, 그러니까 일제 식민지 시기 고창 김씨 일가와 경성방직의 성장으로까지 거슬러 올라간다. 다시 말해 「제국의 후예」라는 책의 제목에서 강하게 암시하고 있는 것처럼 오늘날 한국 자본주의의 발전 요인을 다름 아닌 일제의 식민 지배로부터 그 기원을 찾고 있다. 요컨대 갓난아이가 어머니의 젖꼭지를 빨아 성장하듯이, 우리가 일제로부터 수유를 받아 근대화를 통과할 수 있었다는 것이 그 요지다. 그의 이런 저서는 적잖은 반향까지 일으켜 미국 역사학회에서 수여하는 존 페어뱅크상을 수상하는 영예를 안겨주기까지 했다.

그러나 불행하게도 에커트 교수의 「제국의 후예」는 벌써 책의 제목에서부터 그 한계를 여실히 드러내고 있다. 서양의 문법만으로 우리를 조명하고 있을 따름인 것이다. 겉으로는 좀처럼 드러나지 않는 우리의 역사적 근육이랄까, 내적 역량을 미처 다 살피지 못한 점이 아쉬움으로 남았다.

비슷한 시기 에커트 교수와 함께 오늘날 한국의 탄생을 한 발 앞서 꿰뚫어본 이는 또 있었다. 대만 출신 일본 동해대 교수 사세휘謝世輝 박사였다.

일본 나고야대학에서 이학박사 학위를 받은 그는, 과학문명의 한계를 스스로 인식한 뒤 과학기술사·세계사·문명사 연구로 자신의 학문을 점차 전환해나가면서, 세계의 정치경제를 조망한 독특한 세계사 구상으로 주목받아온 문명연구가였다. 그런 그가 지난 1986년에「日本이 美國을 추월하고, 韓國에 지게 되는 理由」라는, 당시로선 다소 충격적인 저서를 펴냈다. 책의 제목에서 이미 밝히고 있듯이 초강대 국가인 미국과 일본을 한국이 앞서나간다고 주장한 것이다.

사실 1986년의 한국이라면 아직은 지구촌의 어느 누구도 거들떠보지 않고 있던 무명의 국가였다. 다만 중동의 건설에서 굵은 땀방울을 뻘뻘 흘리면서 시큼한 땀내가 채 가시지 않은, 별반 내세울만한 것이 없던 딱한 시절이었다. 이제 겨우 저가의 흑백텔레비전이나 만들어내고 있는 삼성전자가 뒤늦게 반도체사업을 시작해보겠다며 일본으로 미국으로 눈을 돌리고 있었고, 현대자동차가 국산 승용차 '포니'를 자체 개발하여 미국에 수출 길을 열어보겠다며 나서고 있을 무렵이었다. 누가 보아도 아직은 동아시아의 변방에 자리한 그저 작고 초라한 분단국가일 따름이었다. 같은 시기 한국과 일본 두 나라의 경제력 차이나 기술 개발력의 차이를 비교해보아도, 이미 '한국은 일본을 도저히 따라잡을 수 없다'는 결론에 도달한 때였다.

한데 사세휘 교수는 당시 한국의 미래를 전연 다른 시각으로 전망했다. 앞으로 사반세기 후인 2010년쯤이 되면 한국이 일본을 따라잡으면서 앞지를 가능성이 충분하다고 내다본 것이다.

그 이유는 대략 다음과 같았다. 예컨대 대량 생산시대에는 막대한 자본과 기술을 가진 일본이 한국을 앞설 수 있었으나, 다품종 소량 생산에 접어들 새로운 (디지털)시대에는 창의력에서 확실한 우위를 나타내고 있는 한국이 결국 일본을 뛰어넘을 것이라고 점쳤다.

물론 우리 역시 일찍이 우리의 미래를 점쳤던 이가 결코 없지 않았다. 먼 훗날 도래할 우리의 미래를 확신하며 오늘날 한국의 탄생을 벌써 한 발 앞서 꿰뚫어본 이가 있었다. 다름 아닌 한국 신문학의 개척자인 소설가 춘원春園 이광수였다.

그는 나라마저 빼앗기고 만 일제 강점기에 이미 우리의 미래를 확신하고 있었다. 1935년 4월 14일자 조선일보 〈실업과 정신수양〉이란 기고문에서, '…상업에서 화신, 공업에서 경성방직의 확장 발전은 결코 한낱 사실만이 아니요, 뒤에 오는 대군大軍의 척후斥候임이 확실하다' 고 밝히고 있다. 한 치 앞도 내다보이지 않는 일제의 암흑기였던 1930년대 중엽, 대표적인 한국인 기업이었던 박흥식의 화신백화점과 고창 김씨 일가의 경성방직에서 훗날 만개할 한국 자본주의를 그 때 이미 감지하고 예언했던 것이다.

놀랍게도 그의 예언은 정확히 적중했다. 그로부터 불과 반세기여 만에 오늘날의 한국을 탄생케 한 대군(?)이 속속 몰려오기 시작한 것이었다.

그러나 사세휘 교수나 이광수 역시 에커트 교수와 마찬가지로 거기까지가 전부였다. 그들이 일찍이 오늘날 한국의 탄생을 한 발 앞서 꿰뚫어본 혜안은 분명 놀랍기 그지없는 일이었다. 하지만 그들이 한 발 앞서 감지할 수 있었던 한국인들만의 역사적 근육이라 해도 좋고, 내적 역량이라고 해도 좋을 숨은 동력이란 과연 무엇이었느냐 하는 의문에 대해선 이렇다 할 설명을 들을 수 없었다. 거듭 말하지만 남달리 예리한 그들의 시각으로 한국의 '그 무엇'을 목격하고 감지했었기에 그토록 암울하기만 하던 시절에 이미 오늘날 한국의 탄생을 한 발 앞서 꿰뚫어볼 수 있었는지, 아무래도 '그 무엇'에 대한 실체를 미처 다 헤아려 밝히지 않은 건 어쩔 수 없는 미스터리로 남겨둘 수밖에는 없었다.

한데 그런 간절한 소망이 마침내 하늘에까지 닿았던 것일까. 수년 전 필자에게 우연히 그러한 기회가 찾아왔다. 앞서 미스터리로 남겨둘 수밖에 없었던, 오늘날의 한국을 탄생케 한 바로 '그 무엇'을 찾아보지 않겠느냐는, 실로 귀를 의심할 수밖에 없는 뜻밖의 제의를 받게 되었다.

그 때 필자는 다른 어떠한 생각도 미처 하지 못했던 것 같다. 가능성의 여부를 떠나 오로지 제의를 거역할 수 없다는 사실만이 운명처럼 다가왔다. 본령인 문학마저 진득하게 천착하지 못한 채, 더욱이 자기 분야를 벗어나 타인의 영역에 들어서는 만용에 대한 대가가 어떠하다는 것쯤은 달구리와 해넘이처럼 역력히 알고 있었음에도, 그 순간에는 세종世宗의 말부터 먼저 기억해냈다. '좋은 말은 땅에 떨어지기 전에 어서 듣고 대답하라'는 세종의 말만을 화인처럼 떠올렸던 것이다.

그로부터 어느덧 수년의 시간이 그야말로 한 눈 팔 새도 없이 쏜 살처럼 지나고 말았다. 그러면서 이「한국 탄생의 비밀」을 마침내 세상에 내놓게 되었다. 또 그간 혼자서 열병처럼 몸부림쳐왔던, 아주 오래 된 의문이자 미스터리 또한 찾아낼 수 있게 되었다는 것도 아울러 고백하지 않을 수 없다.

미리 밝혀두지만「한국 탄생의 비밀」은 우리의 장구한 역사가 오늘날에도 우리들의 유전자 속에 고스란히 녹아있다고 보는 데서부터 출발을 하게 된다. 더욱이 오늘날 한국의 탄생과도 매우 밀접하게 관련되어 있음을 또한 전제로 하고 있다는 것 또한 미리 알려두고자 한다.

그런 만큼「한국 탄생의 비밀」이 우리들에게 던지는 질문은 한결같다. 역사 속의 한국인은 과연 어떠한 과정을 거쳐 오늘에 이르렀는지, 지금의 우리가 있기까지 왜 그토록 장구한 시간이 걸려야 했는지, 오늘날의 우리가 탄생하기까지 그런 시간들은 대체 어떠한 역할을 하였는지, 아직도 지구촌에는 구태에 갇혀 헤어나지 못하고 있는 국가와 민족이 적지 않은데도 지난 반세기여 동안 우리의 성장은 그토록 역사와 경제 점쟁이의 제자들마저 놀라게 하였는지 등….

아무렇든 이러한 의문과 질문은 비단 필자만이 아니라고 본다. 우리 모두에게 지적 호기심을 자극하기에 충분히 흥미로운 논쟁거리라는 생각이 든다.

따라서 「한국 탄생의 비밀」은 비록 역사에 초점을 맞추고 있기는 하나, 그에 따른 경제의 흐름 또한 조직을 함께 해나갈 생각이다. 역사를 씨줄 삼고 경제를 날줄 삼아 거시적 관점에서 톺아본 경건한 성찰, 곧 한국 탄생의 비밀을 밝혀나갈 참이다.

물론 어느 누구라도 완벽한 역사를 기록하지는 못한다. 필자 또한 결코 예외일 수 없다. 더구나 「한국 탄생의 비밀」은 여전히 비판의 소지가 많을 줄 안다. 비록 역사를 씨줄로 삼고 있다고는 하나 경제의 흐름 속에서 과거의 역사를 살핀다는 것은 지극히 편협한 시각인데다, 더구나 우연적인 요소도 적지 않아서 수백 년 동안이나 그 두께를 아우르는 방대한 사회적 변화를 단지 경제의 흐름 속에 담아내기에는 어림 반 푼도 없다는 지적이 나올 수 있다.

뿐만이 아니다. 의문과 질문은 제법 크게 벌여놓았음에도 답변을 뒷받침하는 증거의 빈약은 물론이거니와, 그나마 친절하고 설득력 있게 입증하려 하기보다는 그저 주장하는 데에만 그치고 있을 뿐더러, 그러한 사실조차 너무 단순화하고 말았다는 미숙함 또한 있을 줄 안다.

하지만 이런 옹색한 변명 속에서도 다시금 찰스 다윈의 말을 핑계 삼아 떠올려본다. '몇 가지 증거만 뒷받침 된다면, 그것이 비록 잘못된 견해라 하더라도 무조건 해가 되는 건 아니다' 라고 하는.

마찬가지로 「한국 탄생의 비밀」이 입증하려 하기보다는 주장하는데 그치고 있을 뿐더러, 혹여 부분적인 오류가 발견된다 하더라도 필자는 그것이 생산적인 오류가 되기를 희망한다. 학문과 학문 사이에서, 혹은 비판이나 논쟁을 통하여 진실을 구하고자 하는 보다 많은 이들에게 어떤 지적 자극이나 또 다른 영감을 불러일으켜 줄 수 있기를 기대한다. 그리하여 이 책이 우리의 정체성 형성과 가치 구축을 규명하고 발굴하는데 보다 폭 넓은 시각과 관점에서 논의될 수 있는, 논쟁과 숙고의 가시고기가 될 수 있기를 요청한다. 아니 「한국 탄생의 비밀」이라는 매우 방대하면서도 중대한 질문에 대한 하나의 출발점으로 발견될 수만 있다하더라도 더할 나위가 없다 하겠다.

끝으로 이 「한국 탄생의 비밀」은 매우 고통스럽게 태어났다. 원고의 수레바퀴는 매일같이 힘겹게 굴러서 마치 끝없는 광야를 지나고 험준한 준령을 넘어온 것만 같다. 단지 '거역할 수 없는 운명처럼 다가왔다' 는 이유만으로 기꺼이 자청한 여정이기는 하였으나, 중도에서 그만 길을 잃고 해매인 적이 또 얼마였는지.

여기에 다 일일이 열거할 수는 없더라도, 하지만 그처럼 길을 잃고 주저앉으려 할 적마다 한결같이 운명을 같이해준 단 한 분이 있다. 그 분은 필자의 더디기만 한 원고 작업에도 끊임없는 애정과 관심을 놓지 않았었다. 단언건대 그 분의 도움이 없었더라면 이 「한국 탄생의 비밀」은 결코 세상의 빛을 보기 어려웠을 것이다. 돌아보면 지난 수년 동안 그 분은 필자에게 진정한 스승이자 동지였으며, 힘겨워 비틀거릴 적마다 손을 내밀어 산통을 함께 나눈 공동의 산모였다. 그 분께 삼가 머리 숙여 절을 올린다.

여기까지가 필자의 경계다. 원고를 출간할 적마다 매번 경험하는 일이지만 필자의 품을 떠난 원고는 서둘러 이소하기 마련이다. 따라서 이제 필자는 유령이며, 「한국 탄생의 비밀」은 따로 자신의 운명을 스스로 갖게 될 것이다. 그런 만큼 이 비정한 세상에서 미아로 스러져가지 않도록 보다 많은 이들이 「한국 탄생의 비밀」을 발견했으면 하는 마음 간절하다.

| 차 례 |

제1장
'한국의 탄생' 그 이전의 한국

남쪽으로부터의 위협

　돌이켜보면 우리 겨레가 살아온 지난 5천년 동안의 역사는 참으로 어기찬 세월이었다. 우리에게는 유난히 삭풍이 휘몰아쳤었다. 무람없이 휘몰아치는 거친 삭풍 앞에 떨고 선 희미한 촛불이 다름아니었다.

　하기는 지난 5천년의 시공을 살아오는 동안에 우리가 이민족으로부터 크고 작은 외침을 받아온 것만도 도합 1,000여 차례에 이른다. 그 중에서도 100여 차례는 전면 전쟁으로,[1] 온 나라 온 민중이 전란의 참화에서 피할 수 없었다. 여북하면 '우리의 역사는 곧 외침의 역사였다' 라고 자조했겠는가. 작히나 하였으면 '우리 민족은 난리 속에서 태어나 난리 속에서 생을 마친다' 고 회자하였겠는가.

　다시 말하지만 어느 나라 어느 민족도 고난과 시련이 비켜갔던 역사란 없었다. 한때 제법 잘 나간다던 국가와 민족이라도 역사의

긴 흐름에서 볼 때에는 그들 또한 결코 예외가 아니었음을 우리는 익히 알고 있다.

그렇다하더라도 우리가 살아온 땅 한반도는 예부터 태생의 지정학적 위치 때문에 유독 외침이 잦았다. 북쪽의 대륙에서 밀고 내려오는 난폭하기 짝이 없는 거센 정복의 압력은 참으로 불가항력의 압박이었다. 그런가하면 남쪽에서 바다를 건너 끊임없이 밀려오는 야망 또한 우리로서는 항거하기 힘든, 잔인하기 이를 데 없는 폭력이었다.

이처럼 우리는 북쪽의 대륙과 남쪽의 바다 건너에서 끊임없이 밀려드는 정복과 야망을 꺾기에 바빴고, 따라서 한때도 안심하고 산 날이 없었다. 때문에 우리의 역사란 순전히 외침의 억압 속에서 이루어진, '불안과 위험 속에서 살아온 역사'였다라고 정의할 수밖에 없을 것 같다.

한국의 탄생, 그 이전의 한국이었던 조선왕조의 역사만 놓고 보더라도 그렇다. 태조 이성계가 5백년 고려왕조를 무너뜨린 뒤 새로운 왕조 조선을 건국(1392년)한 이후 벌어진 숱한 외침 속에서도, 특히나 조선 중엽의 임진왜란(1592년)은 우리에게 곧 절체절명의 위기였다. 그 때 그만 까딱 나라가 거덜 나고 말 뻔했던 것이다.

일본군이 남쪽 바다 현해탄을 하루 만에 건너 부산포 앞바다에 그 모습을 드러낸 지 불과 17일 만에, 선조는 불타오르는 경복궁과 종묘사직을 뒤로 한 채 쏟아지는 빗줄기 속에 도읍 한성에서 평양성으로 서둘러 파천하지[2] 않으면 안 되었다. 이런 와중에 일본군이 휩쓸고 지나간 경상도 38개 고을에는 인적마저 끊기고 말 지경에

죽을 사死자가 두 번 겹친다는 임진년(1592) 4월 13일, 생전 듣지도 보지도 못한 새로운 무기 조총으로 무장한 일본군 17만8,350여명이 현해탄을 건너 조선을 침략했다. 하지만 미처 전쟁 대비를 하지 못한 조선군은 침략군을 막아내지 못했다. 그리하여 전쟁 개시 불과 20일 만에 도읍 한성마저 일본군에게 짓밟히고 만 가운데 선조와 문무백관은 국경의 끄트머리까지 파천하면서, 나라 안은 온통 생지옥으로 변하고 마는 절체절명의 위기에 빠지고야 말았다.

이르렀으며, 끝내 일본군에게 짓밟히고 만 도읍 한성은 생지옥으로
돌변하고 말았다.

　일본군은 도성 안의 남자들을 모조리 베어죽일 것을 비밀리에
논의한 뒤, 집안에 숨어 있다 끌려나온 남자들을 결박하기 시작했
다. 미처 피난을 떠나지 못한 늙은이들이거나 나이 어린 사내아이
들이 대부분이었으나, 점령군에겐 아무 상관도 없는 일이었다. 점
령군은 그들을 결박하여 숭례문 바깥에다 기다랗게 열을 지어 세워
놓은 뒤 위쪽에서부터 칼을 치켜들고서 한 사람 한 사람 참수시켜
내려오는데, 남자들은 칼에 베어 모두가 목이 떨어져나갈 때까지
새파랗게 겁에 질려 누구 한 사람 도주할 생각조차 하지 못했다. 그
리하여 그들의 사체가 숭례문 바깥에는 물론이고 홍인지문 바깥에
도 구릉을 이루었으며, 도읍 한복판 종각 주변에도 산더미같이[3] 쌓
여갔다.

　애꿎은 여자들 또한 일본군의 만행에서 벗어날 수 없었다. 도성
을 점령한 일본군은 밤과 낮, 위아래를 가리지 아니한 채 그저 치마
를 두른 여자라면 닥치는 대로 강간부터 일삼았다. 반항이라도 할
라치면 말에 묶여 질질 끌려다니다가 결국 죽임을 당해야만 했다.
'사녀다피오욕士女多被汚辱'이라는 기록이 말해주듯[4] 특히 양가집
아녀자들의 피해가 이루 말할 수 없이 컸다.

　한데도 일본군의 만행은 좀처럼 수그러들 줄을 몰랐다. 남아 있
는 기록으로 보더라도 도성 안에서 산 사람의 귀를 자르고, 눈알을
빼고, 살점을 도려내고, 껍질을 온통 벗겨내고, 심장을 도려내며, 사
지를 절단하여 머리와 몸뚱이는 긴 장대 끝에 매달아놓는 등 그 참

상은 이루 다 말할 수 없을 정도였다.

오죽이나 처참했으면 일본군이 점령한 지 1년여가 지난 이듬해 4월 18일 한성이 수복되었을 때 도체찰사都體察使(전시 때 최고 군사 수령) 유성룡이, '백 명 가운데 살아남은 이는 그저 한 둘이요, 그나마 살아남은 이도 굶주리고 지쳐 얼굴빛이 귀신같았으며, 사람과 말들이 죽어 산더미를 이루면서 썩는 냄새가 도성 안에 가득하여 코를 막고 지나가야 할 형편' [5]이라고 비통해 하였겠는가.

그러나 평양성으로 피신한 선조 또한 결코 안심할 수 없었다. 한 달여가 지나 다시금 파천을 서둘러야 했다. 평양성마저 속수무책으로 일본군에게 내어주고 만 채 국경의 끄트머리께까지 쫓겨나야 했다.

이러한 전쟁은 무려 7년여 동안이나 계속되었다. 뒤늦게야 들불처럼 일어난 이름 없는 민초들의 궐기와 호남 수군水軍의 반격으로 가까스로 전쟁이 종식될 수 있었던 것이다.

하지만 7년 전쟁이 남긴 상처는 너무도 컸다. 전쟁으로 황폐해진 잔해 위에 일본군이 남기고 간 거대한 공포와 몸뚱이마다 난자당하고 만 상흔은 좀처럼 치유할 수 없는 것이었다.

더구나 미처 숨 돌릴 겨를조차 없었다. 임진왜란이 종식된 지 겨우 반세기만에, 이번에는 북쪽의 여진족 세력이 군사를 이끌고 내려왔다. 이른바 병자호란(1636년)이었다. 조선이 신하의 예를 갖추지 않았다는 구실을 내세워 청淸 태종 홍타이지가 압록강을 건너면서, 한반도는 또다시 전쟁의 소용돌이 속에 휩싸이고 만 것이다.

북쪽으로부터의 위협

인조는 청 태종 홍타이지가 압록강을 건넌지 불과 엿새 만에 도읍인 한성을 비우고 급거 남한산성으로 피신했다. 이미 이괄李适의 난과 정묘호란이 휩쓸고 지나가면서 청천강 이북의 서북 지방은 인구의 절반가량이[6] 죽고 다치거나 고향을 떠나고 만 터에, 대부분 기병으로 이루어진 12만8천여 명에 달하는 청의 대군과 맞서 싸울 조선군은 그 어디에서도 찾아보기 어려웠다.

결국 인조는 문무백관과 서리, 노비를 제외한 1만3천여 명의 병력으로 남한산성에서 청의 대군과 대치하기로 했다. 가급적 시간을 벌면서 전국의 병력을 총동원하여 남한산성과 함께 도읍 한성을 지킨다는 전략이었다.

하지만 이 전략은 처음부터 중대한 오류를 안고 있었다. 무엇보다 산성에서의 전투가 그 효력을 발휘하기 위해서는, 산성 인근에 상당한 규모의 아군이 또 다른 저항선을 형성하고 대기한 상태를 전제로 할 때에나 가능한 것이었다. 다시 말해 주요 저항선인 산성을 돌파하려면 먼저 산성 인근의 저항 세력부터 제압하지 않으면 안 되었다. 그렇게 되었을 때 비로소 적의 병력을 분산시키면서 희생을 강요할 수 있을 뿐더러, 시간을 벌 수 있다는 원래의 계산대로 상황이 전개될 수 있었다.

그러나 각 도의 감사와 병사兵使가 황급히 병력을 소집하여 구원에 나서긴 하였으나 대부분 괴멸되고 말면서, 남한산성을 겹겹이 에워싸고 있는 청의 강력한 포위망을 돌파할 여력은 더 이상 나타나지 않았다. '천시는 지형의 이로움만 같지 못하고, 지형의 이로움은 인화만 같지 못하다天時不如地利 地利不如人和'고 하다지만, 천시와 지리조차 갖추지 못한 전쟁에서 이기기를 기대하기란 어려운 일이었다. 인조가 피신한 남한산성은 이내 외부와의 연락마저 차단되면서 고립무원에 빠져들고 말았다.

더욱이 심각했던 것은 무기와 군량미의 절대 부족이었다. 굶주림에 지친 병사들의 군량미가 시시각각 줄어들고 있었던 것이다.

원래 남한산성에는 전시에 대비하여 다량의 군량미가 비축되어 있었다고 한다. 한데 병자호란이 일어나기 얼마 전부터 높은 산성까지 운반하는데 어렵다는 이유를 들어, 산성에서 40여 리 떨어져 있는 평지에 갑사창甲士倉을 만들어 군량미를 따로 보관해왔다. 때문에 산성 안에는 1만여 명의 병력이 고작 한 달여 정도 버틸 수 있는 양의 군량미가 있을 뿐이었다. 청의 대군과 대치가 장기화 된다면 도저히 버텨 낼 방도가 없었다.

결국 청나라 대군과의 전쟁은 한 달하고 스무 사흗날 만에 패배로 끝이 나고 말았다. 포위된 남한산성 안에서 격론이 오간 끝에 결국 인조의 항복이 결정되었다. 인조는 소현세자와 함께 남한산성에서 내려와 삼전三田(지금의 서울 송파)의 9층 단壇 위에 걸터앉은 청 태종 홍타이지 앞으로 백 보를 걸어들어가, 모두 세 번 절하고 아홉 번 머리를 땅바닥에 짓이기는 것으로[7] 전쟁을 겨우겨우 종식시킬 수 있었다.

하지만 패배의 대가는 너무나 뼈아픈 것이었다. 소현세자와 세자빈 강씨, 봉림대군과 그 부인 장씨, 그리고 이조판서 최명길을 비롯한 대신들이 인질로 잡혀간데 이어, 무려 60여만 명에 달하는 전쟁 포로가 청으로 끌려가거나 노예가 되어 죽임을 당했다. 그것도 모자라 종전 조건으로 체결되었던 조약보다 무려 3배에 달하는 가혹한 조공을 비롯하여, 수많은 아녀자들이 공녀貢女로 청에 끌려가 성 노리개 구실을 하는 등 갖은 수모를 당하다 돌아온 환향녀還鄕女만[8] 하여도 수만 명에 달할 지경이었다. 그야말로 조선왕조 사회의 성리학적 운영 원리가 송두리째 난자당하고 만 것은 물론, 뼛속까지 사무치는 치욕으로 무참히 짓밟히고야 말았던 것이다.

하지만 역사의 단절이란 있을 수 없었다. 이어 전개되는 18~19세기의 사회 또한 이 시대를 빼놓고서 오늘날 한국의 탄생을 설명할 수 없을 만큼 중요한 역사적 의미를 갖기 마련이었다.

무엇보다 그 시대까지 동아시아에는 중화제국中華帝國이란 국제질서가 엄연히 존재하고 있었다. 여기서 중화제국이란 오늘날의 중국과 같이 국경이 명확히 그어진 근대국가가 아니었다. 중화제국이란 곧 하늘의 뜻을 받들어 이 세상을 다스린다는 천자天子의 덕이 한족漢族과 주변의 여러 민족에 미치는 정도에 따라 다양한 형태의 지배 관계를 내포하고 있었다.

그런 17세기 전반 명明 제국이 끝내 망조가 들자 조선의 지식인들은 만주족이 새로이 세운 청 제국을 낮게 보았다. 아울러 사라진 중화 문화의 전통을 우리가 잇고 있다는 자부심을 갖게 되었다. 조선을 소중화小中華라 일컬으며, 세계 문명의 중심이 중국에서 조선 왕조로 옮겨왔다고 믿게 된 것이다. 그리고 이 같은 인식은 그 후 1876년 개항開港 때까지[9] 이렇다 할 변화 없이 그대로 이어져왔다.

그러나 개항기 조선의 바깥은 그 이전의 사정보다 크게 달라져 있었다. 국제 정세는 지금껏 목격할 수 없었던 매우 빠른 속도와 방식으로 하루가 다르게 변모해가고 있었다.

특히 18세기 후반 영국에서 시작된 산업혁명의 파괴력은 서유럽과 북미 지역으로 빠르게 확산되면서 이들 나라마다 놀라운 힘을 키운데 이어, 급기야 인류 문명의 쓰나미tsunami와도 같은 폭풍으로 동아시아 지역으로까지 그 힘을 뻗쳐 왔다. 1870년대부터 서구의 열강들이 서세동점西勢東漸에 나서, 세계를 자기 나라의 식민지로 분할 점령해나가기 시작한 것이다. 그러다 마침내 동아시아 지역에서 서양과 군사적으로 충돌한 것이 1840년 영국과 청 사이에 벌어진 이른바 아편전쟁이었다.

이 전쟁에서 승리한 영국은 청에 난징조약을 강요했다. 상하이 등 5개 항구를 개방시키는 한편, 홍콩까지 할양받은 것이다. 하지만 여기에 만족하지 않은 영국은 프랑스와 연합하여 청의 도읍인

씻을 수 없는 치욕스러운 전쟁이었던 병자호란의 현장인 남한산성. 인질로 붙잡혀갔던 소현세자는 그 치욕을 갚기 위해 절치부심 북벌을 꿈꾸었으나, 8년여 만에 귀국한지 겨우 두 달 후에 의문의 죽음을 당하면서 북벌의 꿈도 함께 사라지고 말았다.

베이징을 무력으로 점령한 뒤, 주요 항구를 모두 다 개방하는 등의 베이징조약을 강요하고 나섰다. 러시아는 이 베이징조약 체결을 주선한 대가로 청으로부터 연해주를 할양받았으며, 이로 인해 조선은 두만강을 사이에 두고 러시아와 직접 국경을 접하게 되었다.

미국 또한 이런 대열에 발 빠르게 뛰어들었다. 1853년 페리Matthew C. Perry 제독의 함대를 일본에 파견한데 이어, 1858년에는 통상조약을 강요함으로써[10] 일본의 쇄국정책을 군소리 없이 종식시킨 터였다.

그에 반해 조선은 이들 청·일본과 달리 서양의 충격에 대응하는 방식이 사뭇 달랐다. 우선 1864년 12세의 어린 고종이 즉위하자, 그의 아버지인 흥선대원군은 어린 국왕을 대신하여 국정을 장악했다. 국정을 추스른 다음 각종 개혁에도 소매를 걷어붙이고 나섰다. 건국 초기로 돌아가자는 개혁정신이었다.

이러한 개혁정신은 전적으로 옳은 것이었다. 실제로 개혁에 따른 성과 또한 일정 부분 그렇게 나타났던 것도 사실이다.

하지만 흥선대원군의 개혁은 오로지 조선만을 바라본 우물 안 개구리식이었다. 우물의 바깥세상을 미처 다 살펴보지 못한 한계를 안고 있었다. 이런 상황에서 1860년 영국과 프랑스의 군대가 청의 도읍인 베이징을 무력으로 함락시키고, 황제가 급거 피신했다는 소식은 실로 엄청난 충격이 아닐 수 없었다.

한데도 흥선대원군은 하룻강아지 범 무서운 줄을 몰랐다. 쓰나미와도 같은 새로운 인류 문명의 폭풍을 강화도와 대동강 강변에 배치한 화포만으로 막으려 들었다. 무슨 일이 있어도 사악한 뱀과는 입을 맞출 수 없다고 큰소리를 쳤다. '서양의 오랑캐가 침범하는데 싸우지 않는 것은 곧 화친을 하자는 것이고, 화친을 주장하는 것은 곧 나라를 파는 것이다'며[11] 서둘러 쇄국정책부터 강화해버리고 만 것이었다.

그런 결과 이웃 나라인 (전쟁으로)청과 (군소리 없이)일본의 사정과는 전연 다른 차이점을 나타내게 되었다. 그들 나라와 같이 서구 열강에 의해서가 아니라, 같은 동아시아 국가인 일본에 의해 전혀 다른 방식으로 근대의 빗장이 열릴 수밖에 없었다. 곧 식민 지배의 전락이라는 불행한 역사를 피할 수 없게 된 것이었다.

이에 반해 일본은 서세동점의 위기를 맞아 매우 발 빠르게 변신에 성공했다. 1868년 명치유신明治維新을 통하여 임진왜란 이후 실질적으로 일본을 통치해온 도쿠가와 막부德川幕府를 폐지하고 근대 국가를 추구하는 신정부를 수립한데 이어, 1880년대 중반 이후 산업혁명에 들어가 놀라운 힘을 키웠다. 그리고 그런 힘을 바탕으로 조선을 놓고 벌인 청일전쟁(1894년)과 러일전쟁(1905년)에서 거푸 승리를 거두면서, 조선 점령을 아주 손쉽게 선점할 수 있게 되었던 것이다.

조선왕조는 그때서야 왕권을 강화하는 동시에 국제 사회로 나아가 애써 국권 회복 운동에 나서보았으나, 일본이 조선을 지배한다는 국제사회의 밀약과 양해 속에 아무런 성과도 거둘 수 없었다. 급기야 고종에 이어 조선의 마지막 국왕이었던 순종마저 일본에 의해 차례대로 독살당하고 말면서, 1910년 일본에 강제 병합되는 경술국치로 이어져 끝내 나라의 숨통이 끊어지고 말았다. 이후 35년 동안이라는 기나긴 일제 식민 지배로 접어들게 된 것이었다.

여기까지가 다름 아닌 한국의 탄생 그 이전에 살아온 우리의 한국이다.

지금으로부터 불과 백여 년 전인 1910년 경술국치, 바로 그 직전까지 살아온 우리 역사의 주요 얼개라고 볼 수 있다.

제2장
지구촌이 주목하기 시작한 '한국의 탄생'

1945년 8월 10일, 조선총독부는 단파 방송을 통해 일본이 항복한다는 사실을 사전에 알고 있었다. 미군 폭격기의 해상 공격이 치열해지면서, 함경도 지방의 나진·청진·웅기로 소련(러시아)군의 공격과 상륙이 속속 시작되고 있는 시점이었다.

일제 경찰의 총수인 니시히로 경무국장은 이들 청진 인근 지역의 소련군이 열차로 남하한다면 경성까지 불과 20시간 밖에 걸리지 않을 것으로 생각했다. 그러면 그들은 곧 정치범을 석방할 것이고, 약탈과 폭행의 혼란 상태를 야기 시킬 것으로 보았다. 이런 사태를 미연에 방지하려면 종전과 동시에 교도소 문을 먼저 열어야 하며, 치안 유지를 조선인들에게 맡겨야 한다고 판단했다. 니시히로 경무국장은 이것을 수행할 인물로 송진우, 안재홍, 여운형 가운데 한 사람을 내심 점찍어두고 있었다.

이윽고 8월 14일 밤 11시경, 일본 동맹통신사 경성지국을 통해서 일본 천황의 항복 연설 원고가 조선총독부에 먼저 전해지자, 니시히로 경무국장은 엔도류사쿠 정무총감 등과 협의한 후 여운형에게 연락을 보내기로 했다.

이튿날 아침, 여운형은 엔도류사쿠 정무총감의 관사에서 치안 유지 협력을 정식으로 수락했다. 송진우는 조선총독부의 제의를 일체 거절했던 것으로 전해지고 있다.

같은 날 정오, '짐朕은 깊이 세계의 대세와 제국의 현상에 감鑑하여 비상의 조치로써 시국을 수습코자 자玆에 충량한 이신민爾臣民에게 고한다…' 로 시작되는 일본 천황의 항복 방송이 있는 직후, 조선총독부 제1회의실에서 간단한 식전 행사가 열렸다. 식전 행사가 끝난 이후 조선총독부를 비롯한 주요 관청에서 가장 먼저 손을 댄 작업은 중요 문서와 각종 서류의 소각이었다.

그와 함께 조선총독부가 서둘러 시행한 작업은 조선은행권의 발행, 곧 돈을 대량으로 마구 찍어내어 무한정 남발하는 것이었다. 해방되기 한 달 전인 7월까지 47억 원이던 전체 통화 발행액은 8월 들어 갑자기 80억 원, 9월에는 87억 원으로 불과 두 달 사이에 거의 두 배로 늘어났다. 이처럼 마구 남발한 돈은 각급 관사와 공사를 비롯한 국책회사 직원들의 퇴직금이나, 조선에 살고 있던 70만 명에 달하는 자국민들의 귀국 경비 등으로 지급되었다.

이 때문에 조선은 이내 막대한 인플레이션에 빠져들고 말면서, 같은 해 8월에 1,100원 하던 쌀 한 가마니 값이 1년 후인 이듬해 8월에는 무려 4,700원으로 네 배나 껑충 뛰어올랐다. 비단 쌀값만이 아니었다. 이런저런 물가 역시 하룻밤 사이에 천정부지로 뛰어오르는 폭등 현상이 멈출 줄을 몰랐다.

한데도 조선에 살고 있던 일본인들은 조선총독부가 당초 예상했던 것보다 훨씬 더 안전했다. 일본 천황이 항복을 선언한 1945년 8월 15일부터 23일까지 일본인 경찰에 대한 폭행 건수는 한반도 전체에서 고작 66건에 불과했다. 이러한 수치는 조선인 경찰에 대한 폭행 건수 111건에 비해 대략 60퍼센트 수준이었다. 일본 민간인에 대한 폭행 사건도 같은 기간 80건으로, 조선 민간인에 대한 60건보다 기껏 20건 정도가 더 많았을 따름이다.

이러한 수치에서도 알 수 있는 것처럼 조선에 살고 있던 일본인들은 90퍼센트 이상 무사히 자국으로 돌아갈 수 있었다. 1876년 첫 개항을 하였을 때 고작 54명이었던 재선 일본인들이, 1945년에는 무려 71만2,500여 명으로 크게 증가한 숫자였다.

여기에다 만주 등지에서 쫓겨 내려온 숫자까지 합치면 8 · 15 해방 직후 재선 일본인은 어림잡아 100만 명 가까이 되었을 것으로 추산된다. 이 가운데 이듬해 말까지 80만6,000여 명이 자국으로 돌아갔다. 나머지 1961년까지 귀국한 숫자는 2만3,000여 명이었다.

당시 조선 총독이었던 아베노부유키는 점령군 사령관 하지 중장의 지시로 1945년 9월 19일 서울을 떴으며, 엔도류사쿠 정무총감은 아놀드 군정장관의 지시로 미 군정청 고문으로 머물다가 10월 17일에야 서울을 떴다. 미즈타 재무국장은 8 · 15 해방 직후 마구 남발한 통화 및 재정 문제로 미 군정청 검사국의 조사를 받다가 귀국했다. 니시히로 경무국장은 8·15 해방 전후 집행한 기밀비 용도에 관해서 미 헌병대에 억류되어 조사를 받은 후, 미헌병대 호송으로 부산항 연락선에 실려져 일본으로 추방(?)되었다.

8·15 해방 직후 일제 식민경제의 수탈 창구였던 동양척식주식회사(이하 동척東拓으로 표기)의 처리 또한 그와 별반 다르지 않았다. 당시 동척이 설립하였거나 관계하고 있는 계열 회사는 조선농지개발영단, 동척광업 등 무려 85개 회사에 달했다. 동척은 이들 계열 회사에 대해서 적게는 1퍼센트에서 많게는 100퍼센트의 주식이나 출자 증권을 소유하고 있었으며, 이들 기업에 대한 동척의 자본 불입액은 평균 40퍼센트에 이르렀다.

동척의 지점은 조선에서만 평양·사리원·나진·원산·경성·대전·이리·목포·대구·부산 등 10개소를 헤아렸다. 또한 평톈을 비롯한 만주의 5개 지점과 베이징 등 중국에 5개 지점이 있었고, 필리핀의 마닐라·싱가포르·인도네시아의 스마트라에도 각기 지점이 설치되어 있었다.

이 밖에도 동척은 남미 아마존의 척식·이민과 함께 몽골의 목축·석유개발, 멕시코의 유전 경영, 북만주의 농장과 목장, 남방의 목재·제당·섬유·농림업 등 지구촌 곳곳으로 마수를 뻗치고 있었다. 특히 조선에서의 토지 경영은 1926년도부터 동척 사유지가 가장 많았는데, 전답·임야·택지·잡종지를 합해서 자그마치 3억 5만여 평(1평은 3.3평방미터)을 헤아렸다.

그리하여 1908년 설립 당시 자본금 일화 1,000만원円 가운데 250만원을 출자하면서 시작한 동척이, 종전 무렵인 1945년경에는 그 자산 규모가 천문학적인 9억7,856만원(1원은 지금 돈 약 10만원)의 거대 다국적 기업으로 커져있었다.

그동안 동척에는 초대 우사가와 총재 이후 제11대 이케베까지 모두 10명이 총재를 지냈다. 미야오가 제4대와 7대를 겸했고, 마지막 총재였던 이케베는 1945년 2월에 부총재에서 승진한 인물이었다.

아무렇든 1945년 여름, 동척은 시시각각 조여드는 위기감 속에 하루하루가 초긴장 상태였다. 이미 8월 9일 0시 정각에 마침내 소련군이 만주 국경을 넘었다는 전보가 날아들었기 때문이다.

이윽고 8월 12일 밤, 만주 신경(지금의 장춘)까지 진입한 소련군은 신문지에 불을 붙여 들고 시가지를 누비며 무자비한 약탈을 일삼았다. 동척 신경지점 차장의 관사가 소실되면서 동척이 경영하고 있던 해림목재공사 사원 일가족 4명이 불에 타 죽었다. 동척 신경지점의 사원과 그 가족들은 이듬해 9월에 귀국한 자를 제외한 약 절반 가량이 서둘러 평양으로 피신해야 했다.

동척 장자커우지점은 양 2,000마리를 그대로 내버려둔 채 텐진에서 사세보로 귀국했다. 이 과정에서 축산기사 가도야마가 중국인들에게 살해당했다.

필리핀의 동척 마닐라지점은 일본군 패잔병들과 함께 열대 밀림 속을 방황하다 전원이 사망했다. 싱가포르와 스마트라지점에서도 다수의 동척 사원들이 목숨을 잃었다.

이럴 무렵 소련군이 진주한 북한 지역에서는 일본 아이들 사이에서 특이한 놀이가 유행했다. 소련군 역할을 맡은 몇 명의 아이가 목침 크기만 한 빵 대신 벽돌을 끼고서 길을 걸어 다녔다. 그러면 나머지 아이들은 소련군 역할을 맡은 아이들을 뒤쫓아 다니면서 이렇게 말했다.

"후레브 다와이(빵 좀 주세요)."

그러면 소련군 역할을 맡은 아이들이 멈춰 서서 이렇게 물었다.

"마다무(여자) 있느냐? 돔 마니(돈 많이) 있다."

그러자 빵을 달라던 아이들이 이내 새침해져 토라졌다.

"니엣또, 마다무 오부소(아니, 여자는 없다)."

그러면 소련군 역할을 맡은 아이들이 일본 여자아이를 가리키며 덧붙였다.

"마다무 다와이(이 여자를 달라)."

다음 순간 아이들이 도망을 치고, 쫓아가며, 구출하려는, 숨 가쁜 술래잡기가 벌어지곤 했다.

실제로 동척 나진지점 성진 지소장 야마시다의 아내는 소련군으로부터 집단 성폭행을 당한 뒤, 두 아이와 함께 살해되었다. 야마시다는 소련의 고기잡이배에서 강제 노역을 하다 한쪽 눈알이 뽑히고 나서야 가까스로 일본으로 돌아갈 수 있었다.

이런 아비규환 속에서 한 무리의 일본인들이 어두운 밤을 틈타 압록강에서 은밀하게 밀선을 탔다. 동척에서 93퍼센트 출자하여 운영되고 있던 신의주 조선무수주정 사원과 가족 5백여 명이었다.

3척의 밀선으로 각기 나누어 승선한 이들은 38선 근처 한 어촌에 상륙한 뒤 험준한 산봉우리를 또 몇 개나 넘어야 했다. 이윽고 산기슭에서 이들의 안내를 맡은 조선인이 입을 열었다.

"이제 저 산만 넘어가면 남한입니다. 나는 여기서 그만 돌아가야 합니다. 압록강을 떠난 지 벌써 사흘째군요. 당신들을 무사히 안내한 것을 다행으로 생각합니다."

5백여 일본인들은 기침소리도 내지 못했다. 조선인 안내인은 그런 일본인들을 향해 마지막으로 인사말을 건넸다.

"이제 우리는 새로 세울 국가 건설에 기쁨과 보람을 느끼고 있습니다. 당신네들도 낙심하지 말고 새로운 나라를 건설하십시요. 그럼 모두 무사히 가시길 바랍니다."[1]

동척 38년 역사의 마지막 장면 가운데 한 토막이다. 그들 5백여 명의 동척 사원 가족들은 이내 어둠 속으로 숨어들었다.

1945년 9월 30일, 연합군 총사령관 맥아더Douglas MacArthur 원수에 의해 동척은 다른 22개 업체와 함께 폐쇄 기관으로 지정되었다. 조선 식민경제의 흡혈귀였으며 수탈의 마궁이었던 동척이 청산되어 정리 사무를 끝내고 등기에서 완전히 사라진 날짜는, 그로부터 한참이나 더 지난 1957년 12월이었다.

그러나 해방을 맞이한 서울의 거리는 정작 조용하기만 했다. 몸서리칠 일제 식민 지배의 사슬을 35년여 만에 끊게 되는, 그 감격스런 해방의 기쁨을 누려야 할 한국과 한국인들은 여느 날과 다름없이 8월 15일 오후가 되도록 무거운 침묵만을 지켰다. 그 이튿날 건국준비위원회(이하 건준)가 발족했다는 인쇄 전단이 서울 시내 곳곳에 나붙은데 이어, 건준을 대표하는 여운형이 조선총독부의 협조로 서대문과 마포형무소에 갇혀있던 정치범들을 석방시키고 나서야, 비로소 서울의 거리에는 축하의 플래카드 행렬과 환희의 구호로 뒤

덮였다.[2]

각종 정치 단체가 속출하기 시작한 것도 바로 해방 이튿날부터였다. 이승만·김구·이시영 등을 영수로 삼고 송진우 등을 총무(수석)로 추대한 한국민주당, 여운형을 위원장으로 내세운 조선인민당, 안재홍을 위원장으로 내세운 국민당, 박헌영을 책임비서로 내세운 조선공산당 등 좌우 4대 정당이 저마다 창당 선언을 하고 나선데 이어, 신한민족당·한국독립당·재미 한족연합회·조선민족혁명당·독립동맹·조선민주당·여자국민당·천도교의 청우당까지 가세하고 나서면서, 정당 운동은 자고 나면 더욱 복잡해진 양상을 띠어갔다.[3]

하지만 겨레가 모두 하나 되어 감격스런 해방의 기쁨을 끝내 만끽하지는 못했다. 제2차 세계대전이 연합군의 승리로 끝나면서 이미 미국을 비롯한 자유주의 진영과 소련을 비롯한 공산주의 진영 간의 갈등이 표면화되고 있었다. 열전hot war의 끝은 평화가 아니라 곧 냉전cold war의 시작이었던 것이다.[4]

그리고 이 두 진영 간의 냉전으로 말미암아 그리스에서 내전이 벌어졌고, 독일과 한국은 이내 분단의 아픔을 겪어야 했다. 미군과 소련군이 한반도의 남쪽과 북쪽에 각기 진주하여 군정軍政을 펴기 시작하면서, 한반도는 두 동강이 나고야마는 운명에 처했다. 우리가 미처 돌아보고 몸부림쳐 저항해볼 겨를도 없이 한반도의 허리가 잘려나가는 38도선이 확정되고 만 것이었다.

더구나 그때 우리는 혼란스럽기 짝이 없었다. 아무런 구심점도 없어 저마다 표류하고 있었다. 너무도 오랜 세월 일제 식민 지배의

　8·15 해방 직전, 그러니까 일본이 패망하기 직전에 가장 먼저 한 일은 '조선은행권'을 무한정 남발한 것이었다. 조선이야 어떻게 되든 말든 일본 각급 관사 및 국책회사 직원들의 퇴직금이며, 70만 명에 달하는 자국민의 귀국 경비로 쓰기 위해 두 달 사이에 전체 통화량의 두 배나 되는 돈을 마구 찍어내면서 조선은 당장 극심한 살인 인플레 속으로 빠져들고 말았다.

억압과 공포 속에 갇혀 있다가, 갑작스레 맞이한 해방 공간에서 저마다 길을 잃은 미로아처럼 한동안 우왕좌왕했던 게 사실이다.

경제의 혼란 또한 우리의 발목을 옥죄었다. 앞서 얘기한 것처럼 8·15 해방 직전 조선총독부가 '조선은행권' 을 무한정 남발한데서 기인했다. 조선이야 어떻게 되든 말든 일본의 각급 관사 및 국책회사 직원들의 퇴직금이며 70만 명에 달하는 재선 일본인들의 귀국 경비로 쓰기 위해, 조선총독부가 두 달 사이에 전체 통화량의 두 배 가까이나 되는 돈을 마구 찍어내면서 비롯된 것이었다.

그런데다 해방과 동시에 일본 경제권이 썰물처럼 일제히 빠져나가고 말면서 한국 경제는 자금 순환과 함께 물자 공급이 크게 줄어들 수밖에 없었다. 생산 감축이 불가피해지면서 이내 물자 부족을 불러왔고, 급기야 물가가 상승하는 인플레이션 가중으로 이어졌다. 그리하여 1945년 8월부터 1948년 12월까지 무려 10배가 넘는 살인적인 물가 폭등으로[5] 극심한 경제 혼란에 시달리지 않으면 안 되었다.

물론 해방이 된지 두어 달 뒤 미국에서 이승만이 돌아온데 이어, 중국에서 김구 주석을 비롯한 임시정부가 환국했다. 하지만 사회의 혼란은 좀처럼 진정될 줄 몰랐다. 1945년 세밑에 모스크바로부터 날아든 신탁통치 안을 놓고, 좌우 정치 세력이 신탁과 반탁으로 양분되어 시위와 테러가 격화되어 갔다. 서울의 주요 거리에는 각종 구호로 어지러운, 플래카드를 치켜든 정치 세력의 군중대회로 물결 쳤다.[6] 가뜩이나 복잡해진 남한의 정치 상황을 단숨에 소용돌이 속으로 휘몰아 넣었던 것이다.

결국 1947년 5월, 지루한 줄다리기 끝에 신탁통치 안을 다시금 논의하기위해 미소공동위원회가 열렸으나 끝내 합의점을 찾지 못했다. 이렇게 되자 미국은 소련과의 합의를 포기한 채 한반도 문제를 유엔United Nations에 넘겼다. 한반도 문제가 유엔으로 이관되면서 남한 내의 정치 쟁점 또한 신탁통치를 둘러싼 찬반에서 (남한만의)단독 정부 수립에 대한 찬반의 흐름으로 바뀌어갔다. 여기에 대해 이승만과 한국민주당은 단독 정부 수립에 찬성했으나, 김구와 임시정부 세력은 중도파와 결합해 통일정부 수립을 주장하고 나섰다.

하지만 유엔은 미국의 제안을 받아들여 단독 정부 수립 안에 손을 들어주었다. 이에 따라 1948년 5월 10일 총선이 실시되어 제헌의회가 구성되었다. 임시정부 김구 주석이 불참한 가운데 치러진 5·10 선거에서 당선된 국회의원을 정당 의석수 별로 보면, 전체 200석 가운데 이승만의 대한독립촉성국민회가 55석, 김성수의 한국민주당이 29석, 이청천의 대동청년단이 12석, 이범석의 조선민족청년단이 6석, 기타 정당 사회단체가 13석, 그리고 무소속이 85석이었다.[7] 이승만은 자신의 정치 고문인 로버트 올리버에게 '내가 승리한 것이요' 라고 자랑스럽게 편지를 띄었으나,[8] 누가 보아도 이승만의 참패로 끝난 5·10 선거였다.[9]

한데도 이 제헌의회에서 이승만은 대한민국 정부 수립을 위한 초대 대통령으로 선출되었다. 대통령 이승만은 이범석을 총리로 하여 곧바로 내각 구성에 들어갔다. 김성수의 한국민주당은 합당한 권력을 분배받지 못하자 야당을 자임하고 나섰다. 해방 이후 5·10

총선과 제헌에 이르기까지 한결같이 정치 호흡을 함께 해왔던 이승만과 김성수의 한국민주당은, 내각 구성의 단계에서 양대 세력 간의 이해관계가 엇갈려 갈라서게 되면서 우리 나라 정치사에 여야興野 정당정치의 단초를 열었다.[10]

이런 우여곡절 끝에 대한민국 정부가 수립되자, 그 이듬해 6월 미군은 5백여 명의 군사고문단만을 남겨둔 채 남한에서 철수했다. 미군이 철수하자 북한군과 대치하고 있던 38도선은 긴장감이 날로 고조되어갔다. 북한의 남침을 점친 대통령 이승만은 미국에 상호방위조약 체결을 요청했으나, 미국의 반응은 뜻밖에도 싸늘했다. 동북아 지역에서 한국의 군사 전략적 중요성을 낮게 평가한 때문이었다.

이윽고 1950년 6월 25일 새벽, 소련제 탱크 T-34의 기분 나쁜 굉음을 앞세운 북한군 10개 사단의 기습 남침이 일제히 시작되었다. 국군은 8개 사단을 전후방에 배치하고 있었으나, 병력이나 장비 면에서 열세였다. 북한군의 탱크를 파괴할 수 있는 무기조차 없어 육탄으로 맞서 싸웠지만 사흘 만에 서울이 점령당하고 만데 이어, 7월 말에는 낙동강까지 밀리고 말았다.

뒤늦게야 유엔 안전보장이사회에서 유엔군 파병을 결의하고 나섰다. 이 결의에 따라 한국에 전투병을 파병한 나라는 영국, 프랑스, 터키, 필리핀, 태국, 남아프리카공화국, 에티오피아, 콜롬비아 등 16개국이었다.

마침내 8월 초, 국군과 유엔군은 반격의 발판을 마련하기 위한 최후의 방어선을 구축하는데 성공했다. 그런 뒤 9월 15일 여명이

터오를 무렵, 유엔군 사령관 맥아더 원수의 구상에 따라 북한군의 허를 찌르는 인천상륙작전으로 전세를 일거에 국군과 유엔군에게 유리하도록 바꾸어 놓았다.

인천에 상륙한 국군과 유엔군은 거칠 것 없이 진격해나갔다. 9월 28일에는 서울을 수복하고, 10월 1일에는 38도선을 돌파한데 이어, 10월 19일에는 평양마저 점령했다. 10월 26일에는 국군의 선봉부대가 압록강까지 진격해 올라갔고, 동쪽 전선의 유엔군 역시 함경도 청진까지 점령하고 말면서 이젠 전쟁이 모두 끝났다고 믿었다.

그럴 때 중국 주석 마오쩌둥이 '입술이 없으면 이가 시리다脣亡齒寒'라며 돌연 중국군을 한반도로 출동시켰다. 중국군의 대규모 파상 공격으로 심각한 타격을 입게 된 국군과 유엔군은 서울을 빼앗기고 다시 되찾는 공방 속에, 38도선을 중심으로 전선이 고착되면서 점차 지구전의 양상을 띠어갔다. 결국 1953년 7월 27일 판문점의 정전회담에서 유엔군 사령관 클라크Mark Clark와 북한군 최고사령관 김일성金日成, 중국군 사령관 펑더화이가 정전협정에 서명함으로써 비로소 전장의 포성이 멎게 되었다.[11]

그러나 동족상잔의 전쟁으로 입은 피해는 남북 모두에게 말할 수 없을 만큼 컸다. 한국 정부의 발표에 따르면 남한 측 군인의 사망·부상·행방불명 피해자가 98만7,000여 명이고, 유엔군의 피해자는 15만1,500여 명이었다. 민간인 피해 또한 커서 사망·부상·행방불명을 포함하여 무려 80만4,600여 명에 달했다.[12]

인명 피해만이 아니었다. 서울역 앞 숭례문 근처에서 까치발을 하고 서서 흥인지문(동대문) 쪽을 바라다보면 한눈에 훤히 건너다보

일 만큼 서울은 무참히 파괴되어 사막처럼 앙상할 따름이었다. 6·
25 한국전쟁으로 말미암아 나라 전체가 완전히 잿더미로 파괴되고
말았던 것이다.

'…이런 쓰레기더미 속에서 과연 장미꽃이 피어나겠는가?

정전협정 이후 전쟁으로 무참히 파괴되어 잿더미가 되고 만 한
국을 복구하기 위해 우리 나라를 찾은 유엔한국재건위원회 특별조
사단장 메논Krishna Menon은, 일주일 동안의 한국 방문을 마친 뒤 그
가 유엔에 보고한 내용의 핵심이다.[13] 같은 시기 우리 나라를 취재
하고 돌아간 영국 〈런던 타임스〉의 사이몬드 기자 또한 똑같은 단
어를 신문 제목에 그대로 올렸다. 이들은 전쟁으로 황폐화되어 이
제 더는 잃을 것조차 없는 희망의 빈곤, 의지의 빈곤 속에서 헤어나
지 못하고 있는 그 때 우리의 암담한 풍경을 그와 같이 목격하고 있
었던 것이다.

정말 한국은 이들이 목격한 것처럼 폐허와 공허 속에서 끝내 헤
어나지 못하는 것일까? 과연 쓰레기더미 속에서 장미꽃은 영영 피
어나지 못한단 말인가?

'경술국치' 백년 만에
마침내 일본을 따라잡다

그렇다. 전장에서 피아간의 포성은 멎었으나 전쟁이 무참히 휩쓸고 지나간 1953년의 한국은 오직 희망의 빈곤, 의지의 빈곤만이 나뒹굴고 있을 뿐이었다. 유엔한국재건위원회 특별조사단장 메논과 〈런던 타임스〉의 사이몬드 기자가 목격한 그대로 폐허와 공허의 풍경만이 우리 앞에 남겨졌을 따름이다. 대통령 이승만이 여전히 북진통일의 의지를 천명하는 가운데 부산에서 동원된 학생들이 북진통일을 절규하는 대대적인 시위를 벌이고 나섰으나, 우리를 옥죄어들었던 건 당장 메울 길이라곤 없는 굶주림에 대한 한탄이었다. 도시에서는 물자 부족에 따른 걷잡을 수 없는 인플레이션으로, 농촌에서는 산 입에 거미줄을 칠 수 없는 목불인견으로, 도저히 누구에게도 호소할 수 없는 진창이 다름 아니었다.

물론 춘궁기에 먹을 식량이 바닥나고 만 절량농가絶糧農家가 속출한다는 건 비단 어제 오늘의 일이 아니었다. 한데도 1953년 들어 절량농가의 규모가 과거 어느 때보다 더 심각한 조짐을 나타냈다. 정부는 1월 절량농가가 60만 호에서 5월에는 110만 호까지 늘어날 것으로 추정했다. 이는 당시 전체 농가 호수 220만 호 가운데 절반을 차지하는 규모였다. '보릿고개'라는 자학적인 표현이 등장하게 된 것도 바로 이 무렵부터였다.[14]

더욱이 절량농가는 이른바 입도선매立稻先賣에 내몰려 고통이 가중되고 있는 실정이었다. 당시의 입도선매란 농사를 미처 다 짓기도 전에 그 농사를 담보로 미리 돈이나 곡식을 얻어다 쓰고, 나중에 수확한 것을 고스란히 넘겨줘야 하는 비극적인 게임이었다.

정부는 이런 입도선매 행위가 농민들을 더욱더 파멸의 길로 몰아넣는다는 판단 아래 이를 강력히 단속하고 나섰다. 그러나 강력한 단속에도 불구하고 산 입에 거미줄을 칠 수는 없는 노릇이었다. 농민들의 처지로는 마땅히 입도선매를 성행할 수밖에 없었고, 결국 입도선매를 한 농민들은 빚더미에 앉은 농촌을 떠나[15] 도시의 빈민촌으로 무작정 흘러들어갈 수밖에 없었다.

전쟁이 끝난 직후인 '53년 봄철의 비참함을 사학자 서중석은 이렇게 밝히고 있다. '절량농가들은 초근목피로 살아간다지만, 1953년 5월 국회의원들의 농촌 조사에는 불에 볶은 왕겨가루와 나무를 썰어 만든 나무죽과 누르스름한 백토가루(진흙쿠키) 등의 음식물이 나와 있었다. 쑥이나 나물로 만든 죽은 그나마 상등 음식이었다. 국회의원들은 누렇게 부황병이 든 농부의 얼굴을 차마 눈으로 볼 수 없었고, 그저 살려달라는 애소를 받고 돌아왔다고 전했다. 전북 옥구에서는 미군 부대에서 흘러나오는 음식 찌꺼기를 도맡아다가 물을 부어 끓여 한 그릇에 30환씩 받고 팔고 있었다.' [16]

그렇잖아도 정부는 전쟁이 끝난 후 경제 재건을 최우선 과제로 삼았었다. 하지만 투자 재원을 자력으로 마련할 수가 없었기 때문에 대부분 미국의 원조에 기댈 수밖에 없었다. '53년~60년까지 총 20억 달러 이상의 미국 원조가 우리에게 단비처럼 제공되었던 것이다.

그러나 1960년대에 들어서도 사정은 조금도 나아질 기미가 보이지 않았다. 1인당 국민소득은 기껏 87달러에 불과하여 지구촌에서 가장 가난한 나라의 수준을 면치 못하고 있었으며,[17] 무역 규모라고 해봤자 필리핀에도 미치지 못할 정도였다.

이런 사정을 반영하듯 당시 신문 사회면에 단골처럼 등장하는 기사가 현대판 흡혈귀라고 할 수 있는 '뎃빵족'의 횡포였다. 당시 서대문 적십자병원, 서울대 부속병원, 명동 성모병원, 을지로 백병원 등 서울 시내 9개 병원은 자기 피를 팔아 돈을 마련하려는 가난한 이들로 연일 문전성시를 이루었다. 그들은 큰 사발에 가득 담을 수 있는 분량인 380cc의 피를 뽑고 그 대가로 4,000환을 손에 쥘 수 있었다.

한데 여기서도 돈 냄새를 맡은 파리 떼가 영락없이 나타나곤 했다. 이른바 뎃빵족이라 불리는 자들이 이른 새벽부터 병원 앞에 줄을 서 있다가, 매혈을 원하는 사람이 나타나면 피값에서 500환 ~1,000환씩의 자릿값을 뜯어냈다. 이들은 새치기는 물론이고, 항의

　8·15 해방 이후 한국의 경제 원조를 도맡아온 미국은 한국을 농업국으로, 일본을 공업국으로 만들어가는 게 옳다고 믿었다. 그러나 대통령 이승만은 펄쩍 뛰었다. 우리 나라도 얼마든지 공업국으로 경제를 재건할 수 있다고 목청을 돋웠다. 하지만 미국은 그런 이승만을 끝내 외면했고, 결국 12년 동안의 권좌에서 그만 물러나야만 했다.

하는 사람에게는 곧장 주먹부터 휘둘러댔다. 어쩌다 경찰 단속이라
도 나올라치면 뎃빵족은 마지못해 자신들의 피를 파는 속칭 '앗싸
리족' 으로 돌변하고 만다는 기사가 당시 신문을 심심찮게 장식했
다. 날로 좌절감이 깊어가는 가운데 부자 나라의 잉여 농산물만으
로 가까스로 그저 목숨만을 이어가고 있는 꼬락서니였던 것이다.

'60년대에 들어서도 상황이 이러하자 한국의 경제 원조를 도맡
아 온 미국 역시 회의적인 시각을 갖기에 이르렀다. 미국은 애당초
한국이 경제 재건을 공업화로 이루기는 불가능하다고 보았다. 따라
서 한국은 농업국으로, 일본은 공업국으로 가는 게 낫다고 여겼다.
다시 말해 한국은 농사를 지어 일본에 대고, 대신 일본의 공산품을
수입해다 쓰는 편이 옳다고 판단한 것이다.

대통령 이승만은 펄쩍 뛰었다. 우리 나라도 얼마든지 공업국으
로 경제를 재건할 수 있다고 목청을 돋웠다. 하지만 전쟁이 끝난
'53년부터 '60년까지 총 20억 달러 이상을 원조해온 미국은 그런
이승만을 끝내 외면하고 만다.

급기야 1960년 4월 26일, 부정 선거를 규탄하는 거리의 시위 군
중이 10만 명을 넘는 가운데, 미국 대사 매카나기에 이어 미 CIA 한
국 담당자 피어드 실바마저 국방장관 김정렬에게 이승만이 경무대
와 한국을 떠나는 문제를 매카나기 대사와 협의할 준비를 하라고
촉구하고 나섰다. '당장 2시간 안에 총사퇴를 하지 않으면 여러분
은 모두 죽게 될 것' 이라고 사태의 심각성을 전한 것이다.[18] 결국 이
승만은 그 최후의 통보를 받아들여 13년간이나 누려오던 권좌에서
그만 내려와야 했다.

그렇다면 이런 의문을 갖지 않을 수 없게 된다. 예컨대 '한국은 농업국으로, 일본은 공업국으로 가는 게 낫다' 는 미국의 판단이 과연 옳은 것이었느냐 하는 점이다. 이 점에 대해 하버드대 석좌교수이자 국제 문제의 가장 심각한 분쟁은 문명 간의 충돌이라는, 「문명의 충돌」로 우리들에게 친숙한 새뮤얼 헌팅턴 Samuel P. Huntiongton 의 얘기를 들어보기로 하자.

그는 자신의 또 다른 저서 「문화가 중요하다」에서 공교롭게도 우리를 모델로 삼고 있다. 한국과 아프리카의 가나에 대해 매우 흥미로운 비교 분석을 내놓고 있는 것이다.

사실 한국과 가나는 1960년 당시만 하여도 경제 상황이 매우 비슷했다. 1인당 국민소득이나 1차 산업, 2차 산업, 3차 산업의 시장 점유율이 다 같이 유사했다는데, 특히 농산물의 점유율마저 거의 같았다고 한다.

하지만 그로부터 불과 30여 년 뒤 우리 나라는 미국의 판단을 무색케 하면서 일약 세계적인 경제 규모를 가진 산업 강국으로 도약했다. 거대한 다국적 기업들을 키워냈는가 하면, 전자장비 · 자동차 등 고도의 기술 집약적인 2차 산품들을 수출하는 나라로 부상했다. 국민소득은 유럽의 스페인 수준에 이르렀으며, 민주주의 제도 또한 아시아에서 어느 나라보다 먼저 쟁취해내었다.

반면에 가나의 사정은 판이하게 나타났다. 30년이 흐른 1990년대 가나의 1인당 국민소득은 한국의 15분의 1 수준에 머물러 있었다.

도대체 이런 차이점을 과연 어떻게 설명할 수 있단 말인가. 헌팅

턴은 대답한다. 곧 그 차이점이란 다름 아닌 '문화' 때문이라고 단
정 짓고 있다.

흔히 문화란 그 사회의 지적·예술적·문학적 결과물을 뜻한다.
다시 말해 '고등문화'를 일컫고 있기 마련이다. 그러나 헌팅턴을
비롯하여 그와 생각을 같이하는 학자들은 이러한 문화를 주관적인
관점에서 상당 부분 그 폭을 좁혀놓았다. '한 사회 안에서 우세하
게 발현되는 가치, 태도, 신념, 지향 등을 통틀어서 일컫는 개념'으
로 한정짓고 있다. 그러면서 헌팅턴은 한국인의 성공 비결을 근면,
검약, 투자, 교육, 조직, 기강, 극기 따위를 중요한 가치로 보는 '독
특한 문화' 때문이라고 주장한다. 반면에 가나는 불행하게도 그러
한 문화를 갖지 못했다는 것이다.[19]

실제로 가나의 인구는 한국의 절반 수준에 불과하지만, 국토의
면적은 남북한을 합친 것보다도 더 넓은 23만 평방킬로미터에 달한
다. 기독교도가 국민의 69퍼센트에 이르고, 영어를 공용어로 사용
하는 사람이 70퍼센트나 헤아린다. 아프리카 나라치고는 서구 문화
에도 상당 부분 익숙한, 잠재력이 매우 큰 나라라고 볼 수 있다. 한
데도 우리 나라와 경제 격차가 커진 것에 대해서는 헌팅턴이 주장
하고 있는 문화의 차이 이외에는 아직 이렇다 할 뚜렷한 근거를 찾
기 어렵다는 사실이다.

더구나 21세기에 접어들면서 한국과 가나의 경제 격차는 더욱더
벌어지고 있다. 2003년 가나의 1인당 국민소득은 320달러로, 지난
1960년대에 비해 약 4배 정도 오르는데 그쳤다. 그러나 같은 해 한
국은 가나보다 30배 이상 크게 벌어졌으며, 경제 규모도 세계 11위

권으로 보다 더 도약했다.

경제학자 우병규는 이런 한국의 경이적인 성장 속도를 '기어간 근대화, 달려온 산업화, 날아가는 정보화'로 일컫는다. 비록 근대화에 뒤져 일본의 식민지로 전락하고 말았으나, 산업화 과정에서 앞서 간 일본을 죽어라 쫓아갔고, 정보화 시대에는 부분적이나마 기어이 일본을 앞서 나갈 수 있게 되었다고 말한다. 영국 미국 일본과 같은 주요 선진국조차 1백년에서 3백년에 걸쳐 달성한 경제적 성과를, 한국은 1960년대 이후 불과 반세기여 만에 폭발적으로 이뤄냈다는 것이다. 시카고학파의 대부이자 노벨 경제학 수상자인 로버트 루카스 교수는, 이같이 믿기지 않는 일이 자꾸만 일어나고 있는 한국 경제의 발전상을 두고 '기적의 창출'이라는 극찬을 아끼지 않고 있다.

비단 이러한 경제 성장만이 아니다. 일본에게 나라를 빼앗기고만 1910년 '경술국치' 이래 백여 년이 지난 지금, 우리가 마침내 일본을 추월한 부분은 여럿이다. 이미 각종 언론을 통해 널리 알려져 있는 것처럼 의료 · 철강 · 건설 · 항공 및 운수물류 · 전기 배터리 · 한국형 전자정부 · 원전산업 · 반도체 · 가전 · 모바일에서부터, 이른바 한류로 일컬어지는 대중문화를 비롯하여 세계적인 이목이 집중되는 각종 스포츠에 이르기까지, 일본이 따라올 수 없을 만큼 상당 부분을 구축하고 있다는 점이다.

더욱이 가공스러운 점은 이러한 추세에 결코 주목하지 않을 수 없게 되었다는 것이다. 시간이 흐르면 흐를수록 점점 더 분야가 늘어나고, 광범위하게 확산되어가고 있다는데 일본의 고민이 깊어지고 있다.

　이쯤 되자 일본이 다급해지지 않을 수 없게 되었다. 그렇잖아도 전자와 자동차·철강·원전 등의 경합 분야에서 한국이 글로벌 경쟁력을 갖추며 세계시장에서 승승장구하자, 일본의 재계는 물론이고 정부가 긴장하고 있다는 건 이미 새삼스러운 얘기가 아니다.

　그 뿐만 아니다. 최근 들어 '일본은 왜 지는가? 최강 한국을 배우자' 는 일본 언론의 특집 기사가 심심찮게 지면을 메우고 있는 가운데, 얼마 전에는 일본 정부에서 우리 나라의 무역정책과 산업정책을 벤치마킹하기 위한 '한국실韓國室' 을 경제산업성에 신설하기로 했다는 얘기까지 들리고 있는 실정이다. 경술국치 백여 년 만에 드디어 일본이 다시금 칼을 뽑아들었다는 사인을 우리에게 정식으로 보내기에 이른 것이다.

　그러나 우리의 미래는 희망적으로 비춰지고 있다. 미국 재무장관의 사관학교로도 불리는 골드만삭스는, '앞으로 남북한이 서로 도와가며 발전한다면 오는 2050년쯤에는 한국의 경제 규모가 일본보다 더 훨씬 커질 것' 이라는 전망을 내놓은 바 있다. 백여 년 전 나라를 일본에 빼앗기고 만 경술국치 때의 초라하기 그지없었던 우리가, 앞으로 다가올 도전과 응전에 따라 40여년 뒤에는 그 반대의 상황으로 바뀔 수도 있다는 얘기다.[20]

한국은 결코
압축 성장한 것이 아니다

한 국가의 국력을 언급할 때면 흔히 그 나라의 영토 면적, 인구의 수, 부존자원을 꼽곤 한다. 적어도 2차 세계대전 이전까지는 그랬다.

그렇게 보았을 때 역사 속의 우리 나라는 아주 작은 나라였다. 조상으로부터 물려받은 국토는 삼국시대의 절반에 절반에도 미치지 않은, 옹색하기 이를 데 없는 나라였다. 더구나 그 같이 옹색하기 이를 데 없는 국토는 다시금 남북으로 두 동강이 나고 말면서, 서울에서 차를 타고 국도 1호선을 따라 4시간쯤 달리다 보면 어느새 바다가 출렁이는 해남의 땅끝 마을에 닿고야 만다. 우리는 기껏 차로 4시간쯤을 달릴 수 있는, 국토 면적으로만 본다면 지구촌에서 고작 115위국에 해당하는 수준에 불과하다.

따라서 마땅한 부존자원이 따로 있을 리 만무하다. 그나마 조금 있는 거라고 해보았자 강원도 산 속에서 캐어낼 수 있는 검은 석탄 정도가 고작이다. 물론 이마저 국내 에너지를 충당하는 데는 턱없이 모자라지만 말이다.

한데 강원도의 산들도 이제는 예전 같지 않다고 한다. 카지노 도박장의 스토리를 한번쯤 들어본 이라면 대강 짐작하겠지만, 강원도 산 속의 탄광들 또한 이미 끝물이 되고만 지 오래라는 얘기다. 이젠 석탄을 캐기 위해서는 땅 속으로 수천 미터까지 파내려가야 할 정도라는데, 그나마 아예 바닥이 드러나고 말아서 폐광한 탄광이 속출하고 있다 한다. 우리 나라에서 거의 유일하다는 부존자원이 이런 실정이다.

부존자원만이 아니다. 허망하게 숨통이 끊어지고 만 조선왕조 붕괴 이후 근대 국가로 발돋움하기 위해서는 다른 무엇보다 과학이 없이는 불가능했다. 그러나 우리의 과학 또한 너무도 초라한 것이었다. 서구의 열강들이 벌써 출발선을 떠나 한창 레이스를 펼치고 있는데도 우리는 아직 이렇다 할 선수조차 선발하지 못하고 있는 상태였다.

지금도 현대 과학의 상징적인 인물로 비쳐지고 있는 과학자는 아인슈타인Albert Einstein(1879~1955)이다. 그가 스위스 국립공대 물리학과를 졸업한 뒤 종래의 시간과 공간 개념을 근본적으로 변혁시킨 '상대성이론'을 발표하면서 핵폭탄의 가능성(일본 역시 이듬해 원자 이론을 발표하고 나섬)을 예언하여 세상을 온통 깜짝 놀라게 하고 있을 무렵, 이런 아인슈타인과 거의 같은 시기에 우리는 이제 겨우 첫 번째 대학생을 배출하려 하고 있었다. 궁궐의 근시近侍였던 그가 1884년 '3일 천하'로 끝나고 만 갑신정변 때 김옥균을 따라 일본으로 건너갔다가, 청운의 꿈을 안고 미국으로 유학길에 오른 변수邊燧가 바로 그 주인공이었다.

한국 최초의 대학생인 그의 전공도 흥미로웠다. 변수의 전공은 농학이었다. 이는 아무래도 가난한 조국에서 굶주리고 있는 백성들을 생각한 선택으로 여겨진다.

그러나 1887년 미 메릴랜드대학 농학과에 입학하여 1891년 6월에 졸업한 뒤 몇 달이 지나지 않아, 그는 돌연 사망하고 만다. 대학교 앞 기차역에서 불의의 열차사고로 그만 목숨을 잃고 만 것이다. 고국으로 돌아가 굶주린 백성들을 구하겠다는 꿈을 미처 펴보지도 못한 채, 메릴랜드대학 언덕 위에 세워진 흰 거북이 석조물의 검은 대리석 비석에다 자신의 이름 두 자를 새겨 넣는 것으로 그쳐야 했다.

변수에 이어 두 번째 대학생은 훗날 독립협회 활동으로 유명한 서재필(1864~1951)이었다. 역시 갑신정변의 주모자로 고국을 떠나야 했던 그는, 이윽고 미국으로 건너가 워싱턴 콜럼비아대(지금의 조지워싱턴대) 의과대학에 입학하면서 한국인 최초로 의사가 된다.

여성으로는 김점동金點同(1876~1910)이 최초의 대학생이었다. 이화전문 학생이었던 그녀는, 미국인 여선교사 로제타 홀의 도움으로 미국 유학길에 오를 수 있었다. 그녀는 볼티모어에 있는 여자의과대학에 입학하면서 서재필에 이어 두 번째 의사가 될 수 있었다. 김점동은 의사가 된 뒤 곧바로 귀국하여 서울 동대문에 자리한 구제

병원(지금의 위생병원) 등지에서 의술을 펼친 것으로 전해지고 있다.[21]

다시 말하겠다. 우리 나라 최초의 대학생인 이들 변수, 서재필, 김점동 모두가 아인슈타인과 비슷하거나 거의 동시대의 인물이라는 사실이다. 이런 점을 미뤄보더라도 우리의 과학이 얼마나 민망한 것이었으며, 또한 뒤늦게야 출발한 것이었는지를 알 수 있다.

게다가 조선을 무력으로 점령한 일본은 식민 정책에서 우리의 과학 발전을 물샐 틈 없이 틀어막았다. 이 땅에서 과학이 발달하지 못하도록 아예 제도적으로 통제해버렸다.

하기는 1920년 들어 뜻있는 독립 운동가들이 대학 설립을 추진하고 나서자, 일제는 우리의 대학 설립을 봉쇄할 목적으로 6년 뒤 경성제국대학(2년제)을 마지못해 개교했다. 그나마 교수와 학생 구성에 있어서 철저히 차별했다. 1926년 개교 당시 교수는 전체 57명 가운데 5명만이, 학생은 150명 가운데 47명만이 조선인이었다. 이러한 차별은 이후에도 변함없이 지속되었으며, 일제는 식민 통치에 효과적으로 이용할 수 있는 법문학부와 의학부만을 개설하였다가 1941년 패망 직전에 이르러서야 마지못해 이공학부를 설치할 정도였다.

따라서 우리의 과학은 일제의 식민 통치에서 벗어난 8·15 해방을 지나 6·25 한국전쟁을 치른 그 다음인 1950년대 중반부터 시작되었다고 보는 것이 타당하다. 지금으로부터 불과 반세기 전에야 비로소 대학에서 과학을 공부할 수 있게 되었다.

이렇게 보면 어느 민족 어느 국가에게나 공평하게 시간이 주어지는 것은 아닌 것 같다. 그러면서도 한편으로는 누구에게나 다 같이 다르지 않은 것이 또한 시간이다. 어떤 민족 어떤 국가에게는 좀 더 시간이 많이 주어지고, 반면에 어떤 민족 어떤 국가에게는 좀 더 시간이 적게 주어지는 것이 아니다.

마찬가지로 어느 민족 어느 국가라 하더라도 저마다 그 성장 속도가 다 같을 수는 없다. 어떤 민족 어떤 국가는 성장 속도가 빨라서 일찍부터 두각을 나타내는가 하면, 또 어떤 민족 어떤 국가는 성장 속도가 더디어서 뒤처지기 마련이라는 얘기다.

주변의 환경 또한 이런 시간을 활용하는데 적잖이 영향을 미치기 마련이다. 어느 민족 어느 국가라 할지라도 모두가 주변 환경의 도움 혹은 방해를 받으면서 생존해왔기 때문이다. 결국 시간이란 어느 민족 어느 국가에게나 다 같이 공평하게 주어지는 것이 아니라는 사실이다.

우리 또한 결코 예외가 아니었다. 더구나 조상으로부터 물려받은 영토도, 변변한 부존자원도, 자랑스러울 것도 없는 외침으로 얼룩진 고난과 시련의 역사만을 부여안은 채, 거기에다 서구의 과학에 비하면 턱없이 때늦은 출발이 아닐 수 없었다. 헌팅턴이 「문화가 중요하다」에서 지적하고 있는 것처럼 지난 1960년대에 들어서야 우리는 이제 겨우 아프리카 가나와 같은 1인당 국민소득 87달러의 초라하기 짝이 없는 선수로 어렵사리 출발 선상에 등장할 수 있었던 것이다.

그러나 토인비Arnold Toynbee는 말하고 있다. 문명은 항구가 아니고 곧 항해라고. 그리고 여태 그 어떠한 문명도 아직 항구에 다다른 일이 없다고. 때늦은 우리에게도 희망의 돛을 올릴 수 있다는 얘기다.

그렇다하더라도 지금부터 백여 년 전의 한국과 일본은 마치 하늘과 땅의 간극만큼이나 천양지차였다. 그 때 일본은 우리가 도저히 넘볼 수 없는 거대한 괴물이나 마찬가지였다. '서세동점'의 위기 앞에서 발 빠르게 명치유신을 통해 놀랄만한 힘을 키운 일본과는 다르게 쇄국의 문을 굳게 걸어 잠근 채 바깥 세상에 어둡기만 하였던, 그런 결과 1910년 일본에게 그만 나라를 내어주지 않으면 안되지 않았던가. 말과 소가 끄는 달구지와 돛을 단 목선만으로는 군용 트럭과 철제로 만들어진 일본 군함의 상대가 될 수 없었던 것이다.

하지만 35년이라는 기나긴 식민 지배의 사슬을 끊고 마침내 해방의 감격을 맞았으나 아직 우린 선수로 뛰지 못했다. 곧이어 벌어진 6·25 한국전쟁으로 폐허와 공허의 잿더미가 되고 말면서 메논의 저주까지 들어야 했을 만큼 우리는 그저 힘에 부치기만 했다. 반면에 패전국 일본은 자다가 호박이 넝쿨째 굴러들어온 행운마저 뒤따랐다. 6·25 한국전쟁의 특수를 안방에 앉아 고스란히 누리며 다시금 성장 가도를 달리기 시작한 것이다.

그러나 우리는 결코 좌절하지 않았다. 온갖 불리를 이겨내고서 마침내 역사와 경제 점쟁이의 제자들마저 깜짝 놀라게 만들었다. 지난 1964년 처음으로 수출 1억 달러를 돌파한 이래 오늘날 5,481억 달러(2012년)에 이르기까지, 불과 반세기여 만에 자그마치 5천 배가 넘는 성장을 해왔다. 한마디로 기적과도 같은 숨 가쁜 성장 속도였다. 식민 지배와 동족상잔의 전쟁으로 말미암아 철저히 파괴된 농업국가에서 불과 반세기여 만에 최첨단 산업국가로 발돋움하는, 그야말로 어느 누구도 예측하지 못했던 위대한 이야기를 써나갔다. 그리고 그런 위대한 이야기는 지금도 여전히 쓰여 지고 있는 미완의 진행형으로 계속되고 있다.

돌이켜보면 우리의 지난 백년은 앞서 뛰어 나간 일본의 추격사가 다름 아니었다. 1910년 나라를 빼앗긴 경술국치 이후 오늘날까지 우리는 오로지 일본을 따라잡기 위해 죽기 살기로 뛰어온 셈이었다.

그런 결과 마침내 1인당 GDP(2009년) 한국 1만9,751달러와 일본 3만4,3125달러, 인구 1만 명 당 발전량(2005년) 한국 8,000만Kw와 일본 9,000만Kw, 인구 100명 당 전화 가입자 수(2008년) 한국 45.5와 일본 35.1, 인구 1,000명 당 특허 건수(2007년) 한국 3.51와 일본 3.10로 두 나라 간격의 차가 어느새 앞서거니 뒤서거니 하는 단계로까지 이르게 되었음을 알 수 있다.[22] 더욱이 우리 나라의 자동차와 반도체, 정보통신 산업은 글로벌 금융 위기 속에서도 오히려 일본을 뛰어넘는 실적을 기록하며 일본을 충격에 빠뜨리고 있다. 불가능하게만 보였던 괴물 일본의 추월을 경술국치 이래 백여 년 만에 현실화해가고 있는 것이다.

이처럼 정보화시대에 한국이 일본을 추월할 수 있었던 수훈갑으로 경제학자 이부형은 반도체 가운데서도 단연 메모리 분야를 꼽는다. 한국은 반도체 분야에 뛰어든 지 불과 9년여 만에 이 분야에서 일본을 넘어 세계 최고 수준에 다다랐다. 일본은 1985년에 1메가

DRAM을 개발한데 이어, 1988년에야 16메가 DRAM을 만들었다. 이에 비해 한국은 1984년 뒤늦게 일본의 반도체 기술을 삼성전자가 어렵사리 들여와, 256k DRAM을 만들어낸 지 2년 뒤인 1986년에야 비로소 1메가 DRAM을 개발할 수 있었다.

이후에도 64메가 DRAM까지는 일본이 한국을 훨씬 앞서는 형태로 DRAM 개발이 이뤄져나갔다. 하지만 1993년에 이르면서 드디어 삼성전자가 메모리 분야 세계 1위로 올라섰고, 그 이듬해인 1994년에는 세계 최초로 256메가 DRAM을 개발하면서 일본 반도체 업계를 추월하고 나섰다.

TV산업 역시 한국은 일본보다 무려 20년이나 뒤늦게 출발했다. 일본은 1952년부터 이미 흑백TV를 생산해 보급하기 시작한데 이어, 도쿄올림픽을 4년 앞둔 1960년에는 컬러TV를 선보였다. 반면에 한국은 1970년 말에 겨우 국산 흑백TV가 생산되어 안방에 들어왔다. 컬러TV 또한 일본보다 20년 늦은 1980년에야 제품 생산에 들어갈 수 있었다. 흥미로운 것은 일본의 도쿄올림픽 때처럼 한국 역시 1982년 프로야구 개막을 앞두고 컬러TV가 보급되었다는 점이다.

하지만 1990년대부터 TV시장에서 일본의 독주는 더 이상 보기 어려웠다. 후발 주자 한국의 위상이 그만큼 부상했던 것이다.

예컨대 일본이 1991년에 평면 브라운관TV를 내놓자, 6년 후인 1997년 한국은 세계 최대 크기인 30인치 TFT-LCD를 개발하여 일본에 한 발 앞서 나갔다. 그러자 2003년 일본이 회심의 슬림형 디지털 TV를 선보였다. 한국은 2007년 다시금 세계 최대이자 최고급 LCD TV를 내놓으면서 LCD TV시장에서 일본을 제치고 세계 1위 자리를

한국의 놀라운 경제 성장을 두고 사회학자 김진경은 이렇게 말하고 있다. '일본이 명치유신 이후 1백년 동안에 서구의 근대 3백년의 변화를 압축해 따라갔다면, 한국은 60년대 이래 불과 30년 동안에 서구의 3백년을 압축해 따라갔다. 우리는 30년의 생물학적 시간에 3백년의 서사적 시간을 살았다.' 사진은 태평로에 자리한 옛 삼성 그룹 본사 전경.

지켜가고 있다.

더구나 그 내막을 들여다보면 일본과의 격차는 보다 더 뚜렷해진다. 2013년 현재 세계 최대 TV시장인 미국에서 삼성전자와 LG전자의 TV는 가장 고가에 팔리고 있을 뿐더러, 이들 한국 전자업체들의 시장 점유율 합계가 50퍼센트를 넘어서면서 소니·샤프·도시바 등 일본 전자업체들의 추격을 멀찌감치 따돌린 상태다.

한편 조선 산업 또한 격차가 더욱 벌어지고 있는 추세다. 일찍이 일본은 1908년에 대형 군함을 건조한데 이어, 1939년에는 미국에 이어 두 번째로 항공모함까지 건조해내면서 서구의 열강들을 앞서나간데 반해, 우리는 1973년에야 현대중공업이 세워졌다. 그러나 불과 십년 뒤인 1983년 마침내 현대중공업이 세계 선박 수주 및 건조량 1위에 오르면서 지금껏 세계 정상의 자리를 놓치지 않고 있다.[23]

자동차산업 또한 승승장구하고 있다. 일찍이 일본이 1910년부터 자체 기술로 '에로우호'를 생산하기 시작한데 반해, 한국은 1955년에야 최초의 국산자동차 '시발'을 조립 생산하면서 추격에 나섰다.

그러나 한국은 1999년 자동차 수출 1,000만 대를 돌파한데 이어, 2009년에는 현대·기아차가 미국의 포드자동차를 제치고 글로벌 판매 4위에 올라서면서 선두 주자 일본을 가시권에 두게 되었다. 눈에 띄는 점은 일본의 자동차 업계에서 우리의 젊은 디자이너들이 400여 명 가량이나 활약하고 있다는 사실이다.

이 뿐이 아니다. 미래의 전기자동차용 전지 분야에서 거둔 성과 또한 눈부시다. 독일이 자랑하는 BMW는 오는 2020년까지 전기자동차용 리튬이온전지의 수입 업체로 삼성SDI와 독일 보쉬의 합작사를 단독 선정했다. LG화학 역시 미국 GM의 전기자동차에 장착될 리튬이온전지를 향후 수년 동안 매년 10억 달러씩 공급하기로 계약했다.[24] 일본과 중국이 저마다 국가기술 프로젝트로 선정해 집중 육성하는 차량용 전지 분야에서 우리 기업들이 벌써 한 발 앞서 나가고 있다.

영토와 인구 면에선 중간 정도의 분단국가이고, 부존자원이라야 빈약하기 짝이 없으며, 사회는 아직 후진국 수준의 지역감정조차 청산하지 못하고 있는데 반해, 우리의 산업이 이토록 도약하고 있다는 사실은 참으로 대단한 성과가 아닐 수 없다. 미국의 자존심이라는 GM이 무너졌으며, 일본이 그토록 자랑하던 도요타와 소니도 사상 최악의 경영 실적으로 충격에 빠져있음에도, 높기만 하다는 기술과 품질의 장벽을 뚫고서 우리 기업들이 세계 시장에서 당당히 얻어낸 성적표라는 점에서 더욱 값진 것인지도 모른다.

한데 이런 우리의 놀라운 성장 속도를 두고 이른바 '압축 성장' 운운하는 이가 적지 않은 것 같다. 도대체 압축 성장이란 무슨 말인가. 문자 그대로 풀어보면 고속으로 이루어진 경제 성장을 뜻하는 것이며, 지구촌에서 그 대표적인 표본이 다름 아닌 한국이라는 얘기다.

그러면서 소설가 복거일은 다음의 예를 들고 있다. '영국이 1780년에서 1838년까지 58년에 거쳐 1인당 국민소득이 배가 되었다. 미국은 1839년에서 1886년까지 47년 만에 배로 늘었고, 일본은 1885년에서 1919년까지 34년이 걸렸다. 그런데 한국은 1966년에서

1977년까지 11년 만에 배로 늘었다.'[25]는 것이다.

　사회학자 김진경은 보다 근사하게 설명을 하고 있다. '일본이 명치유신 이후 백 년 동안에 서구의 근대 3백년의 변화를 압축해 따라갔다면, 한국은 60년대 이래 불과 30년 동안에 서구의 3백년을 압축해 따라갔다. 우리는 30년의 생물학적 시간에 3백년의 서사적 시간을 살았다.'[26]고 풀이한다.

　그러나 필자의 생각은 좀 다르다. 복거일과 김진경이 설명하는 것은 생물학적이나 물리적으로는 타당한 답변이 될지도 모르겠으나, 하지만 결코 이상적인 답변이라고 말하긴 어려울 것 같다. 1964년 수출 1억 달러에서 불과 반세기여 만에 5천배(2012년 5,481억 달러) 넘게 성장한, 한마디로 어느 누구도 예측하지 못했던 이런 위대한 이야기를 단순히 압축 성장이라는 어휘만으로 에둘러 덮기에는 너무나 단선적인 대답이라는 생각이다.

　그보다는 먼저 어떻게 그 같은 위대한 이야기를 쓸 수 있었느냐 하는 문제부터 보다 명확하게 짚은 다음 대답해야 한다는 것이다. 도대체 그 놀라운 동력의 실체가 무엇이었는가에 대해선 앞으로 점차 논의가 되겠지만, 어쨌거나 그렇지 않고서는 단지 압축 성장이라는 어휘만으로 간단히 포장해버리기에는 도저히 설명할 수 없는 부분이 너무도 많다는 것이 필자의 평소 생각이다. 전문가들이 보기에는 다소 듣그럽기도 하겠으나, 분명한 것은 지난 반세기여 동안 한국인들이 보여주었던 그 놀라운 역량은 결코 뜬금없이 나타난 어떤 역사적인 비약도, 더구나 압축 성장 그 한가지만으로는 결단코 다 밝힐 수 없는 또 다른 그 무엇이 분명 존재(?)한다는 사실이다.

 이쯤 되면 앞서 언급한 새뮤얼 헌팅턴이 내린 결론에 대해 다시금 되묻지 않을 수 없다. 아프리카의 가나와 한국이 다르다고 지적한, 바로 그 ‘문화의 차이’ 란 어떤 무엇을 말하느냐는 것이다. 흔히 문화라고 이해되는 종합적이고 추상적인 개념 가운데 ‘한 사회 내에서 우세하게 발현하는 가치, 태도, 신념, 지향 등을 통틀어서 일컫는 개념’ 이라고 한정지어 못을 박고 있는, 바로 그 ‘문화의 차이’ 의 실체란 구체적으로 어떤 것을 일컫느냐는 의문이 들 수밖에 없다.

 다시 말해 한국이라는 역사적 공동 운명체가 지난날 어기차게 살아올 수 있었던, 바로 그 ‘어제의 도전’ 이란 대체 어떤 것이었느냐는 질문이다. ‘기적의 창출’ 을 이뤄냈다고 루카스 교수가 극찬했던 그 놀라운 역량, 도대체 한국 탄생의 비밀은 무엇으로부터 기인할 수 있었느냐는 것이다.

물론 그동안 이런 질문에 대해 답을 들을 수 있는 책을 부단히 찾았다. 또 그러한 질문에 직접 대답을 하고 나서거나, 관련된 단서를 들려주는 석학의 저서도 꽤 여럿이 있기는 하였다.

그것을 읽은 순서대로 옮겨보면 다음과 같다. 철학자 윤태림의 「韓國人」(1970년 출간), 언론인 홍사중의 「한국인, 가치관은 있는가」(1998년), 경제학자 존 위로노프의 「인간이 이룩한 기적, 한국경제」(1984년), 경제학자 곽상경의 「경제로 본 한국역사」(2007년), 언론인 백석기의 「한국인의 성공DNA」(2007년), 사학자 커터 J. 에커트 교수의 「제국의 후예」(2008년), 경제학자 주익종의 「대군의 척후」(2008년), 경제학자 백영훈의 「대한민국, 그 위대한 힘」(2009년), 정치학자 조지 프리드먼의 「석학 인터뷰」(2010년) 등이 그것이다.

하지만 유감스럽게도 그 가운데 단 3권만이 필자의 눈길을 끌었다. 정치학자 조지 프리드먼의 「석학 인터뷰」와 에커트 교수의 「제국의 후예」, 그리고 경제학자 주익종의 「대군의 척후」가 그것이다. 나머지 저서는 그만 비켜가고자 한다.

먼저 프리드먼의 「석학 인터뷰」다. 그는 매우 차가운 시선으로 세상을 들여다보며 국제 · 군사 · 정치 문제 등을 대담하면서도 과감하게 예측하여 '21세기 노스트라다무스' 라는 명성을 얻고 있는 석학으로서, 자신이 설립한 생크탱크 '스트랫포Stratfor' 는 미 국방부를 포함하여 각국 정부와 포천 500대 기업이 고객이다. 또한 그는 동아시아의 외환 위기를 정확하게 예측하였을 뿐 아니라, 세계경제포럼에선 연례행사 때 그의 보고서를 공식 배포하고 있을 정도다. 그는 자신의 정보 예측이 정확한 이유에 대해 '사람들이 말하려고 하는 것을 듣지 않고, 그들이 하지 않을 수 없게 만드는 그 위에 있는 힘을 보려 한다' 고 밝힌 바 있다.

이런 그가 「석학 인터뷰」에서 몇 가지 예민한 발언을 쏟아내고 있다. 그 가운데서도 한국의 경제 성장과 미래를 언급한 부분은 비교적 짤막하지만 눈여겨볼만한 대목이 아닐 수 없다.

요컨대 우선 중국의 대세론은 환상이라고 단언한다. 빚으로 끌어올린 중국 경제는 결국 일본처럼 위기가 찾아온다는 것이다. 무엇보다 다른 나라에선 찾아볼 수 없는 10억 명의 빈곤층이 큰 문제라고 지적하고 있다.

이에 따라 한반도의 통일은 늦어도 2030년 이전에 이루어진다고 내다본다. 북한 정부가 더 이상 지탱될 수 없기 때문이다. 북한의 후원자인 중국이 더 이상 북한을 지원하는데 관심을 보일 수 없는 시대에 가까이 다가서고 있으며, 러시아 역시 북한에 관심이 없을 뿐더러 일본 또한 북한을 건드리지 않으려고 한다는 것이다.

우리의 미래 또한 밝다는 전망을 내놓고 있다. '무엇보다 한국은 회복력이 매우 강하다. 1997년 외환 위기 때에도 다른 어떤 국가들보다 활기차게 회복했다. 사실 1950년대 이후 한국의 발전은 미국과의 전략적 관계에 기초를 두고 있었다. '50년대만 하더라도 한국 경제엔 아무 것도 없었지만, 지금은 (미국에서)한국의 자동차를 타고, 한국의 TV를 본다. 왜 태국 등과 같은 다른 나라가 아니라 한국에서 이런 일이 일어났을까? 그것은 한국이 미국의 귀중한 전략적 자산이기 때문에 가능했다. 이에 따라 미국 시장에 우호적으로 접근할 수 있는 기회가 제공됐으며, 기술 이전과 투자가 이뤄졌다. 이런 바탕 위에서 한국인들은 열심히 일했다. 지구촌에서 이러한 기적을 이뤄낸 나라는 한국을 제외하곤 이스라엘 밖에 없다.' [27]

어떤가? 프리드먼의 이러한 주장에 동의할 수 있겠는가? 백 번을 양보해서 그의 이런 주장이 결코 틀리지 않다고 치자.

그렇대도 여전히 의문은 가시지 않는다. 그의 주장대로 미국과의 전략적인 관계 때문이었다고 한다면, 다시 말해 그러한 조건만 제공된다면 그 어떤 나라라도 한국과 같이 성장할 수 있게 된다는 얘기인데. 그렇다면 과연 지구촌에서 미국과 전략적인 관계를 맺고 있는 나라가 단순히 한국과 이스라엘 단 두 나라 뿐이었단 말인가.

더욱이 그가 첫머리에서 밝히고 있는 '우리의 강한 회복력' 에 대해서는 또 어떻게 설명할 것인가. 그리고 한국인들이 열심히 일했다고 지적하고 있는 그 '열심히' 에 대한 실체 또한 애매모호하기는 마찬가지다. 왜 우리 민족 국가가 다른 민족 국가들보다 그처럼 회복력이 강할 수밖에 없는지, 또한 열심히 일할 수 있었는지에 대해 프리드먼은 반드시 부언 설명을 했어야 옳았다. 한데 그런 설명을 들을 수 없었다.

다음으로는 에커트의 「제국의 후예」와 주익종의 「대군의 척후」이다. 이 두 저서는 필자가 한동안 끼고 살았을 만큼 전연 새로운 지평을 열어 보였다는 점에서, 더구나 반갑게도 그간 우리가 찾고자 하는 질문과 해답에 대한 본격적인 연구서라는 점부터 우선 고백하지 않을 수 없다.

먼저 워싱턴 주립대에서 '일제하 경성방직과 고창 김씨가金氏家

연구' 로 박사학위를 받은 에커트의 「제국의 후예」는, 우리 나라 자본주의의 기원을 일제 식민지(1910~1945) 시기를 제외시킨 채 8·15 해방 이후부터 찾으려는 시도가 타당한가라는 질문에서부터 그 첫 장을 연다. 과연 한국 자본주의의 발전을 전적으로 한국사의 내부에서 찾으려는 주장은 설득력이 있는 것이냐는 강한 의문을 제기하면서, 아울러 역사적 실제가 그러한 주장을 충분히 뒷받침하고 있는가라는 문제의식을 바탕으로, 일제 식민지 시기 고창 김씨 일가와 경성방직의 성장에서 한국 자본주의의 기원을 찾고 있다.

또한 그는 내재된 발전론처럼 일본이 침략하지 않았더라도 틀림없이 어떤 일이 일어날 수 있었을 것이라고 상상하지 말고, 실제 일본의 침략으로 말미암아 일어난 일을 살펴보자고 제안하면서, 그 표본을 경성방직으로 삼고 있다. 중소 직포 업체로 출발한 경성방직이 일본 제국주의의 지원과 협력으로 만주와 중국 본토에까지 사업을 펼치는 대기업으로 성장해나가는 눈부신 발전 과정에서, 한국 자본주의의 원형을 찾아볼 수 있다고 주장한다. 그러면서 에커트는 한국 근대화의 기동력이 외부에서, 곧 일본 제국주의에서 왔음을 거듭 역설한 뒤, 한국 역사에서 실제로 일어난 일은 두 말할 것도 없이 일본에 의한 근대화라는 점을 상기 강조하고 있다.[28]

말하자면 「제국의 후예」라는 책의 타이틀에서 강하게 암시하고 있는 것처럼 한국 자본주의의 발전 요인은 다름 아닌 일제의 식민 지배로부터 그 기원을 찾을 수 있으며, 어머니의 젖꼭지를 빨아 성장하듯이 우리가 일제로부터 수유를 받아 근대화를 통과할 수 있었다는 주장이다.

　　사실 그동안 한국 경제 성장의 비밀을 밝히는 대부분의 노력은 단순히 성장 전략과 경제 정책에 그 초점을 맞추고 있기 일쑤였다. 하지만 그러한 정책을 가능케 했던 사회적 배경에 대한 고민 없이 현상만을 분석한다는 것은 결코 근시안적인 연구가 아닐 수 없었다. 사진은 한국 자본주의의 씨앗을 뿌린 경성방직의 김연수.

　물론 이 책은 따로 언급할 필요도 없이 이미 출간 당시부터 논란
의 여지가 많았었다. 일본의 식민지 지배를 긍정하거나 미화했다는
논평을 피하기 어려웠다.

　그러나 반면에 그간 여러 면에서 오해와 오독을 낳았던 한국
근·현대사에 관해 완전히 새로운 연구 시각을 제시했다는 평가도
없지만은 않았던 게 사실이다. 우리 역사학계의 전통적 수탈론에
도전한 다양한 식민지 근대화론 계열의 논의를 극복해야 한다는 과
제를 남겨주기도 한 것이다.

　이 점에 대한 주익종의 입장이 퍽이나 궁금했다. 무엇보다 그의
저서「대군의 척후」는 과연 어떤 연구와 시각으로 첫 장을 열고 있
으며, 또한 어떻게 분석해 나가고 있는지 자못 기대되었다.

　왜냐하면 그의 저서 「대군의 척후」가 공교롭게도 에커트와 같은
일제 식민지 시대의 근대화라는 동일 주제였기 때문이다. 또한 같
은 시기에 같은 출판사에서 같은 표지로 출간이 되어 나온데다, 더
구나 에커트의 「제국의 후예」를 다름 아닌 그가 번역을 한 이유에
서였다.

　하지만 주익종은 결코 우리의 기대를 저버리지 않았다. 에커트
의 「제국의 후예」는 시각상의 문제점과 실증상의 약점이 있다고 곧
바로 지적해내면서, 그러한 문제점들을 뛰어 넘고자 연구의 첫 장
을 열어나가고 있다.

　사실 그 동안 한국의 경제 성장의 비밀을 밝히는 대부분의 노력
은 단순히 성장 전략과 경제 정책에 초점을 맞추고 있기 일쑤였다.
하지만 그러한 정책을 가능케 했던 사회적 배경에 대한 고민 없이

현실만을 분석한다는 것은 결코 근시안적인 연구가 아닐 수 없었다.

한데 주익종은 바로 그러한 문제점을 직시하고 처음부터 사회적 배경에 대해 주목하기 시작한다. 한국의 고도성장 역시 사회적 배경, 다시 말해 ‘사회적 능력social capability’ 이라 일컬을 수 있는 인적 자원, 가치 지향, 정치 사회적 통합력 등에 힘입은 것이라고 전제한다. 따라서 한국의 경제 성장을 연구하기 위해서는 이러한 사회적 능력이 과연 언제 어떻게 계발되었는지부터 먼저 밝혀야 한다고 발언하고 있다.

그러면서 이 시점에서부터 에커트와 정면으로 대립각을 세워나간다. 일제 식민지 시기 고창 김씨 일가의 경성방직 설립은 다름 아닌 앞선 일본 문명을 따라 잡으려는catch-up 것이었다고 에커트와는 전연 상반된 시각을 제시한다. 고창 김씨 일가가 경성방직을 설립한 것은 기존의 지주경영에서 수익성이 나빠서가 아니라, 그들이 품고 있던 근대화 이념으로 설명되어야 한다는 주장이다.

나아가 그는 한낱 중소 직포 업체로 출발한 경성방직이 일본의 대기업과 견줄만한 기업으로 성장해가는 과정이야말로 곧 한국 기업의 성장과 단련의 과정이었다고 해석하면서, 경성방직과 그 기업인들이 시장경제와 근대 공업에 대한 뛰어난 적응력, 학습 능력을 보여주었다고 진단한다.

따라서 이 기업과 기업가들은 단순히 예속자본이나 친일이라고 폄하하고 말 존재가 아니며, 일제 식민지 하에서의 기업적 훈련이 오늘날 한국의 세계적인 대기업을 낳은 밑거름이 되었다고 결론짓는다. 오늘날의 삼성전자나 현대차에 비견할 수 있는 일제 식민지 시기 경성방직에서, 일찍이 소설가 춘원 이광수가 점치고 있는 '그 뒤에 오는 대군'을 찾아볼 수 있다[29]는 것이다.

참으로 예리한 시각이다. 해묵은 체증이 일순간에 확 뚫리는 통쾌함마저 들었던 게 사실이다. 실로 오랜만에 만나볼 수 있는 역작이었을 뿐더러, 무엇보다 그간 우리가 찾고 있는 질문과 해답에 비로소 어떤 단서가 발견되었다는 것도 부언하지 않을 수 없었다.

그러나 한편으론 아쉬움도 없지만은 않았다. 주익종의 「대군의 척후」는 그 동안 줄기차게 주장해온 내재적 발전론, 자본주의 맹아론 등 우리 경제사학계의 기존 시각을 보다 정교하게 강화하고 있을 뿐이라는 점이었다. 주익종 또한 그런 입장을 이미 책의 머리말에서부터 분명히 밝혀두고 있다.

사실 우리는 일제를 침략자 또는 수탈자로 간주하여 일제 식민지 시기 그들에 의해 이른바 우리의 '사회적 능력'이 파괴되었으며, 해방 후 다시금 우리가 그 능력을 되살려냈다고 보는 사학계의 오랜 시각이 존재하고 있다. 이에 반해 식민지 근대화론을 주장하면서, 일제 식민지 시기 한국인이 자신의 '사회적 능력'을 계발했다고 보는 경제사학계의 시각이 공존하고 있는 것 또한 엄연한 현실이다.

한데 사학계의 이런 식민사관을 극복하지 못한 채 오직 경제사학계의 기존 시각에 그만 머물고 만 게 아니냐는 것이다. 비록 우리 스스로 자본주의적 근대화의 역량을 갖고 있었다는 논리를 계발하고, 또 그것을 견고화하는데 진력하고 있는 경제사학계의 기존 주장을 몇 단계 진화시켜 놓았다하더라도, 나아가 그러한 경계마저 허물어뜨려 보다 큰 담론으로 숲과 나무를 동시에 볼 수 있는 통찰의 부재가 어쩔 수 없는 아쉬움으로 남을 수밖에 없었다.

물론 주익종에게 이러한 의문까지 일일이 다 요청할 수는 없는 일이다. 그는 자신의 역작 「대군의 척후」만으로도 애당초 자신이 밝히고자 한 현대 한국 자본주의의 기원을 충분히 드러냈을 뿐 아니라, 동시에 우리의 근대 기업경영사로는 첫 번째 저작물이라는 것만으로도 이미 충분히 그 의미를 부여받고 남음이 있기 때문이다.

그렇다하더라도 우리의 의문은 여전히 유효하기만 하다. 이러한 논리와 진화만으로 그간 우리가 찾고자 하는 질문과 해답에 대한 전체적인 대답이 되었다고 하기에는, 그리하여 어떤 실마리가 풀렸다고 단정 짓기에는 아직도 석연치 않은 점이 너무나 많다는 점이다.

앞서 프리드먼이 말하고 있는 '우리의 강한 회복력과 열심히' 라는 게, 나아가 주익종이 발언하고 있는 '인적 자원, 가치 지향, 정치 사회적 통합력 등에 힘입은 우리의 사회적 능력' 이라는 게 구체적으로 무얼 말하고 있느냐는 것이다.

아니 이보다 앞서 언급한 새뮤얼 헌팅턴의 주장을 상기해보면 더욱 난감해지고 만다. '한 사회 내에서 우세하게 발현되는 가치, 태도, 신념, 지향 등을 통틀어서 일컫는 문화의 차이' 라는 흥미로운 비교 분석에 이르게 되면, 우리의 의문은 다시금 원점으로 되돌아가고 마는 기분마저 든다. 그가 비교 분석하고 있는 '문화의 차이'

라는 것이, 그토록 끈질긴 생명력으로 살아올 수 있었던 우리의 '어제의 도전' 이란 것이, '한 송이 국화꽃을 피우기 위해 봄부터 소쩍새는 그렇게 울었나보다' [30]고 읊었던, 바로 그 역사 속의 우리를 관통하고 있는 실체를 과연 어떻게 설명할 수 있느냐는 것이다.

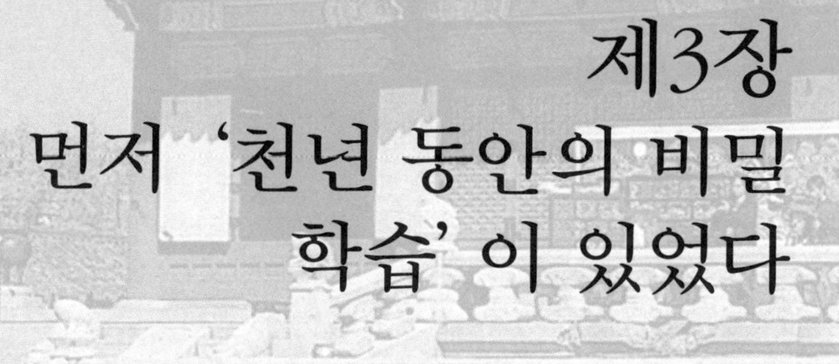

제3장
먼저 '천년 동안의 비밀 학습'이 있었다

불교에서 유교로, 유교에서 다시
초기 기독교는 민심의 '정권 교체' 였다

　　여말 선초, 숭불호법에서 숭유억불로의 연착륙은 우리 역사 최대의 미스터리다. 단순히 국가 통치 이념을 넘어 뭇 백성들의 생사여타를 주관하는 정신문화까지 얽혀있는, 종교라는 이중적 과제를 어떻게 그토록 아무 소리 나지 않게 감쪽같이 완수할 수 있었는지 도무지 알 길이란 없다. 도대체 어떤 묘약이 있었기에 이렇다 할 저항이나 충돌 한 번 찾아볼 수 없이, 삼국시대 이래 무려 천여 년 동안이나 민족종교로 굳건히 자리 잡아온 불교를 그토록 한순간에 내치고 만 채 저마다 유교를 새로운 국시國是로 수용할 수 있었는지 그저 놀랍고 불가사의할 따름이다.

　　한데 이 미스터리로 연일 고민하고 있을 때에 우연히 어떤 글을 읽게 되었다. 다종교 국가임에도 종교 간의 큰 분쟁이 없는 우리 나라의 사례를 연구하기 위해 미 국무부 알렉산더 매클래런 종교국장이 한국을 찾았다는 신문 기사였다. 사실 다종교 국가에서 종교 간의 분쟁이 없는 이유는, 아니 우선 우리 역사 최대의 미스터리인 여말 선초 숭불호법에서 숭유억불로의 연착륙 또한 오래 전부터 궁금해 하고 있던 터라 단박 눈길이 갔다. 필자가 읽은 신문 기사의 일부를 인용해본다.

세계 곳곳에서 종교가 다르다는 이유만으로 테러와 전쟁이 빈번하다. 우리 나라처럼 종교 간 갈등이 적은 나라는 사실 흔치 않다. 미 국무부가 최근 들어 다종교 국가임에도 종교 간 큰 분쟁이 없는 한국의 사례 연구에 나선 이유다.

알렉산더 매클래런 미 국무부 국제종교자유사무국 국장은 지난 15일 한국을 찾아 김동규 문화체육관광부 종무관을 비롯한 종교관계자들을 만나 종교 갈등의 해법을 구했다. 매클래런 국장은 신도 수가 1,000만 명을 넘는 불교와 개신교를 비롯한 7대 종단 외에 다양한 종교가 평화롭게 공존할 수 있는 이유를 집중적으로 물었다.

김동규 종무관은 "기독교 불교 천주교 유교 원불교 천도교 민족종교 등 7대 종단의 소통과 화합의 결과"라고 설명했다. 종교 화합의 주축은 7대 종단 지도자들 모임인 한국종교지도자협의회다. 자승 대한불교 조계종 총무원장을 비롯해 이광선 한국기독교 총연합회 공동대표 회장, 김희중 천주교 주교회의 교회일치와종교간대화위원회 위원장, 김주원 원불교 교정원장, 최근덕 성균관장

(유교), 김동환 천도교 교령, 한양원 한국민족종교협의회 회장(민족
종교) 등이 종교 간 평화를 이끌고 있다.

이와 함께 매년 7대 종단 종교문화축제, 4대 종단(개신교 불교
원불교 천주교) 축구대회, 상호 성지 순례, 종교인 대화캠프, 이웃
종교 유적지 순례, 이웃 종교 이해 강좌 등으로 다른 종교에 대한
이해와 협력을 다지고 있다.

매클래런 국장은 지난 1월 자승 총무원장이 북한 민족화해협의
회 초청으로 방북하는 등 남북 간 종교 교류에 대해서도 관심을
표명한 것으로 전해졌다. 국무부종교자유사무국은 1998년부터 관
련법에 의거해 미국 의회에 세계 각국의 종교 자유에 대한 보고
서를 제출하고 있으며, 매년 9·10월 보고서를 발표한다…〈중략〉[1]

그럼 매클래런 종교국장은 과연 한국의 사례에서 자신이 구하고
자한 해답을 찾은 것일까. 물론 그가 해답을 찾았는지 어땠는지는
확인할 길이 없다. 어떤 후속 보도가 나올 때까지는 좀 더 지켜봐야
만 한다.

하지만 이런 생각도 한편 없지만은 않다. 종교 간의 분쟁으로 말
미암아 거의 매일같이 들려오는 끔찍한 전쟁 소식이, 마음과 마음
이 찢어질 대로 찢어져 자기 몸에 품은 폭탄을 스스로 터뜨려 무고
한 이의 몸뚱이를 갈기갈기 찢겨놓는 그 처참한 자살 테러의 악순
환이 지구촌의 곳곳에서 그치지 않고 있는 가운데, 우리가 들려준
사례라는 게 고작 한가한 덕담 수준이 아니었는가 하는 점이다. 속
단컨대 무슨 묘약이 없을까 하고, 마치 물에 빠진 사람의 다급한 심

정으로 태평양을 한달음에 날아온 매클래런 국장에겐 틀림없이 그랬을 거란 생각이 든다.

아울러 이런 생각도 조심스럽게 해보게 된다. 종교 분쟁이 없는 우리의 속사정을 제대로 다 설명해주었느냐는 것이다. 7대 종단 외에도 다양한 종교(우리 나라의 무슬림은 약 14만 명을 헤아린다)가 평화롭게 공존할 수 있는 지금의 그러한 노력도 노력이지만, 우리가 이처럼 별다른 종교 분쟁 없이 살아올 수 있었던 실체에 대해 과연 얼마만큼이나 전달이 되었는지 궁금하다.

같은 질문으로 서두에서 언급하고 있는, 그러니까 여말 선초 숭불호법에서 숭유억불로의 연착륙에 대해서도 다시금 묻지 않을 수 없다. 대관절 어떤 묘약을 어떻게 처방했기에 국가의 통치 이념을 넘어 속세의 염원을 담은 가장 간절한 기원이었던 종교라는 이중적 과제를 그토록 소리 나지 않게 감쪽같이 해치울 수 있었느냐 것이다. 일찍이 삼국시대 이래 고려 왕조에 이르기까지 무려 천여 년 동안이나 민족종교로 굳건히 자리잡아 오면서, 시쳇말로 발끝에서 머리끝까지 오로지 불심으로 물든 불제자이길 바랐던 불국정토를 그렇듯 하루아침에 내치고서 저마다 유교를 새로운 국시로 받아들일 수 있었는지 자못 궁금하지 않을 수 없다.

물론 조선 건국과 함께 당장 배불에 나선 게 아니라는 점이 우선 눈에 띠고 있기는 하다. 무엇보다 고려왕조의 마지막 국왕이었던 공양왕(1392년)을 폐하고 스스로 왕위에 올라 조선왕조를 창건한 태조 이성계가, 건국 이전부터 불교와 인연이 깊은 독실한 불자였다는 점은 주목할 만한 사실이다. 그는 왕위에 즉위하기 이전부터 태고太古와 같은 고려 말기 고승의 신도로 이름을 적바림하고 있을 뿐더러, 특히 무학無學과의 관계가 깊었다. 그 뿐 아니라 태조가 창업을 하는데 결정적인 계기를 가져다 준, 이른바 위화도 회군 때에도 승장僧將 신조神照의 도움이 컸다. 따라서 등극 이후에도 이성계는 무학을 왕사王師로 삼아 어려운 건국 사업을 마무리 지었을 정도다.

그런가하면 태조 3년(1394)에는 다시 태고종의 고승 조구祖丘를 국사로 삼고 〈법화경〉 3부를 금 글씨로 쓰게 하여, 고려 왕씨 종족의 명복을 빌어주기도 했다. 태조 6년에는 신덕왕후 강씨를 위하여 흥천사興天寺를 세웠는가 하면, 그 밖에도 건국 경찬 사업으로 〈대장경〉 인간印刊과 금은으로 쓴 사경寫經 등을 펴내기도 했다. 태조의 불교 행사는 〈태조실록〉에 전하는 것만으로도 인경印經 12회, 소재회消災會 14회, 불사법석佛事法席 35회, 반승飯僧 9회나 실려 있을 만큼 오히려 숭불에 가까운 것이었다.[2]

또한 태조는 사원을 혁파하고 승려들을 도태시켜야 한다는 주변의 여론이 빗발칠 적에도, 개국 초기부터 그렇게 할 수 없다 하여 척불정책에 휩쓸리지 않았다. 정도전 등 창업의 중신과 유사儒士들이 끊임없이 척불을 주장하였으나 태조의 숭불은 결코 흔들리지 않았던 것이다.

그러나 태조에 이어 정종의 2년여 짧은 재위 이후 태종에 이르러서는 사정이 사뭇 달랐다. 태종은 왕위에 오르자마자 곧바로 유생들의 정강을 수용하여 숭유척불을 거침없이 실천에 옮겼다. 왕사와 국사를 없애는 한편, 사원이 소유한 노비와 토지를 국가가 몰수하는 배불정책을 전격적으로 단행했다.

태종에 이어 왕위에 오른 세종 또한 배불정책을 그대로 이어받았다. 세종 원년(1419)과 3년에 승려들이 잇따라 중국으로 건너가 명제明帝에게 조선의 불교 박해 사정을 알리면서 잠시 주춤거리기도 하였으나, 세종은 태종 때 미처 처리하지 못한 배불정책을 과감하게 펴나갔다. 태종 이후 11종宗에서 7종으로 줄어든 종단을 다시금 조계종과 천태종 등을 합쳐서 선종禪宗으로 하고, 화엄종과 자은종 등을 합쳐서 교종敎宗으로 축소시켜 두 종파만을 남을 수 있게 했다. 또한 태종 때 전국의 사찰을 242사寺로 축소시켰던 것을 또다시 줄여 단지 36개 사찰만이 남게 되었다.

성종이 즉위하면서 척불정책은 더욱 속도를 냈다. 당시 조정의 중신들과 유사들의 척불사상이 매우 격렬하기도 하였지만, 성종의 본심 또한 불교를 내쳐 그 세력을 일망타진하는데 있었다. 그리하여 사족士族의 부녀가 머리를 깎고 출가하는 것을 금하는가 하면, 도성 안팎의 니사尼寺 23군데를 모두 헐어버리게 했다. 또한 일반 백성이 상을 당하여 불승에 재 올리는 풍습을 엄단하는 한편 불사에 공양물을 바치거나 또한 절을 짓고 승려가 되는 것을 금지시키면서, 승려 수가 크게 줄어 많은 절들이 텅텅 빌 지경에 이르렀다.

다음 국왕인 연산군은 불교를 더욱 박해했다. 선종 도회소都會所인 흥천사와 교종 도회소인 흥덕사 및 원각사마저 폐하는가 하면, 태종과 성종의 서릿발 같은 척불 때에도 살아남았던 과거 시험에서 승과 제도조차 아예 폐지시켜 버렸다. 불교의 존재성마저 여지없이 짓밟히고 만 시대였다.

그 다음 국왕인 중종의 척불은 지금까지 어느 왕조보다 더욱 심한 폐불정책이었다. 중종은 각 도마다 혁파한 사찰의 전답을 지방 향교에 속하게 하고, 홍천사와 홍덕사의 범종을 녹여 무기로 만들게 하였으며, 원각사를 헐어 그 재목을 연산군 때 헐리고 만 민가에 나누어주도록 했다.

그런가하면 홍천사와 홍덕사를 끝내 폐사시키고 맒으로써 선·교 양종은 더 이상 발붙일 곳이 없게 되었다. 이후 선·교 양종은 경기도 광주의 청계사로 물러가 가까스로 명맥을 유지하는 듯싶었으나, 이내 오래지않아 그 이름조차 유명무실해지고 말았다.

그리하여 연산군 때 박해를 받으면서 내동댕이쳐져 황폐화된 불교는, 급기야 중종에 의하여 선종과 교종의 종단마저 아예 그 맥이 끊어지는 비운에 처하고 말았다. 결국 불교는 지리멸렬 흩어지고 말거나, 깊은 산속으로 숨어들어갈 수밖에 없었던 것이다.

이같이 조선왕조의 척불은 하루아침에 전격적으로 결행된 것이 아니었다. 태종에서부터 중종에 이르기까지 백여 년이라는 상거를 두고서 점진적으로 진행시켜 왔음을 알 수 있다. 새로운 국가를 창업하면서 국시가 불교에서 유교로 바뀌었다고 하여 당장 척불숭유를 단행하지는 않았음을 확인할 수 있다.

그렇대도 그 때나 지금이나 믿음이라는 게 어디 그렇게 간단한 것이겠는가. 종교적 습성이라는 건 단순히 뇌에 의해 기억되거나 상실되는 것이 아니다. 말과 음식과 의식 속에 육화되어 오래도록 유전되어 오기 마련이다. 우리가 뱀을 보고서 귀엽다며 머리를 쓰다듬어 줄 수 없는 것도 딴은 오래 전부터 뱀과 맺어온 좋지 않은 기억이 각인되고 유전되어 내려온 이유 때문인것처럼, 따라서 태종

불교는 일찍이 삼국시대 이래 무려 천 년여 동
안이나 우리 민족과 호흡을 같이 해온 민족종교
였다. 우리의 혼과 정신, 희로애락이 엉클어지고
총화 되어 있으며, 더욱이 무한한 미래로 나아가
는 유일한 통로였다. 한데 1392년 조선왕조가 건
국되면서 어떻게 그런 불교를 내치고 하루아침에
새로운 유교를 국시로 삼아 연착륙할 수 있었던
것일까. 사진은 전남 해남의 미황사.

부터 중종까지 비록 백여 년의 상거를 두고서 결행에 나섰다고는 하더라도 선초 척불이 여간 쉽지만은 않았을 것이란 생각이 든다.

다시 말하겠다. 불교는 일찍이 삼국시대 이래 무려 천 년여 동안이나 우리 민족과 더불어 호흡을 같이 해온 민족종교였다. 우리의 혼과 정신, 희로애락이 엉클어지고 총화 되어 있으며, 더욱이 무한한 미래로 나아가는 유일한 통로이기도 하였다.

한데 그러한 민족종교를 무람없이 내치고 마구 헐어내는데도 아무러한 저항이나 충돌조차 없었다는 것이다. 단지 세종 때 잠깐 승려들이 중국으로 건너가 명제에게 조선의 불교 박해 사정을 알리는 게 고작이었을 뿐, 이후로는 그저 물속처럼 조용하기만 했다는 얘기다. 그렇다고 새 왕조가 발을 벗고 나서 백성들을 어떻게 설득하거나 압박했다는 기록조차 찾아보기 어렵다.

도대체 어떻게 된 일일까. 통나무 장작을 일격에 쪼개어내듯이 국가와 백성들 사이에 어떤 내밀한 합의(?)가 있지 않고서는, 그렇듯 아무러한 저항이나 충돌조차 없이 척불숭유를 순순히 받아들일 수 있었겠느냐는 점이다.

물론 새 왕조가 이처럼 초기부터 척불이 가능했던 건 여말 불교의 문란이 그 빌미를 제공한 측면도 결코 부인할 수만은 없다. 또 그로 말미암아 여말 불교는 윤리의 재건이라는 시대적 과제를 더 이상 수행할 능력을 완전히 상실했다고 볼 수도 있다.

특히나 조선왕조의 기틀을 설계한데다 척불을 강하게 주장했던 정도전은, 여말 불교의 문란이 매우 심각한 수준이라고 목청을 돋웠다. 그는 여말 불교의 윤리성을 불교 자체의 현실적인(경제적인)

반윤리성과 함께 불교철학의 이론적인 반윤리성, 곧 이 두 가지 차원에서 모두 문제가 있다고 보았다. 먼저 여말 불교의 경제적인 차원에서의 반윤리성에 대한 그의 비판을 들어보기로 하자.

첫째, 국가의 재정 면에서 불사 행사에 쓰이는 경비가 심히 막대하다.

공양왕 3년(1392) 4월에 올린 정도전의 상소문에 따르면, 3사의 회계 가운데 불사에 쓰이는 비용이 대다수를 차지하고 있음을 알 수 있다. 때문에 도량이 궁궐보다도 넓고 법석法席이 불우佛宇에서 끊이지 아니하여, 재정의 낭비가 말할 수 없이 클 수밖에 없었다. 공민왕 때에도 불사가 성행하여 재력이 탄갈되고 민원이 일어나서, 부국과 수민壽民을 기원하는 숭불이 도리어 나라와 백성들의 빈궁을 가져온 원인이 되었다고 본 것이다.

둘째, 불교 사원경제의 낭비성이 너무 크다.

불교는 말로만 청정과 과욕을 위주로 한다면서 현실적으로는 큰 집에서 호화롭게 편안히 지내며, 토지와 노비를 대량으로 소유하여 부를 누리는 것이 마치 군주와 같았다. 뿐만 아니라 각종 불사에 쓰이는 경비가 막대하여 평민 10가구의 재산을 하루아침에 소비하고 있다. 그래서 불도는 천물天物을 낭비하는 천지의 커다란 좀 벌레라고 볼 수밖에 없다.

셋째, 불사에 참여하다 그만 파산하고 마는 신도가 허다하다.

전문적인 승려가 아닌 경우에도 상제喪制를 불교식으로 거행하는 사람이 많은데, 가령 상례의 경우 불교식으로 한다면 그 의관은 화려할지 모르겠으나 경비가 엄청나게 많이 든다. 이 때문에 결국 파산하는 자가 적지 않다는 것이다.

정도전은 불교철학의 이론적인 반윤리성 또한 신랄하게 비판하고 나섰다. 불교의 반윤리성은 이미 불교의 논리 그 자체에 내재되어 있다고 주장했다.

다시 말해 불교는 우주론이나 인식론에서 우주의 자연현상을 진상이 아닌 가상·가환·환영이라 하여 부인하고 있을 뿐더러, 부자·군신·부부·붕우관계와 같은 중요한 인간관계 또한 이를 가합이라 하여 인륜을 부인하고 있다는 것이다. 때문에 불교에서는 윤리사상 그 자체를 찾아볼 수 없다고 확신했다. 그리하여 불교는 윤리를 깎아내리고 풍속을 타락시킴으로써 마침내 인류를 금수의 세계로 몰아가고 있으며, 따라서 불교는 인류의 모적盜賊이 되고 있다고 몰아붙였다.

요컨대 불교는 국가 재정이나 국민 경제의 측면에서 반인륜적이므로 의리가 없는 사상이며, 윤리적 차원에서 볼 때에도 천륜을 부인하고 외면해 버림으로써 국가질서·사회질서·가족질서를 붕괴시키는 반윤리성을 띤 사상이라는 게 정도전의 불교 비판의 핵심이다.

그는 이러한 불교를 멸륜해국滅倫害國의 이단이라 단정하여, 이단의 배척을 필생의 과업으로 삼았다. 더욱이 불교와 자신이 신봉하는 성리학을 비교하여 불교를 허虛·이二·간단間斷의 학으로 평가절하한데 반해, 성리학을 실實·일一·연속連續의 학으로 자처하며 주장한 것 또한 근본적으로 불교의 반윤리성에서 기인한 것이라고 볼 수 있다.[3]

그렇다하더라도 이해할 수 없는 점은 여전히 남는다. 여말 불교의 문란과 새 왕조의 기틀을 설계한 정도전의 그러한 주장 때문에, 그리하여 불교를 배척하고 유교를 새로운 통치 이념으로 삼는데 아무러한 저항이나 충돌조차 없이 수용했다고 보기에는 아무래도 어렵다는 점이다. 숭불호법에서 숭유억불로 국시를 연착륙시킬 수 있었던 데에는, 적어도 지배층과 백성들 사이에 서로 합의까지는 이르지 못했다 하더라도 어떤 암묵적 동의내지는 묵인 같은 것이 필연코 존재했을 것이라는 얘기다. 그렇지 않고서야 단순히 문란 타락했다는 이유만으로 무려 천년 동안이나 모두가 지향해온 불국정토를 하루아침에 무 자르듯이 그만 단절할 수 있었겠느냐는 것이다.

물론 여말 불교의 문란은 반성하여 고쳐나간다 하더라도 끝내 가망이 보이지 않은 것이었다. 정도전의 신랄한 불교 비판 역시 그러한 정도전을 다시 비판할 수 있는 학승을 내세운다하더라도 이미 어긋나고 말았다는 얘기다. 정도전이 스스로 고백하고 있는 새로운 정치 이념인 성리학 또한 도덕과 교화의 소임을 상실하고 만 채 사장詞章과 법률에만 치우친 부화무실浮華無實의 학으로 전락하였으며, 유자는 오직 사리만을 추구하는 소인배로 타락함으로써 진유眞儒의 면모를 상실하고야 말았다는, 성리학에 대한 자탄 또한 이미 맞불로서의 그 효력을 잃어버렸을 수도 있다.

그럼에도 불구하고 이상 조짐이나 단서가 전연 없었던 것은 아니다. 태종 이래 척불과 폐불의 강압 속에서도 불교가 완전히 사라진 건 아니었다. 연산군과 중종 때 마지막까지 남아 있던 선종과 교종의 종단마저 내동댕이쳐져 그 명맥이 기어이 끊어지고야 만 줄 알았던, 특히 조선 중기에 이르러 명종이 즉위한 뒤 문정대비 윤씨가 섭정을 하면서부터 불교가 잠시 오랜 척불과 폐불에서 벗어나 다시금 부흥의 기운을 되찾는다. 이때 과거 승과가 다시 부활되어 승려의 권익을 옹호하는가 하면, 나아가 순교의 성사聖師 보우普雨·서산대사 휴정休靜·사명당 유정惟政과 같은 조선 불교의 법통을 곧추세우게 되는 고승들이 배출되기도 한다.

그러나 잠시 활기찼던 불교 부흥은 문정대비 사후 또다시 유생들과 조정대신들의 빗발치는 상소 속에 그만 빛을 잃고 만다. 명종 이후 승과는 다시 폐지되고 승려들의 사회적 지위마저 여지없이 땅에 떨어져, 폐불된 불교는 다시금 깊은 산속으로 숨어들지 않을 수 없게 되었다.

하지만 짧은 기간 동안이나마 이 무렵의 흥불 사업이 끼친 영향은 지대한 것이었다. 이후 역대 왕실 모두가 그러했듯이, 비록 정치적으로는 척불을 실천했다 하더라도 명종 이후 궁중(특히 왕후)에 숭불정신을 깊숙이 각인시켰다. 그와 함께 유위한 인물들을 배출해냄으로써 불교 교단의 명맥을 왕조 말기까지 유지케 할 수 있었던 것이다.[4]

그렇다면 다시 이러한 의문을 가질 수 있게 된다. 역대 왕실과 궁중의 왕후들이 왕조 말기까지 숭불정신을 꾸준히 이어나갔다라면, 그렇다면 또 다른 누군가도 그와 같이 할 수 있지 않았겠느냐는 추론이다.

그렇다. 조선왕조 사대부들 또한 예외가 아니었던 듯하다. 실·일·연속의 학을 자처하며 불교를 내치고서 유교를 새 국시로 내세웠던 사대부들 또한, 비록 정치적 이념으로는 척불에 나섰다하더라도 숭불정신을 끝내 단절하고 만 것은 아니었던 듯싶다. 여기에 일일이 다 언급할 수 없어 상징성을 지닌 몇몇 인물만을 떠올려 본다하더라도 하서河西 김인후, 퇴계 이황, 율곡 이이, 추사 김정희, 다산 정약용, 명성황후에 이르기까지 선초 이래 왕조 말기까지 일관되게 찾아볼 수가 있다. 조선시대 유학을 대표한다는 큰 선비들이 거의 예외 없이 열거되고 있음을 알 수 있다.

우선 호남의 큰 선비 하서는 이미 널리 알려져 있는 것처럼 유교관이 누구보다 엄격했다. 중립적 입장이나 조화를 결코 용납하지 않은, 전적으로 교조적 태도를 강조한 전형적인 유사였다. 하서의 이런 태도는 그의 문집에 일관되게 나타나고 있으며, 특히 주자에 대한 해석에서 비교적 자유로운 입장을 보인 노수신盧守愼과 벌인 논쟁에서 보다 분명하게 드러나고 있다.[5]

그가 노수신의 경전 해석에 불교적 해석이 있다고 지적하면서 그것을 취소하도록 권면한데 대해, 노수신이 지금 선학禪學을 배우는 자도 없는데 굳이 두려울 필요가 있는가라고 반박한데서부터 둘의 논쟁은 불붙기 시작했다. 이에 대해 하서는 도적이 없다고 해서 짖지 않는 개를 기르며, 쥐가 없다고 해서 쥐를 잡지 못하는 고양이를 기르겠는가라고 통박하면서, 일상적으로 경계를 늦추지 말아야 한다고 노수신을 신랄하게 비판하고 나섰다.

이처럼 하서는 철저히 성리학적 입장을 고수한 사대부였다. 1545년 을사사화가 일어나자 벼슬을 그만 두고 고향으로 돌아가 은신하면서, 교육과 학문 연구에 몰두하면서도 흐트러지지 않았다.

그는 비주자학 계통의 학설에 대하여 이단, 이학으로 분명히 선을 그은 뒤 일체 타협하지 않았다.[6] 또한 그것은 유교를 통치 이념으로 삼은 조선왕조의 사상정책의 근간이었음은 두 말할 나위가 없다 하겠다.

그러나 하서의 이런 태도와 입장 불변은 어디까지나 주자학적 순결성, 요컨대 국가 통치 이념에 대한 흔들림 없는 원칙을 고수하는데 한정하고 있을 따름이었다. 결코 불교를 배척하거나 폐불하는 데까지 나아갔다는 사료나 행적은 찾아보기 어렵다.

이런 사실을 보다 돈독하게 해주는 유구가 4백여 년이 지난 지금까지도 오롯이 남아있다. 장성의 백양사白羊寺 쌍계루 누각에 오르면, 누각 정면에 두 사람이 쓴 제법 큼직한 현필이 눈길을 끈다. 고려 말 충신 포은圃隱 정몽주가 찬한 것을 하서가 따라 지은 시가 바로 그것이다.

奇題雙溪樓	쌍계루에서 시를 짓다
求詩今見白巖僧	머리 허연 암자 승이 내게 시를 지어 달라하여
把筆沈吟愧未能	붓을 잡고 신음하니 부끄럽구나
淸叟起樓名始重	옛 승이 누각을 세워 이름을 남기고
牧翁作記價還增	목은(圃隱의 스승)이 현필을 지으니 빛이 한층 더 하네
烟光標묘暮山紫	잿빛도 고즈넉이 저물어 산자락은 붉으니
月影徘徊秋水澄	달그림자 감돌아 가을 호수도 청정하

조선왕조의 역대 왕실이나 궁중의 왕후들이, 더욱이 유교로의 유일적 지배를 확립코자 하였던 사대부들마저, 아니 그들의 지배를 받는 민초들에 이르기까지 숭불에서 숭유로의 종교 간 교체는 어떤 공통의 목적을 지향하기 위한 하나의 방법이었음을 짐작해볼 수 있다. 숭불에서 숭유로의 종교 간 교체는 그러한 체질 변화, 곧 수단이었을 뿐 마지막 목적에 이른 것은 아니었다는 얘기다. 사진은 포은 정몽주와 하서 김인후의 현판이 헌액 되어 있는 백양사의 쌍계루 전경.

	여라
久向人間煩熱惱	오랜 세월 속세의 번뇌 속에 묻혀 있었으니
佛衣何日共君登	어느 날이나 그대와 함께 누각에 오르려나
圃隱 鄭夢周	포은 정몽주

雙溪樓敬次	쌍계루에서
圃隱韻	포은의 시운에 따라 시를 짓다
樓頭識面西三僧	누각에 앉은 낯익은 세 스님에게서
持守前規喜爾能	옛 자취를 엿볼 수 있으니 반갑기도 하여라
絕澗言因淸叟怨	산골의 물을 막으라 한 건 옛 승에 의해 전해지고
烏川句爲牧翁增	오천(圃隱의 옛 호)의 글귀는 목은을 위해 지어졌구나
曾聞寫記庵爲約	헌필이 암자로 변했다는 말 옛적에 들었건만
今見隨行號偶澄	스님의 수행을 보니 이름마저 청정하기만 하다
扶病懶經頑石路	병든 몸 이끌고 돌길을 따라 걸을 때
春風不貢少年登	봄바람이 소년의 체취처럼 나를 부드럽게 감싸주는구나

이 뿐이 아니었다. 하서 일가가 고향 인근인 장성의 백양사, 고창의 선운사 내소사와 같은 고찰과 대대로 인격적인(?) 관계를 유지

해왔음은 이미 하서 집안에서는 알 만한 사람은 다 아는 사실이다. 태종 이후 승려들이 사회적 냉대를 받게 되면서 사찰의 유지 운영이 어렵게 되었을 적에도 하서 집안에선 결코 외면하지 않았던 것이다.

다시 말해 억말무본抑末無本이라 하여 상업을 천하게 여긴 사대부들이 저잣거리에 일체 얼씬도 하지 않았던 것처럼, 그렇듯 숭유척불이었다 한다면 마땅히 산중의 사찰 근처에도 얼씬하지 말았어야 함에도 결코 그렇지 않았음을 알 수 있다. 하서의 경우 스스로 사찰을 즐겨 찾았을 뿐더러, 또한 집안 대대로 사찰과 인격적인 관계를 유지했다는 건 불교의 배척과는 상당히 먼 얘기로 들린다.

이렇게 볼 때 하서는 통치 이념으로써 유교로의 유일적 지배를 확립코자 타협을 불허하기는 하였으나, 그렇다고 해서 숫제 불교를 배척한 것이 아니었음을 미루어 짐작해보게 된다. 적어도 그의 내면, 심정적으로는 불교를 결코 놓지 않았음을 확인해볼 수가 있다.

이런 하서와 함께 나란히 문묘文廟에 배향되었던 조선의 큰 선비 퇴계와 율곡 또한 예외가 아니었다. 퇴계는 어린 시절 고향에서 가까운 청량산 자락의 산사에 들어가 과거 공부를 했으며, 훗날 출사를 한 뒤에도 불교 승려와 시를 주고받은 이만 하여도 서른 명이 넘은 것으로 알려지고 있다.

율곡 또한 일찍이 어머니 신사임당을 여의면서 격정의 피안으로 불서를 접한 것으로 알려지고 있을 뿐더러, 결국 금강산으로 입산하고 마는 결행으로까지 이어진다. '율곡 연보'에 의하면 19세 되던 해 3월 금강산으로 입산하여, 내금강 마하연에서 시작한 수도 생활은 산을 내려올 때까지 꼬박 1년여 동안의 기록으로 입증되고 있다.

이것은 전적으로 위로는 보리를 구하고, 아래로는 중생을 제도하는, 이른바 자신에게도 이롭게 하기 위해 행실을 닦는 불자를 숭모한데서 비롯된 것이라고 볼 수 있다. 때로는 선탑에 기대어 속세를 잊고자 안으로 기틀을 삭히는 대목도 엿보이는가 하면, 또한 '속세의 모든 인연을 떨치고 오로지 솔잎을 양식 삼아' 일심불란一心不亂의 경지에 들고자 수도하는 스님을 보고서 '이곳에 머물려면 곡기를 끊는 법부터 배워야겠다' 고 스스로 뇌어보기도 한 것이다.

그러나 율곡의 입산 동기는 불성으로의 귀의나 침잠까지는 아니었던 듯싶다. 다만 선학의 체험을 통하여 삼보三寶의 그루턱을 넘짚고자 했음이며, 그의 금강산 입산 생활은 그야말로 명색은 유자이나 행실은 불자를 좇았다고 볼 수밖에 없다.[7]

추사 역시 여기에 근접한다고 볼 수 있다. 그 또한 자신의 삶 전부가 하나의 선계禪界로 나아가는 정밀한 전진까지는 아니었다 하더라도, 병조판서에 이르렀던 그가 말년에 머리를 깎고 손에 염주를 쥔 봉은사 승려가 된 예가 그 좋은 본보기라고 할 수 있다.[8]

왕조 말기 강진 유배지에서 다산 정약용과 백련사白蓮寺 혜장 스님과의 교유[9] 또한 다르지 않으며, 명성황후가 세 왕자를 병사로 연거푸 잃은 뒤에 스스로 찾은 곳도 인왕산 아래 진관사津寬寺였다,[10] 이를 놓고 볼 때 조선왕조 지배층의 숭불정신이 그 얼마나 내면 깊은 것이었는가를 생각게 한다.

민초들 또한 이와 크게 다르지 않았으리라 믿어진다. 태종 이래 초상을 당해서도 불승에 재 올리는 풍습을 금지했을 뿐 아니라, 불사에 공양물을 바치지 못하도록 엄금했음에도, 그들의 염원을 담은 가장 간절한 기원은 여전히 산중으로 숨어든 불심에 녹아있었을 것으로 보아진다. 하서와 퇴계, 율곡과 추사, 다산과 명성황후와 마찬가지로 명색은 유교이나 행실은 여전히 불교를 좇고 있는 선유후불先儒後佛이었음을 알 수 있다.

다시 말해 역대 왕실이나 궁중의 왕후들이, 더욱이 유교로의 유일적 지배를 확립코자 하였던 사대부들마저, 아니 그들의 지배를 받는 민초들에 이르기까지 숭불호법에서 숭유억불로의 종교 간 교체는, 결코 어떤 공통의 목적을 지향하기 위한 하나의 방법이었음을 짐작해볼 수 있게 한다. 숭불에서 숭유로의 종교 간 교체는 그러한 체질의 변화, 곧 수단이었을 뿐 마지막 목적에 이른 것은 아니었다는 얘기가 된다.

결국 여말 불교가 그처럼 문란 타락까지 하지 않았다면 선초 유교가 과연 발붙일 공간이 마련되었을지는 석연치 않다. 태조가 고려왕조를 멸망시키고 조선왕조를 건국하였을 때 굳이 억불숭유를 새 국시로 내세워야 할 이유도, 또한 그럴 필요조차 없었을지도 모를 일이다.

종교 간 교체에 따른 저항이나 충돌 문제에 대한 의문 역시 마찬가지일 거라는 생각이 든다. 그렇듯 공통의 목적을 지향하고 마련하기 위한 암묵적 동의내지는 묵인 같은 것이 존재(?)했었기에, 별다른 저항이나 충돌 없이 감쪽같이 감행할 수가 있었을 것이라는 얘기다.

　이쯤 되면 여말 숭불에서 선초 숭유로의 종교 간 교체는 고려 멸망에서 조선 건국이라는 왕조의 교체와도 자연스럽게 오버랩 되고 있음을 알 수 있다. 말하자면 민심에 따라 불교 정권인 고려왕조에서 유교 정권인 조선왕조로의 정권이 교체된 것이었다고나 할까. 태조는 그러한 민심에 따라 크게 소리 나지 않게 실행에 옮길 수가 있었을 것으로 보아진다.

　그렇다하더라도 앞에서 살펴본 바와 같이 불교 정권에서 새로이 유교 정권으로 정권의 교체를 이뤄냈음에도 무 자르듯이 결코 성급하게 굴지는 못했다. 태조는 개국 초기부터 억불에 나설 수 없다며 배불에 휩쓸리지 않았고, 다시 태종에서부터 중종까지 백여 년이라는 시간적 상거를 두고 폐불을 감행할 수밖에 없었다는 점이다.

　물론 이것은 어떤 저항이나 충돌이 두려워서가 아니었던 것으로 보아진다. 그보다는 민심을 잃지 않으려고 애써 배려한 측면이 크다고 볼 수 있다. 여말의 불교 정권에서 볼 수 있었던 것처럼 자칫 민심을 잃게 되면, 또 언제 어느 때라도 다시금 불교 정권이 등장하여 교체될 수도 있음을 경험으로 학습한 터였다.

　그런 만큼 유교 정권인 조선왕조 또한 불교 정권인 고려왕조와 마찬가지로 민심으로부터 버림받지 않기 위해서는 나름 분발해야 했다. 그렇지 않고서는 언제 또다시 민심이 돌아서 멀리 산 속으로 내쳤던 불교를 다시금 불러올 지 누구도 장담할 수 없는 일이었기 때문이다.

　따라서 여말 선초에서 볼 수 있는 풍경처럼 불교와 유교는 원하건 원하지 않건 간에 내심 서로 간의 경쟁을 피하기 어려웠을 것으로 추측된다. 비록 정권을 내주고 만 불교 세력이나 새로이 정권을 잡은 유교 세력 모두 눈에는 보이지 않는 어떤 긴장 관계, 적어도 민심을 놓고 줄다리기를 벌여야 하는 경쟁 관계일 수밖에 없었다고 보아진다.

또 이런 경쟁 관계는 조선왕조 5백여 년 동안 부단히 이어져 내려왔음을 왕조 말기에서 다시금 확인할 수 있게 된다. 여말에 이르러 불교의 폐단이 드러나 민심이 이반되고 말면서 이를 극복하기 위한 대체 수단으로 유교 세력이 등장하게 된 것처럼, 선말 유교 또한 애당초 무릉도원의 창업 다짐을 지키지 못한 채 끝내 한계를 드러내고 말면서, 이를 해결하기 위한 대체 수단으로 실학實學에 이어 동학東學이 그 대안으로 다시금 등장케 된 것이었다.

그러나 불교도 유교도, 새로운 대안이라는 실학도 동학도, 결국 일본의 침략으로부터 이 땅을 지켜주지는 못했다. 때문에 저마다 낙담하고 있을 때 그 저항 내지는 대안으로 도입된 것이 초기 기독교였다. 숱한 박해 속에 순교자들의 붉은 피를 뿌려가며 마침내 정착하게 된 천주교와 달리, 초기 기독교가 기존의 종교를 부정하는 전통적인 선교보다는 먼저 학교를 짓고 병원을 세우는 교육과 의료 사업을 펼쳐 민심을 얻는데 주력한 것만 보아도 그 이유가 명료해진다.

요컨대 여말 선초의 불교에서 유교로의 연착륙은 오직 민심에 따른 정권 교체였다고 말할 수 있다. 마찬가지로 선말의 실학과 동학에 이어 초기 기독교가 등장할 수 있었던 것 역시 순전히 민심의 흐름에 따른 결과였으며, 그런 초기 기독교 또한 전통적인 선교보다는 먼저 민심을 얻는데 주력하고 있는 것도 따지고 보면 우리의 역사적 조건을 수용한 것이었다고 해석할 수 있다.

결론적으로 민심에 따라 불교는 유교를 불러왔고, 유교는 다시 초기 기독교를 불러올 수밖에 없었던, 따라서 종교 간에 우월성의 문제를 놓고 갈등 분쟁을 일으키기보다는 서로가 경쟁 관계에 따를 수밖에 없는, 우리만의 절묘한 종교 구조를 만들어가게 되었다는 것이다. 민심을 얻기 위한 상호 이해와 공존의 추구 속에 오로지 '선의의 경쟁' 체제를 구축해갈 수밖에 없었다는 점이다. 다만 이 러한 사실을 과거나 오늘날에도 애써 말하지 않고 있을 뿐이다. 우 리가 다종교 국가임에도 종교 간에 큰 분쟁이 없는 이유가 바로 이 러한 역사적 조건 때문이었다고 단정 지어 분명하게 말하는 이가 아직 없었을 따름이다.

다시 말하지만, 종교 분쟁의 해법을 찾아 태평양을 건너 우리 나 라를 찾은 미 국무부 종교국장 매클래런에게 과연 어떤 설명이 전 달되었는지는 알 수 없다. 그가 우리 정부의 종무관을 비롯하여 종 교 관계자들을 만나 과연 어떠한 해법을 구하고 돌아갔는지는 확인 할 길이 없다.

다만 이날 신문 기사를 읽고 난 이후 「대한제국 멸망사」를 쓴 호 머 헐버트Homer Hulbert가 한 말이 두고두고 생각이 났다. '한국인 들에게 종교가 무어냐' 고 묻는다면, '일상생활은 유교적으로 하되, 생각은 불교적으로 하며, 위기에 봉착하였을 땐 토속 신앙을 찾는 다' 는 것이다. 예를 들어 한 겨울날 승려가 살얼음판 위를 걸어가 다 그만 살얼음판이 깨지고 마는 순간, 마땅히 "관세음보살!" 하지

아니하고 "아이구, 어머니!" 한다는 것이다. 기왕이면 우리의 이런
종교의 합리성까지 덧붙여 들려주었더라면 어땠을까 하는 생각이
든다.

프랑스 군인들이 본
유교의 나라, 조선왕조

　해마다 명절이면 고향 가는 귀성길이 고행이다. 전국의 고속도로는 온통 귀성 차량으로 뒤덮이고 만다. 평소 4시간이면 갈 수 있는 거리가 10시간도 넘게 걸리면서 방송국들마저 특별 프로를 편성하게 된다.

　어느 누구도 막지 못하는 민족의 대이동이다. 연어의 회귀 본능을 닮은 뜨거운 감동이다.

　기껏해야 하루 정도 밖에 고향에 머물지 못하면서도 그 고생들을 애써 마다하지 않는다. 해마다 반복되는 줄 알면서도 명절이 다가오면 또 어김없이 저마다 차를 끌고 고속도로로 나간다.

　우리가 오랫동안 유교의 나라였음을 알게 해주는 풍경이다. 우리의 혈관 속에 유교가 흐르고 있다는 예증인 것이다.

그렇다면 우린 적어도 공자가 누구인지 말할 수 있어야 한다. 유교의 DNA가 무엇인가 하는 정도는 알고 있어야만 한다.

하지만 정작 사정은 그렇지 못한 것 같다. 이 땅에 살고 있는 사람들이라면 누구나 유교에 대한 콤플렉스를 지니고 있기 마련이면서도, 실제 유교를 이해하고 있는 사람은 얼마 되지 않는다.

그럼 유교는 어디서부터 시작된 것일까. 공자일까, 맹자일까. 아니면 이 두 사람 다일까.

유교의 원형은 대략 4,300여 년 전으로 거슬러 올라간다. 지금의 중국 중원을 통치하던 요堯라는 임금이 만든 중용中庸사상에서 찾을 수 있다.

하지만 당시만 해도 지금과 같이 무슨 국경이나 국가 개념이 그다지 뚜렷하지 않을 때였다. 다만 중원의 동부 지방에 살던 동이족東夷族과 서부 지방에 살던 서부족이 부족국가의 형태로 각기 다른 문화를 가진 채 살고 있었다. 그러면서 요 임금의 중용사상을 동이족인 순舜이 계승했고, 다시 서부족인 우禹가 계승하며 동이족과 서부족이 번갈아 이어갔다.

한데 우의 후계자는 다시금 동이족이 계승한 것이 아니라 자신의 아들로 이어졌는데, 그것이 서부족의 하夏나라다. 그러나 하나라는 동이족 탕湯이 세운 상商나라에 멸망한다. 상은 다시 탕의 아들로 이어오다, 서부족이 세운 주周나라 무왕武王에게 패망했다. 주나라는 무왕의 아버지인 문왕文王 때 크게 번성했고, 무왕의 동생인 주공周公에 의해 제도가 완비되었다.

그러다 주나라가 혼란해지기 시작한 춘추시대에 공자가 등장한

다. 공자는 요에서 시작되어 순, 우, 탕, 문왕, 무왕, 주공으로 이어
지는 사상의 흐름을 집대성해 거대한 체계를 세웠다. 이것이 곧 유
학이다.

이때 공자가 집대성한 사상 체계는 오경五經으로 정리된다. 오경
은 〈시경〉, 〈서경〉, 〈주역〉, 〈춘추〉, 〈예기〉를 일컫는다. 후대인 송
宋나라 때 주자朱子가 공자 이후에 완성된 〈논어論語〉, 〈맹자孟子〉,
그리고 〈예기〉 속에 있는 〈대학大學〉과 〈중용〉을 각기 독립시켜 사
서四書로 정리함으로써 지금의 〈사서오경四書五經〉이 유학의 중심
경전으로 되었다.

이러한 유학이 우리 나라에 처음으로 도입된 것은 고구려 소수
림왕 2년(372)이었다. 불교가 들어오기 시작한 것과 거의 비슷한 시
기였다.[11]

한데도 우리가 사상적·종교적 갈등을 해소하는데 있어 유교가
아닌 불교를 먼저 선택한데에는 당시의 유학에 불만을 가진 이유
때문에서였다. 삼국시대부터 도입되기 시작한 초기 유학은 중국 한
漢나라와 당唐나라 때의 유학이었으므로, 당연히 순자荀子의 성악설
이 그 주조를 이루고 있었다. 따라서 인간의 마음을 중시하는 우리
로서는 당시 이러한 유학보다는 불교에 더 매료될 수밖에 없었다.

이런 우리와 달리 이웃나라 일본은 한나라와 당나라 때의 유학,
곧 순자의 성악설을 받아들인다. 순자의 성악설을 받아들임으로써
결과적으로 무사의 나라가 된다. 일본이 우리와 크게 다른 이질적
인 문화를 갖게 된 것도 실은 이때 이렇게 서로의 선택이 엇갈리면
서부터라고 볼 수 있다.

어쨌거나 여말에 이르러 불교의 폐단이 극에 달하자, 이를 극복하기 위한 방안으로 유교 정권으로의 왕조를 교체했다는 건 이미 앞에서 살펴본 그대로다. 물론 이것은 송나라 주자에 의해 새로운 유학으로 통합된 성리학을 뒤늦게 고려 문신 안향이 원元나라로부터 들여오고, 다시 이색에 의해 새로이 유학으로 정리될 수 있었기 때문에 비로소 가능한 일이었다.

한데 비로소 그렇게 받아들인 유학과 관련지어 볼 수 있는 재미있는 기록이 있다. 1866년 강화도를 습격하여 외규장각 도서를 강탈해 간 당시 프랑스 군인들은, 훗날 자기 나라로 돌아가 서로 비슷한 보고서를 남겼다. '조선인들의 집을 뒤지다보면 가난해 보이는데도 집집마다 서고가 있고, 책이 가득 차 있어 자존심이 상했다'[12]는 것이다.

어떻게 된 것일까? 사전에 이러한 풍경을 어느 정도 예견했다면 모르되, 그렇지 않았다면 분명 당황스러울 만도 하잖은가.

1866년이면 말할 것도 없이 유교 정권이 통치를 하던 선말이다. 푸른 눈의 이방인이 목격한 '가난해 보이는 집집마다'라면 이른바 사농공상의 계층 가운데서도 보나마나 농민을 일컫는다. 한데 그런 '집집마다 서고가 있고, 책이 가득 차 있었으니' 그들의 눈에는 가히 진기한 풍경이었을 게 틀림없다.

물론 이런 의문을 가질 수 있다. 당시 강화도라는 일부 특정한 지방의 농민들 집에서만 '서고가 있고 책이 가득 차 있었던' 건 아닐까 하는.

결론부터 말하자면 꼭이 그랬던 건 아니다. 아마도 프랑스 군인들이 당시 강화도가 아닌 다른 지역에 상륙하여 '가난해 보이는' 집들을 뒤졌다하더라도, 예의 마찬가지 풍경이었을 것이라는 생각이 든다. 왜냐하면 그런 풍경이야말로 역사적으로 볼 때 우리가 중국이라는 '거대한 블랙홀'에 휩쓸려 들지 아니하고 나름대로 정체성을 지키며 꿋꿋하게 생존할 수 있었던, 우리 문화의 한 단면이었기 때문이다.

그리고 그러한 단면을 이해하기 위해서는 먼저 조선왕조를 좀더 깊이 들여다볼 필요가 있다. 유교 정권이었던 조선왕조가 어떻게 그러한 풍경을 연출할 수 있었는지부터 살펴봐야 한다는 얘기다.

우선 조선왕조가 국시로 삼고 있는 유교는 오직 학습을 통한 바람직한 자기완성, 곧 이상적인 인간상에 이르게 된다는 교육사상을 근저로 삼고 있다. 예컨대 유교가 추구하는 이상적인 인간상이란 지知·인仁·덕德이 비범하고 성숙한 경지에 이른 인격자, 곧 군자를 가리킨다. 이를 공자는 널리 베풀어 대중을 제도하는 '인의 극치'라고 일컬었다. 맹자 또한 인류의 궁극적인 경지, 인간의 덕성을 극대화하여 타인에게 감화를 주는 경지라고[13] 덧붙이고 있다.

그리고 이를 실천에 옮기기 위해 가장 먼저 수범을 보여야 할 군자는 다름 아닌 군왕이었다. 강력한 중앙 집권 국가를 건설하기 위해 권력을 중앙 정부에 모으기 위해서는 하나의 상징적인 구심점으로 군왕이 필요로 했다 하더라도, 그렇대도 절대권을 가진 독재자가 되어서는 안 된다는 군신공치君臣共治의 통치, 요컨대 군왕과 신하가 함께 나라를 다스리는 통치 시스템이었다.

　조선왕조의 개국 공신이자 설계자였던 정도전이 중국의 이상적인 정치 규범인 〈주례周禮〉를 참고하여 편찬한 〈조선경국전朝鮮經國典〉과 〈경제문감經濟文鑑〉에[14] 따르면, 어진 임금이란 종묘와 사직에 의지하여 돌아가는 것이며 자손과 신하와 백성이 우러러 의뢰하는 존재이다.[15] 다시 말해 군주는 국가의 상징이자, 국민 통합의 구심체였다.

　그런 만큼 군주는 관념상으로는 가장 존귀하며, 천하의 인민과 천하의 토지를 보유하는 가장 막강한 권력자인 동시에 최대 부의 소유자이기도 하다.[16] 더욱이 왕권은 천명의 대행자로서 정당화되기도 했다.[17]

　이러한 군주를 왕이라고 부르는 것은 천도天道와 지도地道, 그리고 인도人道의 이른바 삼재三才를 하나로 묶고, 삼재의 책임을 담당하기 때문이다. 왕王이라는 글자 또한 천·지·인을 상징하는 '三'에다, 매개한다는 의미의 '丨'이 첨삭되어 이루어진 글자라는 것이다.[18]

　그렇다하더라도 왕권이란 어디까지나 상징적이요, 관념적인 것이지, 실제로 절대권을 가진 독재자가 되어서는 안 된다는 군신공치의 권력구조, 따라서 왕이 행사할 수 있는 실제적인 권한은 다음 두 가지 밖에 없다고 정도전은 주장한다. 하나는 재상(2품 이상의 고위 벼슬)에 대한 임명권이며, 다른 하나는 그런 재상들과 정사를 협의하여 결정하는 권한이다.[19]

　하지만 정사를 협의하는데 있어서도 모든 문제를 재상들과 협의 처리하는 것은 아니었다. 중차대한 문제에 관해서만 협의할 권한이 있으며, 그렇지 않은 일들은 재상들의 독자적인 처리에 맡겨야 했다. 더욱이 정사를 협의 처리함에 있어서도 주도권은 왕에게 있는 것이 아니라 재상들에게 있다는 점을 분명히 밝혀두고 있다.[20]

왕은 이처럼 실권이 미약한 존재이기 때문에, 왕위는 오히려 자자손손에게 세습이 되어도 좋다고 보았다. 그 뿐 아니라 왕은 성인이 아니라 현자이면 가장 바람직한 것이겠지만, 반드시 현자가 아니더라도 그러니까 중간 정도의 자질을 가지고 있어도 재상들만 훌륭하다면 정치가 잘 다스려지는 통치 시스템이었던 것이다.[21]

14세기 지구촌 대부분의 나라가 국가의 모든 권력을 한 개인이 쥐고서 처리하는 전제 통치에 머물러 있을 때, 조선왕조의 통치 이념은 이렇듯 대단히 진화된 권력 구조였음을 알 수 있다. 유럽은 물론이거니와 가까운 이웃 나라들조차 황제 또는 천황 한 개인에게 여전히 전권이 주어져 있었는데 반해, 조선왕조만이 군신공치라는 매우 독창적인 통치 이념을 운영했다. 공정성과 투명성을 높이고, 백성을 나라의 근본으로 존중하는 민본정치를 구현하는데 당면 목표로 삼고자 한 것이었다.

그리고 이런 군신공치의 통치 이념을 보다 공고히 하기 위한 통로가 다름 아닌 교육이었다. 군신공치를 가능케 하기 위한 사전 정지 작업으로 정1품에서부터 정7품에 이르는 신하들이 스승이 되어 어린 왕세자를 가르치는, 왕세자 교육 역시 그러한 주요 장치 가운데 하나였다. 훗날 보위에 올라 군왕이 되어서도 신하들을 함부로 대하지 못하도록 어릴 적부터 철저히 학습시키는 의미까지 담고 있었다.

때문에 왕세자가 교육을 받는 과정에서 신하들의 눈밖에 벗어나 그만 퇴출당하는 경우도 없지 않았다. 그 대표적인 예가 선초 양녕대군과 충녕대군의 엇갈린 운명이었다. 공부는 딴전인 채 매사냥에 빠져있는 왕세자 양녕대군을 폐하고 대신 책 읽기를 좋아하는 충녕대군을 왕세자로 책봉하라는 신하들의 대의 상소를 뿌리치지 못해, 태종은 결국 양녕대군에서 충녕대군(훗날 세종)으로 왕세자를 교체할 수밖에 없었던 것이다.

물론 왕세자가 보위에 올라 군왕이 되어서도 다르지 않았다. 원로 신하들이 군왕에게 유교 경전을 교육시키면서 정책에 참견하는, 이른바 경연經筵 제도가 그것이었다.

이런 경연 제도와 관련하여 정도전은 군주가 읽어야 할 필독서로 〈대학〉을 대단히 중요시 여겼다. 특히 송나라 진서산眞西山이 〈대학〉의 뜻을 풀어 해설한 〈대학연의大學衍義〉를 가장 좋은 책으로 추천하고 있을 정도였다.[22]

〈대학〉은 성리학의 기본 경전인 4서의 하나로 수신修身, 제가齊家, 치국治國, 평천하平天下의 원리를 간략하게 설명한 책이다. 예컨대 먼저 군주 자신의 마음을 수양하고, 둘째 가정을 잘 다스리고, 그런 다음에 나라를 다스리며, 마지막으로 천하를 다스리는 것이 정치의 순서라는 요지다.[23] 다시 말해 군주는 나라를 다스리기에 앞서 먼저 자기 자신과 가정부터 잘 다스릴 줄 알아야 한다는 뜻을 담고 있다.

하지만 조선왕조의 모든 군왕이 이러한 경연, 곧 원로 신하들로부터 받아야 하는 교육을 달가워했던 건 아니다. 성종의 맏아들로

조선왕조는 교육을 통해서 인재를 걸러냈다. 또 그러한 교육 과정을 통한 단계적인 과거를 치러 인재를 선발했다. 부단히 교육에 힘써 과거시험을 통과해야 만이 군왕의 신하, 곧 군왕과 함께 나라를 다스리는 선비의 대열에 오를 수 있었다. 사진은 경복궁에서 과거시험을 재현한 풍경이다.

조선왕조 10대 왕위에 오른 연산군은, 억울하게 죽은 친모의 폐위에 대한 전모를 알고 난 뒤부터는 경연을 멀리했다. 경연을 받아들이라는 신하들의 성화에 되레 '입은 화를 부르는 문이요, 혀는 목을 베이는 칼이다' 는 신언패愼言牌를 신하들의 목에 걸어 입에 재갈을 물려버렸다.

그러나 잘못하는 군왕은 바꿀 수도 있다는 것이 정도전이 설계한 조선왕조의 혁명사상이었다. '임금의 지위는 존귀한 것이다. 그러나 …만일 천하 만민의 민심을 얻지 못하면 크게 우려할 만한 일이 생긴다. …민심을 얻으면 백성은 군주에게 복종하지만, 민심을 얻지 못하면 백성은 군주를 버린다' [24]는 혁명사상에 따라 연산군은 중종반정에 의해 보위에서 쫓겨나야 했으며, 선조의 둘째 아들로 15대 왕위에 오른 광해군 역시 인조반정에 의해 그만 왕좌에서 내려와야 했다. 군왕과 신하 사이를 연결하는 교육이라는 통로를 통하여 자칫 균열이 생길 수도 있는 군신공치의 권력구조를 매우 절묘하게 엮어나갔던 셈이다.

이런 점은 신하들이라고 해서 다르지 않았다. 왕세자는 물론 보위에 오른 군왕과 마찬가지로 신하들 역시 교육에서 결코 자유로울 수 없었다.

우선 참된 신하, 참된 선비가 되어야 한다고 했을 때, 이를 뒷받침하기 위해서는 선비의 양성과 함께 그런 선비의 엄정한 선발이 문제되지 않을 수 없었다. 인간은 태어나면서부터 곧바로 선비가 되는 것이 아니라, 후천적인 수양과 교화를 통해서 선비로서의 인격과 지식이 형성되기 때문이다. 또한 그럴 때만이 비로소 교육 제

도와 선발 제도의 확립이 요청될 수 있다고 믿었다.[25]

따라서 조선왕조는 교육을 통해서 인재를 길러내야 했으며, 또 그러한 교육 과정을 통한 단계적인 과거를 치러 인재를 선발해냈다. 부단히 교육에 힘써 단계적인 과거를 치러야 만이 군왕의 신하, 곧 군왕과 함께 나라를 다스리는 선비의 대열에 오를 수 있었던 것이다.

하지만 유감스러운 부분도 결코 없지는 않았다. 사대부가 아닌 일반 평민들이 누려야 할 교육, 보편적인 초등 교육에 관해서는 어떠한 설명도 찾아볼 수가 없다는 점이다. 조선왕조의 개국 공신이며 설계자였던 정도전조차 따로 언급하고 있지 않다.

그러나 이것은 보편적인 초등 교육을 부정해서가 아니었다. 초등 교육은 국가의 책임 아래 실시될 성질이 아니라고 본 것이다. 초등 교육은 국민 각자가 자발적으로 가정에서, 또는 유자의 사숙에서 실행되어야 하는 것으로 보았다.

다만 학업에 뜻을 둔 자라면 어느 누구라도 학습이 가능할 수 있도록 활자의 주조와 더불어 그것을 이용한 서책의 출간이 반드시 성행되어야 한다고 믿었다. 실제로 조선왕조 초기부터 교육이 어느 때보다 진흥되었으며, 각종 서적이 발간되어 나왔음은 주목할 필요가 있다.[26]

또 그처럼 서적이라도 일반 평민들에게까지 광범위하게 보급되기만 한다면 굳이 국가 교육기관을 통하지 않더라도 초등 교육의 보편화는 기대하기 어려운 것도 아니었다. 더욱이 국가의 재정적 책임 아래 모든 계층의 국민을 의무적으로 초등 교육까지 시킨다는 것은, 설령 그러한 의지가 있었다하더라도 당시의 사정으로 미뤄볼 때는 현실적으로 불가능한 일이었다.

그런 만큼 초등 교육은 국민 각자의 노력에 맡기되, 다만 초등 교육을 통해서 자질이 뛰어나다고 인정되는 준수자만을 선발하여 국가가 책임지고 선비로서 양성해야 한다고 생각했다. 정도전 역시 이런 초등 교육과 인재 양성에 얼마나 부심하였는가는 지방 고을 수령의 임무 중에서 초등 교육의 진흥을 가장 중요한 업무 가운데 하나로 제시하고 있는 것만 보아도 짐작해볼 수 있다.[27]

요컨대 조선왕조는 학습을 통한 바람직한 자기완성, 다시 말해 이상적인 인간상에 이르게 된다는 교육열이 전 계층에 걸쳐 매우 광범위하게 이루어졌음을 알 수 있다. 비단 나라를 다스리기 위한 군왕이나 사대부들의 수단이 아닌, 꼭이 그러한 신분이 아니더라도 학업에 뜻을 둔 자라라면 누구나 학습이 가능할 수 있도록 장려했던 것이다.

때문에 산간벽지 마을에 초가집 열 채만 서있어도 귀퉁이 어딘가에는 반드시 서당과 수염 기른 훈장이 있다는 이야기가 생겨날 정도였다. 또한 그런 이유 때문에 1866년 강화도를 습격해 외규장각 도서를 강탈해간 당시 프랑스 군인들이 훗날 자기 나라로 돌아가 '조선인의 집을 뒤지다보면 가난해 보이는데도 집집마다 서고가 있고, 책이 가득 차 있어 자존심이 상했다'는 보고서를 남기게 되었던 것이다.

사실 1866년쯤이라면 일반 평민의 사내아이들은 물론이거니와, 웬만한 집의 여자아이들까지 동네 서당에서 공부를 시작하고 있을 시대였다. 실제로 같은 시대에 여자아이가 동네 서당에서 천자문 공부는 물론 언문 공부까지 했다는 이야기를 직접 들은 일이 있다. 다름 아닌 필자의 할머니다. 사내건 여자아이이건 간에 금수라는 소리를 듣지 아니하고 사람 노릇을 하려고 한다면 글자 한 자라도 더 배워야 한다는, 부모의 극성에 따를 수밖에 없었다는 것이다. 다른 건 몰라도 '부모 없는 설움', '먹지 못해 굶주리는 설움', '배우지 못한 설움'만은 죽어도 후대에까지 물려주어선 안 된다는 보편적인 부모들의 각오에서였다.

결국 조선왕조는 '인간을 배우는 존재'로 보았다. '배우고 때로 읽히면 또한 즐겁지 아니한가學而時習之, 不亦說乎'로 시작되는 성리학에 방점을 둔, 여말 선초 불교에서 유교로의 연착륙이 오로지 그러한 민심에 따른 정권 교체였음을 다시 한 번 확인케 해준다. 학습을 통해 비로소 자기완성에 이를 수 있다고 믿은, 조선왕조가 그러한 교육의 가치를 국시로 삼고 있는데 대해 정권과 백성 사이에 적어도 어떤 암묵적 동의내지는 묵인이 있었음을 알 수 있게 하는 대목이다. 다른 무엇보다 교육을 중시하고 있는 민심을 얻는데 성공한, 조선왕조가 그러한 역사적 조건을 담고 있었던 것이다.

불교국가 고려왕조 또한
책 읽는 나라였다

비단 조선왕조 5백년만은 아니었다. 비록 교육의 가치를 국시로 직접 명시하고 나서지는 않았다하더라도, 불교정권이었던 고려왕조 5백년 또한 이와 크게 다르지 않았음을 알 수 있다.

우선 그러한 기록을 〈고려도경高麗圖經〉이란 고서에서 엿볼 수 있다. 1123년 서긍徐兢이 송나라 사신으로 고려에 왔다가, 당시 고려의 풍물을 보고 느낀 것을 모아 펴낸 고려 견문록이다. 이 책에서 서긍은 고려의 문화 수준에 그만 놀랐다고 기술하고 있다.

'…고려 국왕이 갖고 있는 책이 수만 권에 이르며, 누추한 거리에도 책을 파는 상점이 두서 곳씩 마주보고 있다. 결혼하지 않은 어린 자녀는 함께 거처하면서 스승을 좇아 경서를 익히고, 조금 더 커서는 벗을 골라 함께 공부를 한다. 아래로는 일반 평민의 아이들까지도 선생을 찾아가 배운다. 아, 흉륭하구나.' [28]

서긍이 놀랍다고 한 건 다른 것이 아니었다. 당시 이웃나라인 일본을 예로 들어보면 금방 고개가 끄덕여진다. 일본은 서긍이 송나라 사신으로 고려에 왔을 때보다도 수세기나 더 지난, 그러니까 도쿠가와 통치 기간 동안에 비로소 사회 전역에 교육이 확산되어, 18세기에 접어들어서야 서적이 겨우 1만 권까지 인쇄되기에 이른다. [29] 여기에 비하면 고려시대의 문화 수준, 공부하는 분위기가 과연 어떠했는지 짐작이 간다.

그렇다면 이런 의문을 가질 수 있다. 앞서 얘기한 것처럼 고려왕조라고 하면 불교정권이 틀림없을 텐데, 어떻게 이러한 풍경이 서긍에게 목격될 수 있었던 것일까? 저마다 불국정토의 불심을 간절히 염원하고 있는 것이라면 무엇보다 수행 정진하는 풍경이 먼저 각인되었어야 마땅할 텐데도, 서긍은 그렇듯 책과 공부하는 풍경을 더욱 인상 깊게 보았던 것일까? 도대체 이런 이유를 어떻게 설명할 수 있단 말인가.

물론 이유가 없는 원인이란 있을 수 없다. 이방인의 눈에 고려의 풍물이 그렇게 비춰졌다면, 필시 그럴만한 까닭이 딴은 또 존재했기 때문이 아니겠는가.

더구나 멀리 둘러볼 것도 없다고 생각한다. 고려왕조가 불교를 국시로 삼고 있었던 만큼 그 가운데서 해답을 찾는 것이 당연하다고 본다.

그 첫 번째가 고려시대 사찰이란 귀족과 평민 모두에게 사원이자 교육장, 지금의 학교와 같은 특정 공간 역할을 하고 있었다는 점이다. 예컨대 사찰을 찾아 법회의 법문에서 듣게 되는 삼라만상의 온갖 쓴 소리, 단 소리, 귀담아 들어두어야 할 소리가, 결과적으로 보았을 때는 곧 글이요, 책이 다름 아니었다. 당시로서는 사찰이 아니면 그 어디에서도 접할 수 없었던, 모든 배움의 자궁과도 같은 성격과 역할을 동시에 수용하고 있었다.

따라서 불심이 깊으면 깊어질수록, 다시 말해 사찰을 빈번하게 찾아 법문을 자주 듣게 되면 될수록 자연스레 먹물(?)이 될 수 있는 조건도 더 가까워졌다. 반면에 불심이 깊지 않거나 게을러서 사찰을 자주 찾지 않으면 않을수록 그러한 조건에서 멀어지는 결과를 낳았다. 마땅히 교육을 받을만한 특정 공간이 따로 마련되어 있지 않던 시대에, 사찰이야말로 속세의 간절한 염원을 담은 기도하는 공간이면서 동시에 더할 나위없는 배움터였던 셈이다.

두 번째로 고려 불교에는 찬란한 대장경이 있었다는 점을 꼽지 않을 수 없다. 고려왕조는 모두 세 차례에 걸쳐 대장경을 만들었다. 첫 번째 초조대장경初雕大藏經은 거란의 침입을 불력으로 물리치고자 현종 2년(1011)부터 77년에 걸쳐 이뤄졌다. 두 번째 속장경續藏經은 초조대장경을 보완한 것으로, 선종 9년(1092)부터 9년여에 걸쳐 대각국사 의천義天이 흥왕사興王寺에 설치한 교장도감을 통해 편찬되었다. 세 번째 재조대장경再雕大藏經은 1232년 몽골 침입 당시 대구 팔공산 부인사符印寺에 보관되어 있던, 초조대장경과 속장경의 목판이 모두 불타버리고 만 것을 고종 23년(1236)부터 16년에 걸쳐 다시금 만들었다.

팔만대장경은 당시 동아시아에 흩어져 있던 4,700여 권이 불교 경전을 집대성한 매우 방대한 것으로, 경판 수만도 무려 8만 1,258판에 이른다. 더욱이 놀라운 것은 그 수많은 대장경 경판 하나하나가 마치 한 사람이 일일이 쓰고 거친 호흡으로 판각한 것처럼 한결같이 일정하고 조화롭다는 점이다.

한데 이런 대장경의 규모가 시쳇말로 장난이 아니다. 고려 대장경은 성종 때 전래한 북송의 개보칙판開寶勅板 대장경과 국내에서 수집된 자료들을 바탕으로 처음 작업이 이뤄졌고, 문종 때는 새로 전래한 거란의 대장경까지 제작에 참조했다.

따라서 그 규모가 몽골 침입 당시 부인사에서 소실되고 만 초조대장경이 대략 6,000여 경판 정도의 분량이었고, 다시 만든 재조대장경은 당시 동아시아에 흩어져 있던 4,700여 권의 불교 경전을 집대성한 매우 방대한 것으로 경판 수만도 무려 8만1,258판에 달했다. 때문에 흔히 '팔만대장경'이라 부르고 있다. 더욱이 놀라운 것은 그 수많은 대장경의 경판 하나하나가 마치 한 사람이 일일이 쓰고 거친 호흡으로 판각한 것처럼 한결같이 일정하고 조화롭다는 점이다.[30, 31]

물론 이런 대장경들이 만들어진 직접적인 이유는 지금 우리가 살펴보고자 하는 교육이나 학습과는 좀 거리가 있어 보이는 것이 사실이다. 거란에 이어 몽골로부터 침입을 당하여 나라가 누란의 위기에 처하게 되자, 순전히 불력을 빌어 외침을 물리치고자 온 백성이 나서 만들었다는 사실이 엄연히 존재하기 때문이다.

다만 여기에 사족을 달지 않을 수 없는 것은, 지금 생각해보아도 고개가 갸웃거려지는 그 엄청난 규모에 있다. 누란의 위기에 처해 나라 전체가 당장 백척간두에 서 있는 긴장된 공기 속에서, 그것도 서두른다고 하루아침에 뚝딱 만들어질 것도 아닌, 자그마치 8만여 판각에 이르는 대역사가 과연 불심 한 가지만으로 그토록 일사불란하게 이뤄질 수 있었겠느냐 하는 의문이다. 필경 무언가 그처럼 강인한 흡인력을 발휘할 수 있는 어떤 사회적 공감대, 온 백성이 집단적으로 선택할 수 있는 근간이 분명 있었을 것이라는 얘기다. 이와 관련해서 다음 세 가지 추론이 가능해진다.

첫째, 그 원천이 이미 마련돼 있었다. 칼보다는 불심을 물려주고자 하는 기조가 이미 여초 건국 때부터 널리 뿌리내리고 있었던 것이다.

둘째, 민족문화가 널리 형성돼 있었다. 고려왕조는 당시 거란과 몽골 침입을 계기로 거대한 용광로와도 같이 민족사상을 불심 하나로 묶어냈다. 그리하여 모두 세 차례에 걸쳐 대장경을 만들 수 있었는데, 이것은 곧 온 백성이 그만한 학습으로 숙련돼 있었기에 가능한 일이었다.

셋째, 교육의 중요성을 인지하고 있었다. 불국정토였던 고려시대에 세속적인 간절한 염원을 구하기 위해서라도 먼저 학습이 선행되어야 했다. 그럴 때라야 불교 교리에 접근이 가능했다. 하다못해 불경 몇 줄이라도 스스로 외울 때만이, 그런 다음에야 비로소 불심에 입문할 수 있다고 하는, 학습에 대한 중요성이 온 백성에게 진작부터 제시되어 있었다.

바로 이러한 점들 때문에 송나라 서긍이 고려의 풍물을 보고서 그처럼 놀라워했던 것으로 보인다. 아직은 팔만대장경이 미처 만들어지기 이전인데도 우리의 문화적 수준이며, 사회적 분위기가 그렇듯 책과 공부로 비춰졌을 것으로 보아진다.

요컨대 조선시대에 교육을 통하지 않고서는 변변한 사람 노릇조차 할 수 없다고 믿었던 것처럼, 고려시대 역시 이와 조금도 다르지 않았던 것 같다. 낮에는 밭을 갈고 밤에는 책을 읽는, 사회적으로 마음의 밭을 부단히 갈도록 요청받고 있었다. 그것도 젖을 떼기 위한 정도의 이유식 수준의 밭갈이가 아니라 메말라 굳어가는 정신을 끊임없이 갈아엎어 새 흙으로 북돋워주는, 그런 간절한 염원을 담은 쟁기질이어야 했던 것이다.[32]

따라서 고려시대 또한 조선시대와 마찬가지로 교육을 통하지 않고서는 결코 시대에 편입될 수 없었다. 왕조마다 불교와 유교라는 지향점이 서로 다르기는 하였어도, 무엇보다 변변한 사람 노릇을 하기 위해서는 스승을 좇아 스스로 공부를 하지 않으면 안 되었다. 점차 논의가 더 되겠지만, 결과적으로 그것이 우리에게는 곧 '비밀학습'이었음을 아직까지는 어느 누구도 미처 깨닫지 못하고 있었지만 말이다.

초기 기독교 도입은
마음의 밭을 가는 스토리텔링

고려왕조 5백년 역시 34대 공양왕 4년(1392)에 그만 왕조를 잃게 되었다는 건 앞서 이미 설명한 바 있다. 그 이유가 다름 아닌 불교의 문란 타락으로 말미암아 민심을 잃었기 때문이라는 것도 설명한 그대로이다.

그러나 뒤이어 유교를 국시삼아 무릉도원의 이상 국가를 건설하겠다던 조선왕조 역시 영원하지는 못했다. 수백 년에 걸쳐 사직을 이어오는 동안에 조선왕조 또한 그 한계점을 여실히 드러내기에 이르렀다. 그 이유를 다음 두 가지로 요약해볼 수 있다.

첫째, '왕도 정치는 곧 경제에서 시작 된다'고 지적한 개국 당시의 다짐을 끝내 실현하지 못한 점이 뼈아팠다.

개국 공신이자 왕조의 설계자였던 정도전의 정치사상은 윤리도

덕과 밀접한 관련을 맺고 있었다. 윤리도덕을 인간사회에 실현시키는 것이 곧 왕도 정치의 근간이라고 본 것이다. 그리고 그 왕도 정치를 실현하기 위해서는 개인의 도덕수양이나 국가의 교화가 절대 필요로 한 것이지만, 그것만으로는 결코 충분하지 못하다고 지적하고 있다. 백성들의 경제생활이 안정되지 않으면 윤리도덕은 제대로 실현되기 어렵다고 본 것이다.

따라서 '백성이 자신의 생업에 안정하여… 남자는 먹고도 남을 만큼의 넉넉한 곡식을 소유하고, 여자는 입고도 남을 만큼의 여유 있는 의복을 소유하며, 위로는 부모를 섬기고 아래로는 처자를 부양하는데 부족함이 없게 될 때, 그럴 때 비로소 백성이 예의를 알고 풍속의 염치를 숭상케 된다' 는, 요컨대 '백성은 먹는 것이 곧 하늘 民以食爲天이다' 라는[33] 선결 조건이 충족되어야 한다고 생각했다. 바로 이런 선결 조건이 충족될 때만이 왕도정치가 실현될 수 있다고 믿었다.

그러나 안타깝게도 조선왕조는 이를 끝내 실현하지 못했다. '백성은 먹는 것이 곧 하늘이다' 는 왕도 정치를 끝내 보여주지 못하고 말았다. 아니 그러한 왕도정치란 애당초 실현 불가능한 허황된 꿈이었는지도 모른다.

둘째, 조선시대 백성들의 신분과 직업에 대해 주의 깊게 살펴볼 필요가 있다는 점이다.

조선왕조는 모든 백성을 법제상 양민과 천민으로 크게 양분한 뒤, 양민을 다시 직업에 따라 상·중·하 3등급으로 나누었다. 상은 천자에서부터 공경대부에 이르는 통치자로서, 이들은 백성을 다스리는 것을 직업으로 하며 그 대가로 생계를 도모하는 이들이었다. 중은 선비를 가리켰다. 이들은 5륜을 실천하고 선왕의 도를 지키며, 후학을 교육시키는 것을 직업으로 삼았다. 하는 그 밖의 농민·수공업자·상인을 일컬었다. 이들은 육체노동을 직업으로 하는 이들이었다.[34]

이처럼 직업을 상·중·하로 나눈 것은, 권리의 많고 적음을 기준으로 한 것이라기보다는 역할의 경중을 차별화하기 위한 거였다. 그리하여 농·공·상보다는 선비를, 선비보다는 관리를 직책의 비중에서 상위에 둔 것을 의미했다. 또 상위의 직업일수록 유능·유덕한 자가 요청되었던 것도 딴은 그런 이유에서였다.

하지만 이러한 직업 분류는 결코 직업의 세습을 전제로 한 것이 아님을 유의할 필요가 있다. 교육에서 이미 사·농·공·상의 직업적 차별이 주어져 있지 않았다는 것이다. 그런 만큼 사·농·공·상의 직업 분화는 오로지 본인의 당대 능력이나 의지에 따라 좌우된 것이기 때문에, 따라서 이들은 성취 신분이었지 결코 세습 신분이거나 귀속 신분이 아니었다는 점이다.

물론 이것은 어디까지나 원칙상 그렇다는 얘기다. 관념상으로 볼 때에는 관·사·농·공·상의 상호 간에 높고 낮음, 귀하고 천함의 구별이 엄연히 존재했다. 비록 상하, 귀천, 존비의 구별은 곧 자신의 능력과 도덕적인 책임의 중요성을 그 기준으로 삼았다하더라도 결국 불가피한 것이었다. 그리고 이러한 차별을 통해서 위계질서와 사회질서를 바로잡기도 했다.[35]

아울러 조선왕조는 이런 관·사·농·공·상의 직업을 가진 이를 천리天理와 의리에 부합되게 떳떳이 먹고사는 정당한 직업인, 곧 천직天職으로 보았다. 반면에 여기에 소속되지 않으면서 다른 일을 하고 있거나, 이도 저도 하지 아니하고 그저 놀고먹기만 하는 이를 간인姦人이라 불렀다. 예를 들어 승려·재인才人·화척禾尺·놀고먹는 한산자제閑散子弟·무속인 등이 그러한 부류였다. 그런 부류는 구차스럽게 남에게 기생하여 먹고사는 이들로 여겼다.

한데 바로 이 두 번째 신분 구별의 존재가 결정적인 장애였다. 비록 관념상으로의 신분 구별이었을 뿐더러, 더욱이 교육에서 직업적 차별이 주어지지 않았다고 하더라도 현실의 벽은 전연 딴판으로 나타났던 것이다.

말할 것도 없이 교육이란 지위 향상이라는 신성한 상징체계에서부터 기인한다. 또 그런 의례의 집단 행위 양식은 마땅히 경쟁에 있다.

그럼에도 조선왕조의 신분 제도는 앞에서 살펴본 것처럼 매우 신성한 것이었다. 단순히 선비의 핏줄이 아니라는 이유만으로, 선비의 핏줄로 태어났으나 서얼이라는 이유만으로도 그러한 집단 행위 양식, 즉 경쟁에서의 배제 이탈이 그 단적인 예라고 볼 수 있다. 지위 향상을 추구하는 의지가 이미 현실적으로 사회 제도와는 상당 부분 유리되어 있었던 것이다.

뿐만 아니었다. 왕도정치란 곧 경제에서 시작된다고 강조하고 있으면서도 물질을 추구하는 의지 역시 지나치게 현실적으로 보았다. 그런 결과 시장과 상업의 활동을 허락할 수 없다는 억말무본으로 철저히 억제시켜왔다는 점 또한 지적하지 않을 수 없다.

물론 우여곡절 끝에 정조 연간(1791년)엔 일반 백성이라면 누구라도 장사를 할 수 있도록 하는 통공정책通共政策[36]이 마련되었다. 이어 헌종 연간(1846년)에 이르러 비로소 대상 물품이 사소한 난전에선 금하지 말도록 하는 현실적인 조치가 뒤따르기도 했다.

하지만 이때는 이미 까마귀 날자 배 떨어진 뒤였다. 이미 시효도 약발도 다 지나간 뒤였다.

결국 이 같은 제도의 편중된 역할로 말미암아 조선왕조의 역사가 개인과 국가의 발전을 선명히 개념화하지 못한 채, 수백 년 동안이나 단지 합리적으로 순응하는 '집단 순응'의 도구로서 그 기능을 해왔을 따름이다. 특히 제도 교육의 역할은 그런 신성불가침의 권위를 공고히 하는데 전력을 다한 것으로 보아진다. 요컨대 신분 구별을 통하여 위계질서와 사회질서를 바로 잡기 위한 통치 수단으로써의 집단적 행위, 곧 그러한 집단 순응이 사적 이성으로 환류되지 못한 것이 끝내 경제적 선결 조건을 충족시키지 못한 점과 더불어 유교정권 조선왕조의 한계점이었다고 지적할 수 있다.

또 이런 부작용 내지는 한계점이 드러나면서 17세기부터 간헐적으로 나타나기 시작한 것이 인간의 개별성을 중시하고 물질적인 요소를 강조하는 순자의 사상이었다. 다시 말해 실질적인 것을 중시하는 실학과 동학 등이 그 저항 세력으로 고개를 내밀기 시작한 것이다.

그리고 이런 저항 세력은 점차 시간이 흐르면서 뛰어난 스승을 중심으로 하나의 학파를 이루어 나갔다. 더구나 기존 유학자들이 내세우고 있는 성리학의 절대주의만으로는 더 이상 왕조를 지탱하기 힘들다는 사실을 깨닫고, 어떻게 하면 피폐해진 조선의 민생을 회복할 것인가에[37] 대해 고뇌가 시작되기조차 했다.

그러나 이 같은 실학과 동학 또한 태생적 범주에서 결코 헤어나지 못했다. 유학의 상징체계인 집단 순응에서 벗어나지 못하는 뚜렷한 한계를 드러내고 만 것이다.

결국 고려왕조의 불교가 여말에 이르러 민심을 잃게 되면서 조선왕조의 유교를 불러오고 만 것처럼, 조선왕조의 유교 또한 다시 선말에 이르러 민심을 얻지 못하게 되면서 새로운 이데올로기를 요청하게 되었다. 그것이 실은 실학과 동학이었으나, 당초 기대만큼의 성공을 거두지 못하면서 다시금 대안을 찾게 되었다. 불교도, 유교도, 실학도, 동학도 나라를 지켜주지 못해 낙담하고 있을 때 민심의 지지를 받으면서 새로이 등장케 된 것이 초기 기독교였다.

초기 기독교가 이 땅에 처음으로 발을 들여놓은 건 17세기로 거슬러 오른다. 한국에 들어왔던 최초의 기독교 신자는 1627년에 들어온 벨트브레Weltvre(朴燕)와 1653년에 들어온 하멜Hamel이었다. 두 사람은 모두 네덜란드인으로 사업상 무역선을 타고 일본을 방문하려다 풍랑으로 표류했던 이들이다. 이후 1816년 영국에서 파견한 사절단 일행으로 암허스트Amherst 경을 호위하면서 중국으로 건너온 바실 홀Basil Hail과 맥스웰Maxwell이 서해안의 해도海圖 작성을 위해 내한했다가, 군산에서 첨사 조대복에게 성서를 선물로 준 일이 있다.

우리 나라에 입국한 최초의 선교사는 구츠라프Karl F. A. Gutzlaff였다. 그는 1832년 2차 중국 전도여행에 나섰다 한국의 장산곶과

　고려의 불교가 여말에 이르러 민심을 잃게 되면서 조선이 유교를 불러온 것처럼, 조선의 유교 또한 다시 선말에 이르러 민심을 얻지 못하게 되면서 새로운 이데올로기를 요청받게 되었다. 이렇듯 민심의 지지를 받으며 새로이 등장하게 된 것이 초기 기독교였다. 사진은 19세기 쓰나미처럼 밀려드는 서구 문명을 저지하기 위해 수많이 전투를 벌였던 강화도 전경.

군산에 들러 한 달여 동안 그곳에서 전도했다. 또한 1866년 미국 상선 제너널 셔먼General Shermann호를 타고 대동강으로 들어온 영국인 선교사 토마스R. G. Thomas는 같은 해 9월 2일 대동강 연안에서 자신의 목을 참수하는 조선인 망나니에게 성서를 건넨 뒤 순교함으로써 기독교 최초의 순교자를 낳게 된다.

그러나 초기 기독교 선교사들이 본격적으로 내한하기 시작한 것은 1882년 한미수호통상조약이 체결되면서부터였다. 한국과 미국 간에 조약이 체결된 그 이듬해인 1883년 여름 보빙대사로 임명된 민영익 일행이 친절사절로 미국을 방문케 되는데, 이때 뉴욕에 있는 감리회 선교본부가 민영익으로부터 우리 나라의 사정을 전해 듣고 선교의 필요성을 느끼게 된다.

그리하여 당시 일본에서 선교를 하고 있던 목사 매클레이R. S. Macley로 하여금 한국을 방문하여 사정을 알아보도록 했다. 매클레이 부처는 1884년 6월 우리 나라에 도착하여 김옥균의 안내로 고종을 알현하고, 교육과 의료사업을 윤허 받았다. 그 뒤 미국 감리교에서 의사 스크랜톤W. B. Scranton 부처와 목사 아펜젤로H. G. Appenzeller를 한국의 전담 선교사로 임명했다.

하지만 중국에서 의료 선교 중이던 의사 알렌H. N. Allen을 미국 북장로교에서 한국에 먼저 파송함으로써, 아펜젤로에 앞서 한국에 먼저 입국하게 되는 영예를 안았다. 1884년 9월 알렌이 제물포에 도착함으로써 최초의 주한 미국 선교사가 탄생케 된 것이다. 고종은 그런 알렌에게 병원 설립 허가를 내주어 광혜원廣惠院이라는 한국 최초의 서구식 병원을 설립하게 되었다.

아펜젤로 목사는 1885년 7월에야 서울에 들어와, 먼저 도착해 있던 스크랜튼 의사의 집 한 채를 빌려 방 두 칸을 터서 작은 교실을 만들었다. 그런 다음 이겸라李謙羅, 고영필高永弼이라는 두 학생을 받아들여 수업을 시작한 것이 우리 나라 근대 학교의 시초였다. 고종은 1886년 6월 이 학교에 배재학당이라는 교명을 친히 지어주기도 했다.

이어 1885년 4월에 입국한 언더우드H. G. Underwood는 한국에 도착한 지 사흘 만에 의사 알렌이 개원한 광혜원에서 화학과 물리학을 가르치다 그 이듬해 고아원과 고아학교를 개설하게 되는데, 이것이 한국 최초의 고아원이자 근대 학교로는 두 번째였다. 이것을 통칭 '언더우드학당'이라고 불렀는데, 이 고아학교가 경신학교의 전신이다.

한편 1885년 6월에 입국한 감리교 여선교사 스크랜튼 부인은 선교사업의 중요한 분야로 한국 여성을 위한 교육기관을 설립할 것을 결심하고 준비에 착수한다. 그리고 이듬해 5월에 여학생 한 명을 상대로 여학교를 시작한 것이 한국 여학교의 효시가 된 이화학당이다.

이상의 세 학교를 시작으로 일본에 나라를 빼앗긴 1910년 2월까지 설립된 초기 기독교계 학교를 종파별 통계로 살펴보면 장로교 501개 학교, 감리교 158개 학교, 성공회 4개 학교, 종파 미상 84개 학교, 각파 합동 1개 학교, 천주교 46개 학교로, 신구 교회가 세운 학교 수는 모두 796개 학교나 되었다.[38] 이것은 당시 전국 학교 수 1,900여 개 가운데 40% 이상을 차지하는 비율이었다.[39]

이같이 초기 기독교가 주요 선교 전략으로 내세우고 있는 교육 사업은 여러 가지 생각을 떠올리게 한다. 무엇보다 당시 우리가 가장 희구해 마지않던 전연 새로운 학습에 대한 열망을 고스란히 담고 있다는 점에서 그렇게 볼 수 있다. 조선의 유학자들이 내세운 성리학의 절대주의만으로는 더 이상 왕조를 지탱하기 힘들다는, 그러한 반성 속에 찾아낸 실학과 동학 역시 유학의 상징체계인 집단 순응의 한계를 벗어나지 못한 가운데, 마침내 사적 이성으로의 환류를 가능케 하는 패러다임이라는 점에서 주목을 끄는데 충분했다.

물론 미국의 장로교나 감리교의 선교 방향이 처음부터 교육에 초점이 맞춰져 있었는지는 알 수 없다. 아니 매클레이 부처나 아펜젤로, 언더우드, 스크랜톤 부인과 같은 초기 기독교 선교사들이 당시 우리의 사정을 예리하게 꿰뚫어본 결과 교육을 먼저 선택했는지도 확인할 길이 없다. 그도 아니면 선교사업의 매뉴얼 가운데 이것저것 만지작거리다 우연히 작용한 것일 수도 있는, 지금으로선 판단키 어려운 문제일 수 있다.

다만 분명한 것은 19세기 후반 들어 선교를 시작한 초기 기독교가 '집단 지배'라는 종교 간 우월성을 나타내는 전통적인 선교 방법보다는, 상호 이해와 공존의 추구라는 선의의 경쟁 속에서, 우선 교육부터 착실히 주력하고 나선 건 매우 시의적절한 것이었다고 볼 수 있다. 이미 불교정권과 유교정권을 거치는 가운데 먼저 민심을 얻지 않으면 안 된다는, 우리의 역사적 조건을 충분히 수용하고 있다는 점에서도 평가할만한 것이었다.

그럼으로써 우리에게는 불교와 유교에 이은 또 다른 교육의 기회를 마련할 수 있게 되었다. 초기 기독교라고 하는 전연 또 다른 교육의 기회를 통하여 지난 천여 년 동안 한사코 교육으로 다져온, 다시 한 번 우리 자신을 들깨워 각성하고 단련시키는 계기로 삼게 되었다는 점이다.

말할 나위 없이 이것의 실체 또한 마땅히 학습이었다. 고려의 불교를 언급할 때, 또는 조선의 유교를 언급할 때 학습을 따로 떼어놓고 그러한 역사를 오롯이 돌아볼 수 없는 것처럼, 우리만이 육화할 수 있었던 또 다른 '비밀학습' 이었다고 말할 수 있다.

끝으로 굳이 '비밀 학습' 이었다라고 명사 하나를 더 첨보하여 방점을 두고 있는 연유에 대해 아무래도 해명을 해야 할 것 같다. 먼저 비밀이란 무엇인가? 숨기어 남에게 공개하지 않는 일을 말한다.

하지만 본문에서 말하고 있는 '비밀 학습' 이란 그런 단선적인 뜻만을 일컫고 있는 것은 아니다. 꼭이 숨기어 남에게 공개하지 말아야 할 만큼 은밀하면서도 특별한 학습이어서라기보다는, 어떤 누구도 딱히 주목하지 않았기 때문에 우리도 모르는 사이에 이루어진 것이라고 볼 수 있다.

결코 의례의 집단 행위 양식이라는 제도 교육이 아니었음에도 불구하고 일찍이 불교·유교·실학·동학에 이은 초기 기독교에 이르기까지, 아주 오랜 세월에 걸쳐 의식적이건 무의식적이건 간에 부단히 학습케 되면서 각성하고 단련하고 육화시켜온, 그리하여 뼛속 깊은 노력이 우리도 모르는 사이에 헤일 수 없도록 첩첩히 깃들어 내재된 것이라고 말할 수 있다. 더욱이 그것은 큰 그림으로 보았을 때 곧 제도적인 교육과 같이 역사 속에서 집단적으로 이루어진 것이었음에도, 아직까지는 어느 누구도 미처 깨닫지 못하고 단정 지어 말하고 있지 않았기 때문에 굳이 비밀이라는 명사 하나를 더 첨보키로 한 것이다.

아무도 주목하지 않은
'천년 동안의 비밀 학습'

우리가 살아가는 세상엔 이해할 수 없는 것들이 많다. 그렇다. 아무렇지도 않은 것 같은 우리의 일상을 외국인들이 경이의 눈길로 바라보는 것 또한 그 중 하나다.

어느 대학 교수가 젊은 날 독일에서 유학을 하고 때의 에피소드다. 독일에서 13년을 지내는 동안, 유럽여행에 굶주린 한국의 친구나 친척들이 거의 매년 그를 찾아왔다. 때문에 기껏해야 최대 속력이 고작 시속 130킬로인 10년 된 고물 자동차로 유럽 여행은 무리인지라, 매번 렌터카를 빌려 타곤 해야 했다. 그렇게 약 2주간의 여행을 마치고 차를 반납할 때면 렌터카회사 직원은 그에게 으레 이렇게 묻곤 했다.

"진 지 코레아나(한국 사람이지요)?"

그는 놀라 되물었다.

"어떻게 알았나요?"

그 직원은 이렇게 대답했다.

"2주 동안에 5,000킬로미터를 달릴 수 있는 사람은 한국사람 밖에 없어요. 적어도 하루에 300킬로미터 이상을 달렸다는 이야긴데, 그렇게 여행하는 사람은 분명히 한국인입니다."[40]

이런 얘기도 있다. 미국 이민 사회에서 가장 잘 나가는 인종이 유대인이다. 그런 유대인이 자동차를 3년 만에 사고 집은 13년 만에 장만을 한다는데, 한국인은 그런 유대인보다도 더 빠르다고 한다. 자동차는 이민 3달 만에 사고, 집은 3년 만에 장만한다는 것이다.

오랫동안 인도네시아 대사를 지낸 분에게서 직접 전해들은 얘기다. 대사 재임 시절 인도네시아 현지인 직원에게 동시다발적인 일을 시키다보면 매우 혼란스러워 쩔쩔맨다는 것이다.

예를 들어 어떤 현지인 직원이 문방구점에 소모품을 사러가는 길이라고 해서 대사가 몇 가지 더 주문을 했다. 이왕 가는 길이니까 자신에게 필요한 것도 몇 가지 더 사올 것을 부탁한 것이다. 한데 그렇게 보내놓고 보면 대개 빈손으로 그냥 돌아오기 일쑤란다. 그 중 한 가지도 사들고 오지 못한다는 얘기다.

그렇다면 우리는 어떨까. 산골 벽촌에 사는 제법 나이든 촌부의 예를 들어보기로 하자. 그런 촌부가 어쩌다 읍내 장에 볼 일이라도 보러갈 때면 으레 이웃으로부터 부탁을 받기 일쑤다. 그리고 그가 읍내 장에서 돌아왔을 땐 자신의 볼 일은 물론이고, 이웃의 부탁까지도 거의 빠짐없이 해결하고 돌아온다. 바보천치가 아닌 이상 마치 당연한 일처럼 말이다.

그럼 산골 벽촌의 나이 든 촌부마저 그 같이 간단히 해내는 일을 인도네시아에서 최고 교육을 받았다는 엘리트조차 하지 못한 건 단순히 민족의 우월 또는 열등에서 비롯된 것일까? 아니다. 그렇게 비약할 필요까진 없다.

다만 그들은 그런 문법으로 살아오지 않았을 따름이다. 끝없이 드넓은 영토, 부족할 것이라곤 없는 풍부한 부존자원 속에 살아오면서 단순히 그런 일을 경험해보지 않았기 때문이다. 어떻게 보면 부럽기조차 한 얘기다.

반면에 우리는 늘 그렇게 살아왔다. 한 가지 일만 해서는 생존하기 어려운 역사적·환경적 조건으로 말미암아 동시에 다발적인 일도 결코 마다할 수 없었다. 우리는 마땅히 그런 문법 속에 살아왔고, 또한 학습되어 왔던 것이다.

더구나 우리는 줄곧 불안한 가운데서 살아가야 했다. '난리 속에서 태어나 난리 속에서 생을 마쳐야만' 했을 정도다.

이러한 사실은 사업차 서울에서 2년 간 머물다 자기 나라로 돌아간 중국인 친구의 입을 빌려보면 금방 확인할 수 있다. 다양하게 분출되는 사회적인 갈등으로 인하여 연중 그칠 줄 모르는 대규모 거리 시위, 서울에서 엎드리면 그야말로 코 닿는 거리 밖에 되지 않는 북쪽 휴전선에서의 날선 위협, 더구나 지구촌의 어디에선가 방귀(?)만 뀌어도 곧바로 심한 몸살을 앓아야 하는 외부 의존적인 경제 체질 따위가 그러한 생각을 절로 떠올리게 한다는 것이다. 다만 우리가 그런 분위기 속에 너무 오랫동안 깊숙이 빠져있어 스스로 절감하고 있지 못할 뿐, 따라서 그저 아무렇지도 않은 듯이 살아가고 있을 따름이라는 얘기다.

하지만 중국인 친구는 그런 점이 너무도 불안하다고 지적한다. 한국에 살고 싶어도 도무지 불안해서 더는 살 수 없을 것 같다며 한국인들의 배짱에 그만 혀를 내둘렀다.

과연 그럴까. 배짱 때문이라고 보는가. 우리의 배짱이 남다른 철판 두께라서 이처럼 살아가고 있는 것이라고 믿는가. 물론 아니다. 속절없이 단념할 수밖에 없는 우리의 역사적 조건으로 말미암아, 다시 말해 생존을 위한 우리의 선택일 수밖에 없었던 것이다.

따라서 우리는 2주 동안에 5,000킬로미터를 한사코 내달려야만 했으며, 그런 결과 미국 이민 사회에서 가장 잘 나간다는 유대인보다도 차와 집을 먼저 장만할 수 있게 되었다. 다른 나라에서는 최고 교육을 받았다는 엘리트조차 하지 못하는 동시다발을 우린 산골 벽촌의 나이든 촌부까지 어렵잖게 해결할 수 있게 된 것이다.

그렇다면 우리의 이런 힘은 과연 어디서 나오는 것일까. 한국인의 내재된 원석과도 같은, 그처럼 숨어 있는 역량들은 도대체 어디서부터 기인하는 것인지 여전히 묻지 않을 수 없다.

다시금 상기해보기 바란다. 우리는 지난 1964년 수출 1억 달러를 처음으로 돌파한 이래 불과 반세기여 만에 무려 5천 배 넘게 성장을 해왔다. 아프리카의 가나와 함께 지구촌에서 가장 가난한 나라에서 경제 규모 세계 11위 국가로 발돋움했다. 영국 BBC의 표현을 옮겨보면 '공허 속에서 에너지를 폭발' 시켜 세계를 깜짝 놀라게 만들었

우리가 지난 역사 속에서 일본의 경제력에도,
중국이라는 '블랙홀'에도 휩쓸려 들지 아니하고
나름대로 정체성을 지키며 꿋꿋이 영위해온 비결
가운데 하나는 그러한 이웃 나라들과 문화의 차
이에 있었다. 초강대국 중국과 호시탐탐 시퍼런
칼을 빼어든 일본을 숙명처럼 곁에 두고 살아온
우리의 선조들이 오로지 지식과 학습을 앞세운
문화 수준의 차이를 생존의 무기로 삼은 때문이
었다.

다. 그야말로 쥐뿔도 없는 가운데 이뤄낸 경이라서 저마다 '위대한 이야기' 라는 찬사를 늘어놓고 있다.

한데 흔히 이런 '위대한 이야기' 라는 찬사를 늘어놓을 적마다 으레 따라붙는 말이 있다. '한강의 기적' 과 '라인강의 기적' 을 비교하며 설명하려드는 논리다.

이것은 우리의 역사와 한국인들에 대한 정말 참을 수 없는 모독이다. 독일이 어떤 나라인가? 세계대전을 두 번씩이나 일으킨 나라다. 그 때 벌써 U-보트 잠수함을 만들고, 탱크와 비행기를 만들던 세계 최고의 기술력을 가진 국가였다. 비록 두 번의 세계대전에서 연합군에 무릎을 꿇고 말았지만, 그런 기술력을 가진 사람들마저 다 죽어 없어진 것은 아니었다.

한데 우리 나라는 어땠는가? 보릿고개마저 힘겨워 스스로 넘지 못하던 처지였다. 그저 잘 사는 나라의 잉여 농산물로 겨우겨우 주린 배를 채워가다 그만 같은 민족 끼리 3년 넘게 죽고 죽이는 전쟁까지 치렀다. 그 전쟁도 다 남의 나라 무기를 빌려다 했다. 그 이후에도 한동안 굶주린 배를 움켜쥐고서 진흙쿠키나 피를 뽑아 팔아야 했던 나라다. 한심해도 어떻게 이토록이나 한심할 수 있을까 싶다.

이처럼 20세기 들어 우리 나라와 독일은 그 출발점부터가 한참 달랐다. 그러나 이제 한국과 독일은 많은 영역에서 대등하다. 얕잡아 아래로 내려다보던 독일이 이젠 내놓고 한국을 시샘한다. 토끼와 거북이의 달리기 시합 수준인 이 게임의 결과를 놓고서 감히 누가 '두 나라는 비슷했다' 고 이야기할 수 있단 말인가.[41] 라인강의 기적은 한강의 기적에 비교하면 그저 땅 짚고 헤엄치기나 다를 게 없는 우스운 얘기였다. 역사상 우리 나라와 같은 경우는 눈을 씻고 찾아보아도 일찍이 없었다. 이토록 짧은 기간 안에 오랫동안 찌든 누추함을 벗어내고서 이같이 우뚝 선 나라는 앞으로도 결코 나타나지 않을 것이라는 게 전문가들의 공통된 의견이다.

그러나 이런 남다른 경이로움에 대한 배경 설명은 이미 앞서 어느 정도 전달되었다고 본다. 가장 확실한 예언은 이미 과거의 역사 속에서부터 움트고 있었다는 전제 아래, 예컨대 한 사회 내에서 우세하게 발현되는 가치·태도·신념·지향 등을 통 털어서 일컫는 개념으로의, 다시 말해 검약·투자·근면·교육·조직·기강·극기 따위를 중요한 가치로 보는 독특한 '문화의 차이' 때문이라는 헌팅턴의 주장을 여과 없이 선택 수용한 바 있다. 외침으로 점철된 고난과 시련의 역사 속에서도 불교→유교→초기 기독교로 부단히 이어지는, 마음의 밭을 가는 '천년 동안의 비밀 학습'을 통하여 저마다 숨은 역량을 축적하고 육화시켜왔음을, 바로 그러한 '문화의 차이'에서 비롯되었다는 점을 충분히 살펴보았다고 생각한다.

인간은 세상에 내던져진 존재다. 제아무리 힘겹고 고달프더라도 스스로 자신을 일으켜세워야 한다. 거듭 말하지만 우리는 외침으로 점철된 고난과 시련의 역사 속에서 스스로 각성하고 단련시켜 오늘의 우리 자신을 만들어왔다.

물론 그러한 과정이 순탄했던 것만은 아니다. 끊임없이 이어지는 외침의 역사 말고도 우리를 위협에 빠뜨리고자 했던 건 또 있다. 문명의 중국과 경제의 일본 사이에 숙명처럼 끼어 찡겨져 있었던 게 그것이다.

그럼 먼저 문명의 중국 예를 조선의 선비 이덕무와 강홍중의 기록에서 찾아보기로 하자. 이덕무는 1778년 중국에 파견되는 사절단을 따라 처음 대륙 여행을 하게 되었다. 그는 친구들에게 보낸 서찰에서 '내일 압록강을 건너면 이제 정말 중국 땅에 들어섭니다. 생각만 해도 가슴이 뜁니다'라고 적어 보낸다. 말할 것도 없이 조선의 지식인들에게 중국은 곧 선망의 대상이었다. 중국에 가게 되면 새로운 지식과 문물·기술을 접할 수 있고, 뛰어난 학자들을 만날 수가 있었다. 이덕무의 서찰에는 중국 땅에 막 첫발을 내딛기에 앞서 느꼈을 감격이 묻어난다.

강홍중은 이보다 앞선 1624년 조선통신사의 일원으로 경제의 일본을 방문했다. 그는 일본 풍물을 목격한 뒤 복잡해진 감정을 이렇게 적고 있다. '일본의 시장에는 물화가 산처럼 쌓여 있는데다 여염집에는 곡식이 널려 있으니, 그 백성의 부유함과 물자의 풍성함이 우리와 비교가 안 되었다.' 일본을 단순히 '섬 오랑캐'로만 알고 갔다가 그들의 높은 경제력에 그만 부러웠던 것이다.

하긴 중국 대륙은 우리에게 대대로 '세계의 중심'이었다. 때문에 이런 중국에 대한 우리의 태도를 어떤 이는 '사대주의'라고 곧잘 비웃기도 했다.

그러나 정확히 말하면 선진 문명에 대한 동경이라는 표현이 더 옳다. 앞선 나라에 대해 알고 싶고, 닮고 싶은, 그런 마음일 따름이었다. 게다가 중국은 거대한 영토와 인구, 강한 군사력을 지니고 있었다.

일본 역시 경제력 면에서 당시 조선보다 훨씬 앞서 있었던 게 사

실이다. 4세기 대륙에서 사상이 밀려올 때 우리가 불교를 받아들인
데 반해 일본이 당시의 유학, 곧 순자의 성악설을 받아들이면서 오
랫동안 경제력을 키어온 측면이 없지 않았다.

그러나 앞서 얘기했듯이 1123년 고려를 방문한 송나라 사신 서
긍이 〈고려도경〉이라는 기행문에서, '고려왕이 갖고 있는 책이 수
만 권에 이르며, 누추한 거리에도 책을 파는 곳이 두셋씩 마주보고
있다. 결혼하지 않은 자녀는 함께 거처하면서 스승을 좇아 경서를
익히며, 조금 더 커서는 벗을 골라 공부를 한다. 아래로는 평민의
아이들까지도 선생을 찾아 배운다. 아, 훌륭하구나.' 라며 당시 고
려의 문화 수준에 놀라고 있다.

1866년 강화도를 습격해 외규장각 도서를 강탈해 간 프랑스 군
인들 역시 훗날 고향에 돌아가 서로 비슷한 기록을 남겼다. '조선
인의 집을 뒤지다보니 가난해 보이는데도 집집마다 서고가 있고,
책이 가득 차 있어 자존심이 상했다.' 는 것이다.

우리가 지난 역사 속에서 일본의 경제력에도, 중국이라는 '블랙
홀' 에도 휩쓸려 들지 아니하고 나름대로 정체성을 지키며 꿋꿋하
게 영위해온 비결 가운데 하나가, 다름 아닌 문화의 차이에 있었음
을 보여주는 단적인 사례다. 초강대국 중국과 호시탐탐 시퍼런 칼
을 빼어든 일본을 숙명처럼 곁에 두고 살아온 우리의 선조들이 오
직 지식과 학습을 앞세운 문화 수준의 차이를 생존의 무기로 삼아
왔음을 알 수 있다.[42] 우리의 '비밀 학습' 이 이미 오래 전부터 그 뿌
리를 두고 있음도 아울러 확인시켜주고 있는 것이다.

한데 이 같은 우리 문화의 차이를 언급할 때면 반드시 빼놓을 수

없는 것이 있다. 다름 아닌 비빔의 문화이다.

이미 알려진 것처럼 일본인들이 가장 좋아하는 한국 음식은 비빔밥과 불고기다. 이 가운데 비빔밥은 단순한 메뉴가 아니다. 우선 일본에서는 서로 다른 음식을 결코 비비는 법이란 없다. 그들에게는 '상상조차 할 수도 없는 일'이다. 그래서 비빔밥의 '비빔'을 그들은 무슨 대단한 격식의 파괴로 본다.

하기는 그럴 만도 하다. 일본 음식은 '원재료의 맛'을 최고로 여긴다. 그래서 간장이든, 겨자든, 양념이든 간에 원재료의 맛을 건드리지 않는 선에서 용인한다. 때문에 회는 회맛, 야채는 야채맛, 고기는 고기맛으로 남아야 한다.

음식 뿐만 아니다. 그들의 종교 또한 그렇다.

일본에는 무려 800만 개에 달하는 신神들이 있다. 동네마다, 골목마다, 으레 마주하게 되는 신사神社가 그것이다. 어떤 곳은 교통안전에 효험이 있는 신사가 유명하고, 또 어떤 곳은 대학입시에 효험이 있는 신사로 이름이 나있다. 그런 신사를 찾아 전국에서 사람들이 몰려든다.

일본의 불교도 마찬가지다. 백제에서 처음 불교가 전래되었을 때 일왕은 '이웃 나라의 신들 가운데 하나'로 여겼다는 얘기가 전한다. 지금도 일본의 불교에는 신도神道적 요소가 강하게 녹아 있다. 반면에 기독교 인구는 아직 채 1%도 안 된다.

그럼 우리는 어떨까? 한마디로 '비빔의 문화'라고 볼 수 있다. 한국 불교는 '회통 불교'의 성격이 강하다. 유일신을 믿는다는 기독교 또한 우리만큼 주체적으로 수용한 나라도 드물다. 채소와 밥,

고추장과 참기름 등 서로 엉뚱해 보이는 재료가 한데 섞여서 맛있
는 비빔밥으로 태어난다.

그리고 이런 비빔의 문화에는 반드시 전제 조건이 따른다. 바로
'불이不二의 시선'이다. 나와 상대를 둘이 아닌 하나로 보는 마음이
다. 채소와 고추장, 참기름과 밥을 하나로 볼 때 비빔은 가능해진
다. '우리가 서로 섞일 수 있는 존재구나', '섞일수록 더 새로워지
는구나'라는 걸 서로 인정할 때 비로소 비빔은 이루어진다.

또 그런 비빔을 통할 때만이 마침내 발효가 된다. 각기 재료의
고유한 맛이 섞이고, 물들고, 화학작용을 일으켜 보다 한 차원 높은
단계로 올라선다. 그 같이 푹 삭은 '익은 김치'의 맛이 나오게 된
다. 고추장 맛도, 참기름 맛도, 밥맛도 아닌 비빔밥의 맛이 탄생케
되는 것이다. 그것이 바로 소통의 맛이고, 커뮤니케이션의 결과물
이다. 우리는 사람도 그렇고, 사회도 그렇다.[43]

따라서 앞서 얘기한대로 우리 나라는 다종교 국가임에도 종교
간에 큰 충돌이 있다거나 거부해본 일이라곤 없다. 불교, 기독교,
천주교, 유교, 원불교, 천도교, 민족종교 등 7대 종단 외에도 다양한
종교(우리 나라에 무슬림은 약 14만 명을 헤아린다)가 상호 이해와 공존
을 추구할 수 있었던 이유도 딴은 거기에 있다. 채소와 고추장, 참
기름과 밥을 하나로 보는, '우리가 서로 섞일 수 있는 존재구나',
'섞일수록 더 새로워지는구나' 하는 걸 서로가 인정하는 '불이의
시선', 다시 말해 비빔의 문화에서 기인한다고 말할 수 있다.

또한 이런 불이의 시선, 곧 비빔의 문화가 마련되어 있었기 때문
에, 다시금 새로워질 수 있는 또 다른 무엇을 찾아 부단히 수용하면

서 학습의 기회를 가질 수 있었다고도 보아진다. 그 좋은 예가 동아시아 4,700여 권의 경전을 집대성한 고려 불교의 8만 대장경으로, 지구촌의 어느 왕조에서도 찾아볼 수 없는 태조부터 철종에 이르는 472년 동안의 조선왕조실록으로, 선비들이라면 누구나 마땅히 남겨야 했던 헤아릴 수 없이 수많은 문집들이 곧 그것이라고 말할 수 있다.

그리하여 1123년 서긍이 〈고려도경〉에서, 1866년 강화도를 습격해 외규장각 도서를 강탈해간 프랑스 군인들의 기록에서 확인할 수 있었던 '문화의 차이', 실로 외침으로 점철된 고난과 시련의 역사 속에서도 그 때마다 다시금 새로워지고자 끊임없이 각성하고 단련했던 우리만의 역사적 근육이라 해도 좋고 숨은 역량이라고 해도 좋을, 비록 누구도 미처 깨닫지 못하고 주목하지 않았으나 역사라는 오랜 경험의 유산, 이른바 '천년 동안의 비밀 학습'으로 발효시켜 낼 수가 있었다고 믿어진다.

한국인의 선천적 지식,
곧 DNA가 결정되다

역사학자 토인비는 말한다. 이런 가혹한 환경이 문명을 일으키게 한 것이라고, 결국 우리의 '천년 동안의 비밀 학습'을 가능케 하였다고. 고난과 시련을 통과해야 만이 비로소 위대해질 수 있다는 말에 딱 어울릴 것만 같은, 바로 그러한 전설을 우리가 여실히 보여 주었다라고 두둔한다. 그리하여 우리의 도저한 문화적 유전자, 곧 헌팅턴이 지적하고 있는 문화의 차이를 지닐 수 있게 되었다는 것이다.

다름 아닌 그런 도저한 문화적 유전자, 곧 문화의 차이가 사회적으로 유전되어 가장 두드러지게 발현되어 나타나는 것을 흔히 민족의 기질 또는 형질이라고 말하곤 한다. 애써 감추어보려 해도 주머니 속의 송곳처럼 유난히 드러나 보여 좀처럼 감추어지지 않는, 어느 한 민족만의 고유한 성질을 일컫는다.

한데 이러한 성질을 우리의 시선이 아닌, 우리를 좀 더 객관적으로 직시할 수 있는 외국인들이 바라본 한국인의 형질은 대개 다음의 다섯 가지로 분류되고 있다.

첫째, 정情이 많다.

우리는 그다지 실감하지 못하고 있는 부분이지만 외국인들은 이구동성으로 그렇게 말한다. 모르긴 해도 외국인들이 한국에 살고 있는 첫 번째 이유를 꼽으라고 한다면, 거의 예외 없이 '이놈의 정 때문이라고' 대답하기 일쑤다.

흔히 말하길 그 사회의 사람 사는 풍경을 보려면 시장에 가보라는 말이 있다. 정말 그렇다. 우리의 시장에는 다른 나라에선 좀처럼 찾아보기 힘든 풍경 하나가 있다. 다름 아닌 '정' 이다. 남녀노소 가리지 아니하고 보이지 않게 찾게 되는 조건이기도 하다. 다른 무엇보다 덤으로 얹어주는 정이 있어야 만이 손님들이 끓는 것이다.

이것은 아무래도 유별나게 '우리' 를 선호하는 집단성에서 그 이유를 찾아볼 수 있다. 사실 한국인은 지구촌의 어떤 민족보다도 우리라는 말을 퍽 많이 사용한다. 예컨대 우리 집, 우리 아버지, 우리 남편, 우리 마누라 등등, 우리라는 말을 워낙 많이 사용하다 보니까 우리 자신만이 체감하고 있지 못할 따름이다.

한데 이럴 경우 우리 집 정도는 괜찮지만 우리 남편, 우리 마누라는 사실 말이 안 되는 단어 조합이다. 내 남편, 내 마누라 해야 옳지, 마치 우리가 공동으로 남편이나 아내를 소유하는 것처럼 지시하고 있다. 물론 여기에서 우리는 반드시 복수적 개념으로 표현하는 것은 아니라지만 말이다.

더욱이 알 수 없는 것은 우리 사회에선 '내 남편' 하게 되면 되레 이상한 눈길로 바라본다는 점이다. '뭐, 남편은 자기만 있나' 하고 금방 눈총이 날아들기 십상이다.

그렇다면 우리는 왜 이다지 우리를 한사코 찾고 있는 것일까? 말할 나위도 없이 이것은 우리 사회가 집단주의 사회라는 것을 보여주고 있기 때문이다. 집단주의 사회란 개인보다는 가족이나 집안, 혹은 직장 공동체와 같은 집단이 우선적으로 중요성을 갖는 사회를 일컫는다. 다시 말해 개인의 이익보다는 집단의 이익이 보다 우선시되며, 개인적으로 존재하기보다는 자신을 늘 우리라는 집단의 일부로 생각하는 것을 뜻한다.

이럴 때 우리의 집단은 곧 안(內)의 집단이 된다. 이 안의 집단은 각 개인의 정체감을 형성하는데 주된 근간이 될 뿐만 아니라, 개인이 일생을 살아가면서 겪게 되는 여러 가지 어려움을 막아주고 이겨내게 하는 든든한 보호막이 되어준다. 따라서 각 개인은 안의 집단에 충성을 다해야 할 뿐더러, 충성심을 버려서는 절대 안 되는 것으로 학습 받게 된다.[44]

가까운 예로 지난 2002년 한일월드컵 때 시청 광장을 가득 메워 지구촌을 깜짝 놀라게 만들었던 붉은 악마의 물결이 그 좋은 예다. 다 같이 힘을 한데 모아 뭉치지 않으면 뜻을 이루기 어렵다는, 그런 공동의 선을 위한 매개가 다름 아닌 정이며, 그러한 정 또한 '난리 속에서 태어나 난리 속에서 생을 마친다'는 외침으로 점철된 우리의 역사와도 결코 무관치 않다라는 점이다.

둘째, 부지런하다.

이른 새벽에 일어나 지하철을 타본 이라면 누구나 공감할 줄로 믿는다. 비단 첫차 뿐만이 아니다. 하루를 마감하는 막차 역시 조금도 다를 것이 없다. 여기저기 풍겨나는 술 냄새만이 조금 차이가 날 뿐, 마지막 전차까지 웬 승객들이 그리도 많은지 오직 지하철을 타본 이만이 알 수 있다.

앞서 독일의 렌트카 예를 들기도 하였으나, 다시 예를 하나 더 들어보기로 하자. 일제 식민시대 만주의 송화강松花江 얘기다. 러시아와 만주가 서로 국경을 마주하고 있는 이 강은, 한겨울이면 혹한의 추위 때문에 얼음 두께가 1미터 넘게 얼어붙는다. 그래서 혹한의 겨울에는 누구도 얼씬하지 못한다.

한데 한국의 유민들만이 물러서지 않았다고 한다. 그 추위에도 아랑곳하지 아니하고 두꺼운 얼음을 깨고서 고기잡이를 하곤 했다.

이 뿐만이 아니다. 이런 유별난 부지런함에다 우리는 다시금 속도까지 보탠다. 외국인들이 한국에 와서 가장 먼저 배우게 된다는 예의 '빨리빨리' 가 그것이다.

더구나 외국인들이 우리의 이런 '빨리빨리' 에 놀랄 수밖에 없는 것은 단순히 빨리빨리 부지런해서만은 아니다. 여기에 다시 '감感' 이라는 게 얹어지기 마련인데, 이쯤 되면 그만 혀를 내두를 수밖에 없다.

예컨대 이런 얘기다. 우리의 음식 가운데 외국인들이 가장 좋아하는 것은 단연 김치다. 그리고 그 김치의 맛은 곧 양념이 좌우한다.

한데 한국인들이 김치의 양념을 만들 때 보면 각기 재료를 따로 재어보는 저울이나 계량 용기 따위 따로 없다. 그저 순간적인 직관만을 사용한다. 대략, 알아서, 눈대중, 어림짐작의 감으로 뚝딱 해치운다. 더욱이 대략, 알아서, 눈대중, 어림짐작마저 그 때 그 때마다 달라서 외국인들의 눈에는 마치 마술사의 손놀림처럼 '김치 과학'의 절묘한 양념이 한순간에 만들어지는 것처럼 보인다. 우리의 김치란 또 그렇게 만들어져야 만이 제 맛이 난다. 정말 한국인들은 감각이 대단히 뛰어난 민족이 아닐 수 없다.

물론 이때의 감각이란 반드시 오관의 감각만을 말하는 건 아니다. 여기에는 직관을 사용하여 순간적으로 전체를 파악하는 감까지 마땅히 포함시켜야 한다. 한국인들은 매사에 철저한 분석과 논리를 앞세워 냉철하게 대하기보다는, 다만 어림짐작으로 '감을 잡아' 일을 신속하게 처리하기를 즐긴다.

말할 것도 없이 이것은 공간 지각력의 발달과도 직결이 된다. 이 지각력은 공간을 전체적으로 파악해 총체적 그림을 단 한 번에 그릴 수 있는 능력을 일컫는다. 한국인들은 바로 이런 점에 탁월함을 보인다는 것이다.

그 적절한 비유가 양궁에 있다. 올림픽 종목 가운데서도 우리는 양궁에서 단연 독보적인 실력을 자랑한다. 국내 대회 우승이 곧 세계 정상이라는 우스갯소리가 있을 정도다.

하기는 우리의 활 잘 쏘는 솜씨는 일찍이 중국 사람들조차 인정을 해온 터다. 고구려를 세운 주몽의 이름이 곧 '활 잘 쏘는 사람'이라는 뜻이었고, 고구려의 고분 벽화마다 그려져 있는 말 타고 활

쏘는 장면은 우리의 활쏘기 전통이 얼마나 유구한 것인가를 보여준다.

한데 이러한 활쏘기야말로 공간 지각력이 그 능력을 마음껏 발휘하는 기예다. 특히 우리의 전통 활인 국궁이 그러한데, 과녁은 100~200미터씩 멀리 떨어져 있고 궁사들은 허공에 대고 그냥 대충대충 쏘는 것 같아 보인다.

그게 멀리 떨어져 있는 과녁의 한복판까지 포물선을 그리며 날아가 정확히 꽂힌다. 그야말로 어림짐작의 결정판이다. 외국인들은 이런 광경에 그저 신기하고 놀랍다는 반응이다.

활쏘기는 이처럼 부분만을 인과 관계의 논리로 파악하는 좌뇌가 아니라, 그림 전체의 총체성을 순간적인 직관으로 파악하는 우뇌가 담당해야 제대로 된다. 따라서 상대적으로 우뇌가 발달해 있는 우리들은 예부터 활쏘기에 능했고, 그 능력이 지금의 양궁으로까지 이어져 오늘날에도 올림픽에서 주몽의 후예[45]들이 솜씨를 발휘하고 있다는 얘기다.

요컨대 한국인들은 더할 나위 없이 부지런한데다, 더구나 단순히 부지런만 한 게 아니라 거기에다 다시 스피드하며, 또한 척 보면 그림 전체를 파악하는 순간적인 직관의 감까지 더해진 남다른 형질이 두드러져 보인다는 것이다.

셋째, 집착이 강하다.

앞서 우리는 유별나게 우리에 집착한다는 얘길 집단주의 사회를 설명하면서 언급한 바 있다. 또 그런 이유로 우리의 역사와 결코 무

　　활쏘기는 일정 부분만을 인과 관계의 논리로
파악하는 좌뇌가 아니라, 그림 전체의 총체성을
순간적인 직관으로 파악하는 우뇌가 담당해야 제
대로 된다. 따라서 상대적으로 우뇌가 발달해 있
는 우리들은 예부터 활쏘기에 능했고, 그 능력이
지금의 양궁으로까지 이어져 오늘날에도 올림픽
에서 주몽의 후예들이 그 솜씨를 유감없이 보여
주고 있다.

관치 않음을 살펴보았다.

이밖에도 우리가 유독 집착이 강하다는 예는 적지 않다. 대표적인 것으로 배우지 못하면 환장하는 교육도 그 좋은 사례다.

우선 무엇보다 5백년 조선왕조의 근본이었던 유교 하면 곧 어려운 경전 공부부터 떠올리는 것도 그런 이유에서다. 실제로 유교에선 배우지 않으면 사람이 될 수 없다고 믿었다. 공자는 오로지 교육만이 인간을 바꿀 수 있다고 보고, 교육에 큰 기대를 걸었다. 또한 공자 자신이 중국 역사상 최초의 교육가이기도 했다.

이런 영향을 받아서인지 조선시대 때부터 한국인들은 교육이라면 환장을 했다. 물론 공자가 강조한 교육은 매일 매일의 도덕적 실천을 통하여 군자와 같은 참다운 사람이 되기 위한 것이었지, 벼슬에 나아가거나 좋은 대학에 들어가기 위해 공부를 하라고 이른 것은 아니었다. 그에 따라 조선시대에는 마을마다 초급 학교인 서당이 있었다. 또 그 곳에서 유교의 기본 경전이 빠짐없이 강의 되었다.

따라서 사람이 태어나면 무조건 배워야 한다는 것이 한국인들의 뇌리 속에 강하게 각인되어 있다. 한국인들은 그런 분위기 속에서 수백 년 동안을 호흡해 온 것이다.

때문에 6·25 한국전쟁 때에도 한국인들은 피난지에 천막을 치고 각급 학교를 세웠다. 끼니는 온 데 간 데 없이 목숨마저 경각에 달려 있는데 '무슨 학교냐' 고 할는지 모르겠다. 하지만 한국인들의 뇌리 속에는 먹고 자는 것만큼이나 배우는 것 또한 중요하다고 집착해온 터라, 어떻게든 천막학교라도 세워 배워야만 직성이 풀렸다.[46] 한국인들의 남다른 집착이 교육에 접목되어 나타난 결과라고 볼 수 있다.

더욱이 한국인들은 그런 환장할 교육을 통해서 보다 멀리 내다볼 줄을 알았다. 외침으로 점철된 불안하기만 한 역사 속에서도 결코 꿈을 잃지 않았었다. 앞서 교육에 대한 집착에서도 불 수 있듯이 저마다 각성하고 새롭게 단련하면서 스스로 불안을 이겨내며 극복하고자 하였던 집단성이 곧 그것이다.

다시 말해 유교적 지향점, 예컨대 사람됨의 꾸준함과 안정성, 체면 유지, 전통의 존중, 인사치레나 은혜 갚기 따위와 같은 단기적인 지향을 넘어 인간관계에서의 서열성에 대한 존중, 끈기, 근검절약, 염치를 아는 것과 같은 장기적인 지향성에서 비롯된 역동적인 가치를[47] 우선시하고 육화시켜 왔다는 점이다. 흔히 하는 말로 '바닥을 쳤다' 느니, (원래부터 가진 것이 없어)밑져야 본전이니 죽기 살기로 해볼 것이다' 는 표현이 말해주고 있듯이 무엇이든 될 때까지, 처음부터 끝까지 혼신의 노력을 다하는 강인한 집착의 형질을 보여준다라는 것이다.

넷째, 유연하다.

한국인들은 다른異 것을 좀처럼 참아내지 못하는 경향이 있다. 낯선 것을 두려워한다. 불확실한 것은 피하려고 든다. 열을 쉽사리 받고 성급하다. 융통성이 부족하고 외곬이다.

옳은 지적이다. 또 정말 이러한 성질들만 가졌다면 한편 걱정이 될 수도 있는 지적이 아닐 수 없다.

한데 한국인들이 유연하다고 한다. 앞서 열거한 지적대로라면 전혀 그럴 것 같지 않은데도 한국인들의 다섯 가지 형질 가운데 하나로 꼽고 있다. 얼마나 다행스러운 일인지 모르겠다.

그리고 이런 유연을 설명하려고 할 때면 금방 생각나는 것이 있다. 자기와 같은 우리의 옛 그릇이다.

자기로 말하면 한 때 우리는 지구촌에서 최고 수준을 자랑했다. 지금은 그 최고 수준을 이어가지 못한 채 그만 일본으로 다 넘어가고 만데다, 자기의 종주국 위치마저 흔들리고 있지만 말이다.

한데 지구촌의 자기 역사에서 혁혁하게 빛났을 뿐더러 '어떻게 사람의 손으로 이런 작품을 만들 수 있느냐' 며 일본인들에게서 입에 침이 마르도록 찬사를 받았던, 바로 그러한 고려청자에 은근히 딴죽을 걸은 적이 있다. 고려청자를 보고서 다소 불만 섞인 눈길을 준 적이 있었던 것이다.

말할 나위도 없이 고려청자의 미가 '완벽' 하다는 것은 의심할 여지가 없다. 하지만 왠지 옥에 티라고나 할까. 고려청자의 마지막 터치touch가 아무래도 아쉽게만 보였었다. 이상하게도 말끔하게 처리되지 못하고 마치 만들다 만 것처럼 되어 있곤 했었던 것이다.

비단 고려청자만이 아니었다. 다른 종류의 우리 옛 그릇들 역시 왠지 마지막 처리가 매끄럽지 못하기는 마찬가지였다.

왜 그랬을까? 상감으로 새겨 넣은 비상하는 학이며, 더할 나위 없는 황금 비율을 가진 조형미, 그 속에 더도 덜도 아닌 하늘빛 속살로 물든 완벽미를 만들어낼 줄 알았던 우리의 도공들이 도대체 어째서 마지막에 가면 그처럼 대충 끝내고 말았던 것일까? 그게 못내 불만이었던 셈이다.

물론 한참 뒤에야 깨달을 수 있게 되었다. 그것이 다름 아닌 자연미, 곧 유연성이었던 것이다.

하기는 모든 것이 완벽하면 인공미이지 자연미라고 볼 수 없다. 자연이란 완벽하고 빈틈이 없는 데서는 결코 나타나지 않는다. 모든 게 완벽하고 빈틈이 없다면 되레 불안하고 위험해진다. 그러한 완벽, 결점이 없다는 것은 언제 어떻게 깨질지 모르기 때문이다.

더구나 완벽함이란 변화를 거부한다. 변화하지 않으면 살아 있는 것이 아니다. 살아 있는 것과 죽은 것의 차이란 결국 유연한 것과 경직되어 있는 것의 차이가 아니겠는가.

그래서 조금쯤 불안전하게 남겨 놓았다. 마지막 터치를 아쉽게 남겨놓음으로써 인위와 무위가 조합되어 마침내 극치를 이루게 되었다.[48] 아마도 우리의 조상들은 그러한 눈썰미를 이미 이해하고 있었던 듯싶다.

예컨대 완결과 완결하지 못한 것을 둘이 아닌 하나로 보는 마음, 우리가 서로 섞일 수 있는 존재구나, 섞일수록 더 새로워지는구나 하는 '불이'의 비빔 문화, 곧 그러한 유연성에 생명력이 깃들어 있다고 보았다는 것이다.

다섯째, 펀fun하다.

우리는 예부터 노래와 술과 춤을 좋아했다고 전한다. 이런 사실은 〈삼국지〉'위지 동이전'에서도 확인되고 있다. 제천 행사 때면 으레 술 마시고 노래하며 춤추기를 몇 날 며칠 동안 하였을 뿐더러,

부여와 고구려 등지에서는 '노래하는 소리가 끊이지 않았다' 거나 '길에 다니면서도 노래를 한다' 는 기록을 찾아볼 수 있다.

우리의 이런 자유분방한 놀이 모습은 〈삼국지〉의 저자 진수陳壽에게도 신기하게 비쳐졌던 모양이다. 당시 중국은 유교가 한漢대 이래로 이미 관학으로 책정되어, 유교의 규범적인 고급 문화가 상당히 정착되어 있을 때였다. 따라서 진수와 같은 중국의 지식인이 보기에는 자기 나라의 세련된(?) 문명에 아직 근접치 못한 주변 오랑캐의 활달한 모습이 못내 신기해 보이기만 했었던 것 같다.

사실 우리의 굿판을 보고 있으면 절로 신바람이 난다. 그 거침없는 자유분방함에 누구나 보는 재미에 그만 흠씬 빠져들게 된다. 더구나 그런 굿판은 우리의 사는 모습과도 너무나 닮아 있다는 생각을 떠올리게 한다.

우선 굿판은 예불이나 예배, 미사와 같은 경건한 종교 의례와는 전혀 다르다. 거기선 도무지 경건성이란 존재하지 않는다. 대신 모든 것이 혼재되어 들어가 있다. 갖가지 종류의 음식을 상다리가 부러질 만큼 잔뜩 차려 놓고서 굿을 시작하는데, 굿판에는 그 '거리'마다 바뀌는 현란한 옷가지며 장단·노래·춤 등 삶의 재미있는 부분들이 예외 없이 등장한다. 그래서 울렸다가 웃겼다가, 어느 순간에는 신과 한 대목 흥정을 벌이기도 하고, 또 어떤 때는 비통에 빠졌다가 달랬다가 하는, 한국인들이 살아가는 재미있는 모습이 예외 없이 동원된다. [49]

보는 재미라면 또한 빠질 수 없는 게 탈춤이다. 여기서도 질펀한 재미는 흥건하게 펼쳐진다.

우리의 굿판은 예불이나 예배, 미사와 같은 경건한 종교 의례와는 사뭇 다르다. 거기선 도무지 경건성이란 존재하지 않는다. 대신 모든 것이 혼재되어 들어가 있다. 그래서 우리를 울렸다가 웃겼다가, 어느 순간에는 신과 한 대목 흥정을 벌이기도 하고, 또 어떤 때는 비통에 빠졌다가 달랬다가 하는, 한국인들이 살아가는 재미있는 모습이 예외 없이 동원되곤 한다. 사진은 밀양 지방의 백중놀이.

예건대 봉산탈춤의 양반놀이 대사에서, "쉬이!, 양반이 나오신다. 좌우영상 다 지내고, 노퇴재상으로 계신, 노론 소론 양반인 줄 아지 마오. 개잘량이란 양자에 개다리 소반이란 반자 쓴, 양반 나오신다!'며[50] 신랄하게 지껄여대는 말뚝이의 푸념이 여간 재미있는 게 아니다. 말뚝이가 입을 달싹거릴 적마다, 손짓 하나를 지시할 적마다 금방 재미가 와르르 쏟아져 나온다. 또 그렇게 재미가 있어야 만이 비로소 사람들이 춤판에 모여든다.

우리들의 이러한 재미는 심지어 엄숙해야만 할 죽음의 장례에서까지도 결국에는 웃음으로 마무리를 짓게 된다. 슬픔을 넘어 재미있는 웃음으로 남은 유족의 눈물을 닦아주는 건 우리의 아주 오래된 전통 장례 풍경이다. 재미야말로 한국인들의 삶에 있어 밥상 같은 것이라고 말할 수 있다.

그렇다. 이같이 정이 많다, 부지런하다, 집착이 강하다, 유연하다, 편하다는, 애써 감추려 해도 주머니 속의 송곳처럼 유난히 드러나 보여 감추어지지 않는, 외국인들이 한 목소리로 꼽은 한국인의 고유한 형질이다.

한데 필자는 이 다섯 가지 외에 한사코 한 가지를 더 붙이고는 한다. 한국인들에겐 '숨은 (지식)인재가 많다' 는 게 그것이다. 이따금 비아냥거리는 소리로 들리기도 하는 '잘났어 정말?' 이라는 표현이 여기에 해당된다고 볼 수 있다.

물론 이런 우리의 형질은 결코 우연히 체화된 것이 아니다. 이미 앞에서 살펴본 것과 같이 사람이 태어나면 무조건 배워야 한다라는, 그러한 분위기 속에서 무려 수백 년 동안이나 호흡해온 우리들의 남다른 교육열로 보았을 때 '숨은 인재가 많다'는 건 어쩌면 당연한 결과일는지도 모른다. 이른바 세계 최고 명문이라는 미국 하버드대학에서 유대인을 빼고 나면 한국인 유학생들이 단연 1위라는 것도 따지고 보면 결국 우연히 아님을 알 수 있다.

그러나 한국인들의 이런 교육에 대한 열의는 비단 거기서 그치지 않는다. 그런 공교육비에 버금가는 사교육비의 남발 현상 역시 '배우지 않으면 인간의 축에 끼지도 못한다'는 강박 관념이 작용한 것으로 보아야 한다.

그렇게라도 배워서 꼭이 성취하고자 하는 목표는 다른 게 아니다. 결국 명문 대학이라는 제도권에 들어가는 것, 다시 말해 인간관계에 있어서의 서열성에 대한 존중으로 모아진다.

정부도 이러한 현실을 직시하지 못한 것은 아니다. 이미 지난 1997년도에 교육개혁위원회에서 아예 과외를 허용하자는 의견을 내놓은 바 있다. 하지만 과외를 금지시켜야 한다는 여론 조사 결과가 85% 이상 나오면서, 교육개혁위원회를 향한 언론의 비판이 연일 빗발쳤다.

한데 이것은 언론이 전적으로 잘못 짚은 것이다. 우리 국민의 대다수가 과외 금지를 바라는 것은 단지 가치의 차원에서 그렇게 되었으면 좋겠다는 것일 뿐, 실제로는 어느 집이고 대개 과외를 시키고 있다. 한국인의 향학열은 법령으로도 결코 누그러뜨릴 수 없을 만큼 상당히 뜨겁다.

따라서 아무리 머릴 쥐어짜봤자 다른 해답이란 있을 수 없다. 앞

오늘날 우리의 형질은 결코 우연히 체화된 것이 아니다. 사람이 태어나면 무조건 배워야 한다는, 그러한 분위기 속에서 무려 수백 년 동안이나 호흡해온 우리들의 남다른 교육열이 있었음은 누구도 부인하지 못한다. 이른바 세계 최고의 명문이라는 미국 하버드대학에서 유대인을 빼고 나면 한국인 유학생들이 단연 1위라는 사실도 딴은 결코 우연이 아님을 알 수 있다. 사진은 미국 하버드대 캠퍼스 전경.

으로도 시간이 많이 걸리는 일일 테고, 또 그처럼 '골머리를 싸매고서' 명문 대학에 가려는 이유가 명문 대학을 나오지 않으면 사람대접을 받지 못한다는 사회 통념 문제까지 껴안고 있는 까닭에서 그렇다.

그렇대도 세상의 일이란 으레 양면을 갖고 있기 마련이다. 우리들의 그러한 향학열은 급기야 해외 유학으로까지 봇물이 터지기에 이르렀고, 또 그런 해외 유학 덕분에 우리는 서구 과학기술을 극히 짧은 시간 안에 받아들일 수 있게 되었다. 이것 역시 다른 국가에서는 좀처럼 찾아보기 드문 예다.

그도 그럴 것이 돈 많은 산유국 같은 경우 유학비에서부터 해외 생활비까지, 모두 무상으로 지원해준다 하여도 학생들이 좀처럼 공부를 하지 않는다고 한다. 교육이나 학습이 그 얼마나 중요한 것인 줄을 아직도 모르고 있는 셈이다. 죽으나 사나 공부를 해야 한다는 모티베이션motivation을 그들에게선 발견하기 어렵다는 점이다.[51]

이 때문일까. 가끔 만나 밥도 먹고 하는 사이인 한국학중앙연구원 박현모 교수가 어느 날 불쑥 이런 얘길 꺼냈다. 우리 나라는 '동방예의지국' 이라기보다는 '동방인재지국' 이란 표현이 더 어울린다는 것이다.

옳은 얘기다. 어쩌다 무슨 난감한 일이라도 생겼을 때 전화 몇 차례만으로도 어렵지 않게 전문가들을 찾아낼 수 있는 걸 보면, 확실히 숨은 인재가 많음을 알 수 있게 된다. 한국인의 형질 가운데 '숨은 인재가 많다' 는 걸 굳이 덧붙여야만 하는 이유도 딴은 여기에 있다.

얘기가 길어졌다. 마무리 짓기로 하자.

어쨌거나 우리들에게 내재된 원석과도 같은 그 무엇, 수많은 외침으로 점철된 고난과 시련의 역사 속에서도 불교→유교→초기 기독교로 부단히 이어져 내려온, 그와 함께 저마다 마음의 밭을 갈아오면서 독특한 의식의 제도적 발현으로 일컬어지는 '천년 동안의 비밀 학습' 을 통하여 알게 모르게 정이 많다, 부지런하다, 집착이 강하다, 유연하다, 편하다, 숨은 인재가 많다는 것과 같은 우리만의 '선천적 지식' , 곧 DNA 형성이 이루어져 왔다.

그리하여 그간 우리 자신에게 던졌던 한결같은 질문, 역사 속의 우리는 어떤 과정을 통해 오늘에 이르게 되었는지, 지금의 우리가 있기까지 왜 그토록 장구한 시간이 걸려야 했는지, 오늘날의 우리가 탄생하기까지 그러한 시간들은 어떤 역할을 하였는지, 아직도 지구촌에는 구태에 갇혀 헤어나지 못하고 있는 국가 민족이 적지 않은데도 우리의 성장 속도는 역사와 경제 점쟁이의 제자들마저 깜짝 놀라게 한 것이었는지, 그 위대한 이야기를 싹 틔우기 위한, 사회적으로 오랫동안 유전되어 내려오던 한국인의 형질이라는 씨앗이 마침내 이 땅 위에 뿌려지기 시작했다. 이것이 곧 한국 탄생의 실체였던 것이다.

그러나 우리에게 봄은 아직도 멀기만 했다. 이 땅 위에 뿌려지기 시작한 씨앗이 이윽고 발아하여 예의 그 '폐허와 공허 속에서 에너지를 폭발' 하기까지는 아직은 오는 봄을 조금 더 인내하며 속절없이 기다려야만 했다. 유대 민족이 출애굽을 하여 가나안 땅에 당도하기 위해선 아득한 홍해 바다를 건너가야 했던 것처럼, 우리 또한 기어이 건너가야만 할 상거가 아직까지도 남아 있었다. 마침내 허무하게 종식되고 만 왕조의 마감과 함께 시작된 잔혹한 일제시대, 해방 공간에서의 혼란과 6·25 한국전쟁 등이 우리를 완강히 기다리고 있었던 것이다.

제4장
욕사무지 欲死無地 의
조선왕조

'궁'의 단계에 이른
19세기 왕조의 풍경

세상에 변하지 않는 것이란 없다. 순간이 바뀌고, 시간이 바뀌고, 계절 또한 속절없이 바뀌어 가듯이, 변화하지 않는 것이란 오로지 변화한다는 그 사실일 뿐이다.

이처럼 모든 것은 끊임없이 변화하고 있으나, 그러한 변화를 바라보는 시각은 동양과 서양이 각기 다르다. 동양에선 변화를 하나의 흐름, 사이클로 보고 있는 반면에 서양에서는 개별적인 힘, 상호 간의 작용과 반작용으로 본다.

일찍이 선험적 예지가 발달했던 동양에서는 계절이 가고 오는 변화나, 달이 차고 기우는 것을 통해 변화가 곧 우주의 본질임을 깨달았다. 이러한 이치를 담아내고 있는 학문이 다름 아닌 주역周易이다.

주역은 음과 양, 이 두 개의 요소만으로 변화의 이치를 담아낸다. 예컨대 음의 기운이 다하면 양의 기운으로 변화하고, 양의 기운이 다하면 다시 음의 기운으로 변화한다는 원리다. 또 그런 변화에는 궁窮, 변變, 통通, 구久가 그 핵심이다.

먼저 '궁'은 곧 양적 변화가 극에 달한 상태를 일컫는다. 그리고 바로 이런 상태에서 변화가 일어난다. 무엇이든 변화가 일어나기 전에는 반드시 궁극에 달하게 된다는 것이다.

'변'은 곧 변화가 일어나 그 답을 찾는 단계를 일컫는다. 혹독한 겨울이 오면 따뜻한 봄이 멀지 않은 것처럼 불확실하기만 하던 문제도 궁극에 이르면 그 해답이 나타난다고 본다.

'통'은 곧 이제 새로운 국면으로 전환되어 점차 안정을 찾아가는 단계를 일컫는다. 혹독한 겨울이 이내 지나가면서 이제는 따뜻한 봄날을 맞이하는 단계라고 보면 틀림이 없다.

'구'는 곧 안정이 지속되는 단계를 일컫는다. 이 단계에 이르면 흔히 사람들은 언제까지라도 그런 안정이 지속되는 줄로 알고서 그만 관성에 젖어들게 된다. 그리하여 결국에는 궁으로 돌아가 다시금 순환케 된다는 것이 그 요지다.

따라서 음과 양, 이 두 기운은 별개로 존재하는 것이 아니다. 음 속에는 양이 숨어 있고, 양 속에는 음의 기운이 숨어 있다고 본다. 이처럼 음과 양이 직물을 짜듯이 서로 교차하여 만들어낸 64개의 괘卦와 384개의 효爻를 갖고서 세상 변화의 이치[1]를 담아내고 있는 학문이 다름 아닌 주역이다.

이러한 주역의 사이클을 그대로 따른다면 조선왕조 5백년 또한 예외가 아니었다. 태조 이성계가 고려왕조를 무너뜨리고 드디어 새로운 조선왕조(1392)를 건국한 것을 '변'으로 보았을 때, 국초 이래 4대 사화를 치르는 치열한 도전 끝에 공신들의 중심 세력인 훈구파를 누르고 마침내 사림파가 정권을 잡은 16세기까지를 '통', 퇴계 이황과 율곡 이이 이후 사림 세력의 성장을 '구', 그렇게 성장한 사대부 중심의 사회질서 구축이 양적 변화로 극에 달한 상태를 '궁'으로 보았을 때, 그 다음에 찾아오는 '변' 곧 임진왜란(1592)과 병자호란(1636)은 그야말로 절체절명의 위기였다. 이때 그만 나라가 까딱 거덜 날 뻔했던 위기를 가까스로 극복한 것이 '통'이라고 한다면, 넓게 보아 17대 효종 이후 22대 정조까지는 비교적 안정이 지속되었던 '구'의 단계로 볼 수 있을 법하다. 그러나 그 다음 순조 연간을 지나면서부터 양적 변화가 극에 달한 상태라는 '궁', 다시 말해 19세기 조선왕조는 미구에 또다시 위기에 처하게 되는 '변'의 단계로 들어서고 있음이 분명해보였다.

더구나 이 시기에 나타나기 시작한 '변'은 조선 중기의 것과는 또 다른 차원이었다. 그 어느 때보다 암울하기만 했던 것이다.

무엇보다 왕조 재정의 근간이었던 전정田政, 군정軍政, 환곡還穀(춘궁기 때 빌려주고 추수기 때 이자를 붙여 받아들임)으로 일컫는 이른바 '삼정의 문란'은, 왕조와 담세층인 피지배자 사이에 합의되지 않은 갈등 구조의 골로 이미 곪을 대로 곪은 뒤였다. 그렇다고 그 원칙이나 원리의 운영 과정마저 전면 부인하는 것은 아니었다. 관리들의 부정부패를 지적하고 이를 개선하고자 하였을 때 나타나는 한계, 다시 말해 관리들의 부정부패를 적절히 척결할 수 없었던 왕조의

　왕도정치란 곧 경제食有民天라는 건국 이념에 따라 무릉도원을 다짐했던 조선왕조는, 그러나 19세기에 접어들면서 왕조 재정의 근간이었던 '삼정의 문란'으로 말미암아 왕조와 담세층인 피지배자 사이에 합의되지 않은 갈등 구조의 골이 깊어지고 말면서, 결국 몰락의 길을 걸을 수밖엔 없었다. 사진은 조선왕조의 정궁인 경복궁 사정전 전경.

무능력과 비효율적인 조치, 요컨대 불공정한 인사가 주된 원인이었던 것이다.[2]

그 뿐 아니었다. 조선시대 신분제는 지주·전호佃戶와 함께 왕조 사회를 지탱시켜온 중요한 두 축 가운데 하나였다.

한데 이 시기에 접어들면 사회 계층의 신분 구조에도 급격한 변화가 일기 시작한다. 일반 백성의 절반가량이 짐승보다 못한 노비나 소작농인 전호로 전락하고 만 가운데, 특권적 신분층인 양반이 현상적으로 증가하여 기존의 삼각형 구도에서 역삼각형 구도를 나타내기에 이른다.

물론 양인들의 이런 신분 상승은 순전히 군역軍役을 피하기 위한 수단이었다. 하지만 양인들의 이러한 신분 상승은 결국 삼정 문란에 이은 '신분제의 문란'[3]으로까지 초래하고 말면서, 19세기 사회 질서의 동요와 붕괴를 이미 예견하고 있었다.

여기에다 세도勢道정치의 등장은 기울어가는 왕조에겐 피할 수 없는 독배였다. 수백 년에 걸친 붕당의 처절한 정쟁에 뒤이어 자리잡은 세도정치는, 특정 지역의 몇몇 유력 가문에게 권력을 독차지하게 했다. 예컨대 안동 김씨와 풍양 조씨가 그들이라고 볼 수 있다.

때문에 세도정치 아래에서는 시비是非를 가리는 유교정신의 정당한 정쟁마저 찾아보기 힘들었다. 유교의 본질이 크게 탈색되고 만 채 이들 가문이 중심이 되어 권력을 독식하고 행사하는 정치 행태로, 왕조 말기까지 무려 백여 년 가까이 지속되었다. 따라서 국정의 모든 결정은 이들의 자체 회의에서 거의 내려졌으며, 그들 자신의 사적인 이익을 보장하는데 그런 정치권력이 동원되었다.[4] 변화하는 시기에 그 조짐을 제대로 파악하여 새로운 제도개혁이나 정치개혁에 앞장서도 모자랄 판국에 특정 지역의 몇몇 유력 가문의 이권과 기득권을 보존하려는 말도 안 되는 패거리 식견에만 사로잡힌 나머지, 왕조는 이미 돌이킬 수 없는 깊은 골병에 빠져들고야 만 것이었다.

한데다 하늘마저 무심하기만 했다. 19세기에 접어들면서 연이어 가뭄이 심해져, 왕조 사회의 기층민이었던 농민들은 끼니조차 제대로 잇기 어려운 아사 상태에서 벗어나지 못했다. 기사년(1809)의 비참한 가뭄 현장을 다산 정약용은 이렇게 기록하고 있다.

기사년이라면 내가 다산(강진)의 초당에 머물 때인데, 그 해에 몹시도 가물어 그 전 해에 겨울부터 이듬해 봄을 거쳐 입추立秋가 되도록 들에는 푸른 풀 한 포기 없이 그야말로 적지천리였다. 6월 초가 되자 유랑민들이 길을 메우기 시작하였는데, 마음이 아프고 보기에 처참하여 살고 싶은 의욕이 나지 않을 정도였다…. 논바닥은 마르고 이종을 하지 못해 농부가 그것을 뽑아내어 버리는데, 그것을 뽑아내면서 통곡하는 소리가 온 들을 가득 메웠다. 어느 아낙은 너무도 억울해서 자식을 하나 죽여서라도 비 한번 쏟아지게 하였으면 좋겠다고 울먹였다.

— 〈다산문집〉에서

결국 허리가 휘는 것은 백성이었다. 삼정 문란에 이은 신분제의 문란에다 관리들의 부정부패, 불공정하고 비효율적인 조치, 패거리 세도정치와 왕조의 무능력으로 말미암아 죽어나는 것은 오로지 기충민인 농민들 뿐이었다. 그 가운데서도 평생토록 냉혹하고 슬픈 가난 속에 살아야만 했던 소작농의 참담함이란 한마디로 '욕사무지欲死無地'였다.

예를 들면 이런 얘기다. 평생 소작인 전호로 살아가던 어떤 농부가, 마침내 나이가 들어 죽기 직전에 이르게 되면 반드시 찾아가는 데가 있다고 한다. 생의 마지막 순간을 목전에 남겨둔, 병이 깊어진 육신을 지팡이에 겨우 의지하여 찾아가는 곳이란 다름 아닌 지주의 집이었다. 지주를 찾아가 이승에서의 마지막 하직 인사와 함께 꼭 이 다음의 세 가지 간청을 하기 마련이었다.

"나으리, 나으리께서 저에게 땅을 내주어 평생 소작을 붙여먹게 해주신데 대해 머리 숙여 감사드립니다. 하지만 보시다시피 저는 병이 깊어 이제 며칠 있으면 곧 죽게 될 것입니다. 청하옵건대, 제가 평생 소작을 붙여먹으면서 어르신께 진 빚이 다소 있더라도 그 빚을 제 자식 놈에게까지 묻지 마시고 그만 탕감해주신다면 원이 없겠습니다."

이 때 지주의 반응은 두 가지다. 또 그 반응의 기준은 전호가 평생 동안 보여준 성적(?)에 따라 엇갈리게 된다. 지주가 입을 달싹거려 무슨 말이라도 하게 되면 전호의 간청을 받아들이지 않는 것이다. 반면에 그저 아무 말 없이 헛기침만 하고 있으면 전호의 간청을 받아들인다는 뜻이다. 그리고 이 첫 번째 간청이 받아들여졌을 때만이 비로소 다음 두 번째 간청을 할 수 있게 되었다.

"나으리, 이제 곧 제가 죽더라도, 그래서 청하옵건대, 제가 평생 이렇게 살아올 수 있었던 것처럼 제 자식 놈도 다시 나으리의 땅에서 평생 소작을 붙여먹을 수 있게 해주신다면 더는 원이 없겠습니다."

마지막 세 번째 간청이 이른바 욕사무지였다. 죽고자死 하여도欲 육신이 묻힐 땅地 한 뼘이 없다無는 딱한 호소였다.

"나으리, 산 너머에 있는 도린결 재빼기 옆 자드락이라도 좋습니다. 썩어질 이 육신이 누울만한 묏자리 한 뼘이면 족하옵니다. 마지막으로 나으리께 청하오니 부디…."

빨강, 노랑, 파랑, 울긋불긋한 꽃상여에 만가소리 구성진 상례까진 언감생심 바라지도 않았다. 오동나무 상장을 짚고 패철佩鐵(자석)을 든 지관까지야 따로 부를 수 없다 하더라도, 까마득한 옛날(삼국시대)부터 전래되어 내려온 풍수지리에 쫓아 적어도 바람과 물은 피할 수 있는 곳에 묏자리를 써야 한다는 건 망자의 한결같은 비원이었다. 제아무리 미천한 전호라 할지라도, 자신이 죽어 묻힐 묏자리는 마지막 순간까지도 그냥 결코 지나칠 수 없는 문제였던 것이다. 그래야만 죽은 혼백이 북망산을 넘어 비로소 저승으로 갈 수 있다고 굳게 믿었던 까닭에서이다.

"이보게…, 자네의 사정이 하도 딱해 보여, 자네가 진 빚은 내가 자네의 아들놈에게까지는 다시 묻지 아니하고 죄다 탕감해 주도록 하겠네. 또한 자네의 청대로, 자네의 아들놈이 내 땅에서 계속 소작을 붙여먹을 수 있도록 해준다는 청도 아울러 들어주겠네. 허나 자네의 묏자리 땅까지 내놓으라는 건 아무래도 팔자에 없는 소리 같기만 하네. 그러니 그리 알고 이제 그만 돌아가 보게나."

대개 그랬다. 아무리 애타게 하소연을 해보았자 지주가 전호의 묏자리 땅까지 선뜻 내어줄 리는 만무했다. 이 역시 전호의 평생 성적에 따라 간혹 딱한 사정이 받아들여지기도 하였으나, 하지만 그렇지 않은 경우가 비일비재하기만 했다. 그리하여 묏자리 땅조차 끝내 구하지 못한 이들은 길거리 아무 공터에나 묻히게 되고 말거나, 그마저 여의치 않은 이들은 대충 화장을 하여 강물이나 깊은 산속에다 유골을 뿌리고 마는 경우가 허다했다.

이렇듯 19세기에 이르게 되면 정도전의 개국 공약은 더 이상 찾아보기 어려웠다. 백성들은 먹는 것이 곧 하늘이니民以食爲天, 그런 만큼 '왕도정치는 경제에서 시작된다' 고 그가 그토록 강조했던 개국 당시의 다짐은 온데 간 데 없었다. 오직 문란과 피폐, 독식, 무능력으로 한사코 망국을 재촉하고 있었을 따름이다. 왕조의 기층민인 농민들은 살아 있으되 곧 죽은 목숨이나生死一如 조금도 다를 게 없는 형국이었다.

그러나 동이 트기 직전이 가장 어둡고, 모든 먹구름의 뒤에는 반드시 햇볕이 빛나고 있기 마련이다. 오히려 비참하고 무질서한 사회 모순이 심화되어 가면 갈수록 내면의 생명력은 약동하고, 새로운 사회를 위한 갈망은 한사코 쌓여만 갔다. 지금 당장 눈앞에 나타나는 것은 아니라 할지라도, 그 생명력은 이미 갈망을 넘어 꿈틀거리기 시작하고 있었던 것이다.

동양과 서양의 충돌, '서세동점西勢東漸'

이 무렵 변화에 대한 줄기찬 요청은 꼭이 우리 내부에서만이 요구되고 있었던 것은 아니다. 앞에서 잠깐 언급한 바 있지만, 19세기 후반에 접어들면 왕조 바깥의 세상 또한 빠르게 변모해가고 있었다. 지금까지 목격할 수 없었던 빠른 속도와 방식으로 변화하기 시작한 서구 세력은 끝내 그런 우리를 가만 내버려두지 않았다.

아니 비단 조선왕조에게만이 아니었다. 18세기 후반 영국에서 시작된 산업혁명은 서유럽과 북미 지역으로 확산되면서 이들 나라마다 놀라운 힘을 키우게 한데 이어, 19세기 후반에 접어들면 동아시아까지 서세동점의 충격이 미치게 되었다. 서구의 열강들이 1870년대부터 세계를 식민지로 분할 점령하기 시작한 것이었다.

그러고 보면 실로 중차대한 운명의 순간이 아닐 수 없었다. 그리고 이처럼 역사를 변화시킬 중대한 변수로 작용케 되는 서세동점에 대한 우리 내부의 대응 논리는 대략 다음 세 가지였다. 개화사상, 동학사상, 위정척사사상이 그것이었다.

우선 개화사상이란 서양의 실체를 보다 적극적으로 받아들여 우리가 처한 현실 문제를 타개해나가자는 것이 그 요체였다. 반면에 동학사상은 서학에 대한 상대적인 개념으로, 서양 문명이 아닌 동양의 전통사상을 기저로 삼아 우리들이 가지고 있는 전통으로 우리의 문제를 스스로 해결해보자는 거였다. 여기서 좀 더 진전되면 동도서기론東道西器論, 다시 말해 정신은 동양의 전통 위에 두되 기계기술은 서양 문명을 이용할 수 있다는 개혁론이었다. 이에 반해 위정척사사상은 개화사상과 극단적으로 대비되는 것으로서, 전통적인 유학사상을 보위하고 서구의 사상이나 기술문명을 일체 배척하자는 거였다.[5]

여기까지는 우리가 옳았다. 역사를 변화시킬 중요한 운명의 순간에 단순히 한 가지 방법론이 아닌 다양한 모색을 하고 있다는 점에서 분명 박수 받을 만했다.

그러나 서세동점의 역사적 위기 앞에서 이를 극복하고자 하는 외세운동은 그 중 위정척사운동이 주요한 흐름을 이루었다. 위정척사란 지킬 위衛, 바를 정正, 물리칠 척斥, 사악할 사邪, 다시 말해 바른 것은 지키고 사악한 것은 물리친다는 뜻이었다. 여기서 바른 것은 곧 중화로서의 중화문화를 일컫고, 사악한 것이란 오랑캐로서의 서양문화를 가리켰다.

물론 이런 배경에는 성리학이 있었다. 한 나라의 문화 수준을

'중화-화華'와 '오랑캐-이夷'라는 이분법으로 구분해서, 국제관계에서의 우열을 정하는 논리를 화이론華夷論적 세계관이라고 일컫는다. 또 이러한 화이론은 상하 위계를 구분 짓는 성리학의 기본 철학을 국제관계에서도 그대로 적용한 논리로 볼 수 있는데, 위정척사 사상은 바로 이런 화이론에서 연유한 반외세운동이었다.

나아가 당시 이들의 시국은 서양 오랑캐들이 창궐하여 국가의 존망이 촌각에 달린 위급한 때라고 진단했다. 북쪽에서는 오랑캐 만주족淸이 중원을 차지하고 있고, 여기다 이제는 서양의 오랑캐까지 밀려들어와 올바른 정론은 힘을 잃어가고 사악한 사설이 난무하고 있다고 본 것이다.

따라서 이런 중차대한 위기 상황을 스스로 극복하기 위해서는 마땅히 공맹의 가르침에 따라 언로를 널리 열고, 현명한 자에게 정치를 맡기며, 사악한 자를 멀리하고, 백성들을 수탈하는 정치를 금하며, 사치와 습성을 버리고, 어진 마음을 가져야 한다고 주창했다. 요컨대 경제력이나 국방력을 키우는 현실적인 부국강병책이 아닌, 정신적인 요소만을 강조했던 17세기의 성리학적 방법으로 19세기의 난제를 해결코자 나섰던 것이다.

더구나 이들의 인식은 교역이나 통상 면에서 극에 달해 어떤 결백 증상마저 보여주기까지 했다. 이들의 주장에 따르면 서양에서 만드는 공산품은 손과 기계로 생산되기 때문에 무한하고, 반면에 조선에서 산출되는 농산물은 자연의 조화에 힘입어 생산되기 때문에 유한하다고 보았다. 그런 만큼 무한하게 만들어지는 공산품과 유한하게 만들어지는 농산품으로 쌍방 간에 교역을 하게 되면, 결

　서세동점의 누란 속에서 국가 경영에 대한 인식의 차이로 김옥균 등 개화파와 민씨 척족 간의 대립이 불거지다, 마침내 서구와 같은 개혁을 달성해야 한다며 개화파 세력이 일으킨 혁명이 곧 갑신정변(1884)이다. 그러나 개화파의 혁명은 '3일 천하'로 끝나면서 개화의 목소리는 끝내 잦아들고 말았다. 사진은 한강변에서 무참히 참수된 개화파의 영수 김옥균의 시신이다.

국 우리의 제품이 서양으로 모두 빠져나가고 만다는 이해할 수 없
는 셈법을 내놓기조차 했다. 때문에 서양 오랑캐와의 교역이나 통
상은 절대 있을 수 없다고 쐐기를 박았다.

결국 그런 쐐기는 마침내 서양의 것을 쓰지 말아야 한다는 주장
으로 귀결되었다. 서양의 물품을 쓰지 않음으로서 수입을 막을 수
있고, 그로인해 국가를 지켜내어 전래의 우리 풍속과 교화도 유지
할 수 있을 것이라고 믿었다.[6] 도무지 서세동점이 의미하는 역사적
논리적 인식도 크게 부족했을 뿐더러, 울타리 바깥세상의 변화를
마치 간장 종지처럼 옹졸하고 안이한 인식으로 대처하려 했다는 지
적을 면키 어려웠다. 한심해도 어찌 이토록 한심할 수 있을까 싶다.

이러한 위정척사운동의 반대편에 서 있는 정치 세력이 다름 아
닌 개화사상으로 무장한 개화파였다. 위정척사운동이 반외세운동
을 주도하고 있는 것을 더 이상 방관하고 있을 수만은 없다고 생각
한 김옥균 · 박영효 · 서광범 등이 그들이었는데, 이들은 당시 정부
가 추진하고 있는 근대화 정책의 실무 관료를 역임하면서 고종의
신임을 얻어 급속히 성장한 젊은 엘리트들이었다.

이들의 당시 시국은 조선왕조를 아직 야만의 상태에 머물러있는
나라로 보는 반면에, 서양은 이미 개화된 나라로 진단했다. 따라서
조선왕조가 야만의 상태에서 벗어나기 위해서는 마땅히 개화를 해
야 한다고 내다보았다.

그러나 같은 집권 세력이면서도 민씨 척족을 중심으로 한 고위
관료 세력들은 이들의 시각과 뚜렷한 차이를 나타냈다. 조선왕조
역시 이미 개화된 나라로 보았던 것이다.

물론 민씨 척족이 일컫는 개화란 문명의 개화하고는 분명 다른 것이었다. 그들이 일컫는 개화란 유학에 의해 교화되었다는 의미에 서의 개화였다. 그리고 그런 논리로만 따진다면 조선왕조는 이미 충분히 개화된 나라인데, 또 무슨 개화가 따로 필요한 것이냐는 반 론이었다. 다시 말해 같은 정치 세력을 이루고 있고 똑같이 개화를 말하고 있으면서도, 개화파와 민씨 척족 간에는 서로가 이해하는 방식이 상이하게 달랐던 것이다.

이 같은 국가경영에 대한 인식의 차이에서 개화파와 민씨 척족 간의 대립이 불거지다, 마침내 서양과 같은 개혁을 달성해야 한다 며 개화파 세력이 일으킨 선제 쿠데타가 1884년 갑신정변이었다. 그러나 개화파의 쿠데타는 '3일 천하'로 끝나고 말았다. 역사의 현 장에서 의지를 실현해나가는 과정이 자신들의 힘이 아닌 일본 세력 을 업고서 개혁을 하려 했던 것이 실패의 원인이었다.

그렇더라도 이 시기의 조선은 필연적으로 가야만 했던 역사적 과제가 있었다. 하나는 봉건적인 체제를 근대적인 체제로 전환해 나가는 반봉건이었으며, 다른 하나는 동아시아를 무람없이 침략하 고 있는 제국주의의 세력으로부터 국권을 수호하는 반외세였다. 이 른바 반봉건, 반외세라는 두 가지 과제를 동시에 해결하지 않으면 안 될 절체절명의 역사적 조건 속에 놓여 있었던 것이다.[7]

그러나 역사를 책임져야 할 지식인들은, 특히나 문·사·철의 일체를 추구한다는 조선의 선비들은 너나없이 고민하지 않은 빈 말 들만을 요란스럽게 쏟아냈을 따름이다. 역사를 변화시킬 중요한 변 수로 작용케 될 서세동점의 위기 속에서 결과적으로 먹물들의 해오

解悟는 있었을지 모르나, 그것을 깨닫고 헤쳐 나갈 수 있는 대각大覺은 드물었다고 말할 수밖에 없었다.

왕실 또한 별반 다를 것이 없었다. 이런 운명의 순간에 마냥 주춤대고만 있었다. 오랫동안 기득권을 누려왔던 수구 세력과 급진 개혁 세력 사이의 충돌을 전면에 나서 완강히 해결할 수 있는, 조정자 역할을 충분히 발휘하지 못했다는 점은 너무도 뼈아픈 것이었다. 아니 그런 조율 능력이 처음부터 부재한 것으로 보는 편이 더 옳을는지도 모른다.

왕실이 이토록 조율 능력을 상실하고 만 데에는, 무엇보다 정조가 승하한 이후 너무 어리거나 정치적 식견이 미비한 왕들로 이어지면서 위기관리의 정치력이 부재한데서 비롯된 것이었다. 순조가 12세에 왕위에 오르고, 순조의 아들 익종은 세자 시절 정치에 간여하긴 하였으나 왕위에 오르지도 못한 채 일찍 승하하고 말았고, 그 뒤를 이어 어린 나이의 헌종이 즉위하였으나 후사가 없이 승하하자, 널리 알려진 대로 바닷가에서 고기나 잡던 '강화도령' 철종이 국왕이 되었다. 하지만 철종은 국왕으로서의 학습이 전혀 안 된 상태여서 결국 안동 김씨 세도가에 의해 왕실이 농락당하고 마는 지경에 이르렀다. 여기에 다시 철종마저 후사가 없이 일찍 승하하자, 고종이 12살의 어린 나이로 왕위에 올랐다.

따라서 순조 이후 왕실의 권위는 극도로 약화되어 정치적 조정의 역할을 감당하지 못했다. 그 대신 안동 김씨 일가가 전면에 나서 왕조의 정치를 쥐락펴락하는 가운데, 이른바 세도정치라는 파행적인 시대상이 이어지고 말았던 것이다.

이런 과정에서 풍운아처럼 등장한 인물이 다름 아닌 어린 고종의 아버지인 흥선대원군이었다. 흥선대원군은 어린 고종을 대신하여 1864년부터 '74년까지 국정을 섭정하게 되는데, 그의 가장 큰 정적은 말할 나위도 없이 그동안 세도정치로 권력을 누려왔던 안동 김씨 일가였다.

흥선대원군은 그들 세력을 약화시키려는 상징적인 작업으로 서원 철폐를 단행하고 나섰다. 서원 철폐를 통해 사대부들의 사적인 토대를 약화시키는 효과를 거둘 수 있었다.

그러나 정치적 부작용 또한 없지 않았다. 서원을 철폐하는 동안에 흥선대원군을 비판하는 상소가 잇따르자, 기다렸다는 듯이 새로운 정치 세력이 왕실의 실세로 등장하고 나섰다. 어느 사이 22세가 된 고종이 비로소 정치를 할 수 있는 성년이 되었던 것이다.[8]

하지만 경륜이 일천한 고종에게 오랜 기득권 세력과 급진 개혁 사이의 충돌을 조율할 수 있는 조정 역할을 기대하기란 어려운 일이었다. 더구나 그런 조율 능력의 부재는 필연적으로 갈 수밖에 없었던 역사적 두 가지 과제, 요컨대 봉건적인 체제를 근대적인 체제로 전환하는 반봉건은 고사하고, 동아시아를 침략하고 있는 제국주의로부터 국권을 수호하기조차 힘겨워보였다. '뿌리 깊은 나무는 바람에 흔들리지 아니하고 마르지 않는 샘물같다' 던 5백년 조선왕조는 급기야 그 종말을 향하여 급속히 기울어가고 있었던 것이다.

개항으로 붕괴하고 만
조선 상계의 최후

참으로 알 수 없는 나라였다. 조선왕조 시대에는 장사를 하고 싶
다고 아무나 장사를 할 수 있고, 상인이 되고 싶다고 아무나 상인이
될 수 있었던 게 아니다. 태조가 왕조를 개국한 이래 유교를 통치
이념으로 내세워 일반 백성들에게 시장과 상업을 허락할 수 없다
는, 무본억말의 추상과도 같은 정책을 견지한 까닭에서였다.

따라서 조선왕조는 국초 이래 천하지대본이라 하여 농업을 널리
장려한 반면, 상업 활동에 대해서는 지극히 부정적이었다. 상업 활
동은 백성들을 간사하게 만들 뿐더러 교화에도 크게 어긋난다고 해
서, 심지어 농산물의 유통에까지 소극적이었다.

하지만 그런 왕조에서도 시장을 열고 상업 활동을 자유롭게 벌
일 수 있도록 국가로부터 유일하게 허락받은 이들이 있었다. 종루

육의전六矣廛의 3,000여 시전市廛(가게) 상인이 그들이었다. 종루 육의전이란 도성 안의 한복판이랄 수 있는 종루(지금의 종로) 네거리 일대에 자리한 이들의 여섯 시장을 일컬었다.

이들은 종루 육의전에서 일반 대중의 소비 수요에 부응하고자 갖가지 상품을 판매하는 한편, 관청의 수요품이나 생필품을 공급하기도 했다. 따라서 국가의 권력과도 매우 밀접하게 관련되어 있을 수밖에 없었다.

종루 육의전은 이같이 순전히 관설로 이루어진 만큼 그곳에서 장사를 하는 시전 상인들은 반드시 일정한 국역國役을 부담해야 했다. 이들이 부담해야 할 국역은 상세(상업세)와 공랑세(건물세)를 내는 한편, 책판과 잡역 따위들이었다. 또 그런 대가로 독점적 상업 활동을 허가받았던 것이다.

조선왕조의 법전인 「경국대전」에 따르면, 상세는 시전의 등급에 따라 매월 저화(화폐로 통용되던 종이) 3~9장으로 정해졌고, 공랑세는 시전의 칸마다 봄과 가을 두 차례에 걸쳐 저화 각 20장씩이 부과되었다. 책판은 국가의 임시 수요 물품이나 외국의 사신을 응대할 때 필요한 물품을 공급할 뿐더러, 사신과의 무역에도 응해야 했다. 마지막으로 잡역은 국장國葬이나 산, 능 따위의 조성 공사에 출역하는 것이었다.

따라서 조선왕조는 종루 육의전의 시전을 제도적으로 보호하면서 시전 체제를 계속 유지하고자 애썼다. 그리하여 왕조와 종루 육의전은 오랫동안 공존공생의 관계를 맺어왔다. 왕조는 종루 육의전으로부터 필요한 국역을 안정적으로 공급받는 대가로 그들에게 자금을 대여해주기도 하고, 외부로부터 이들 상권을 보호하고자 그들 이외의 모든 상업 활동을 불법 행위로 여기고 금지한다는, 이른바 금난전권禁亂廛權과 같은 별도의 특권을 시전 상인들에게 부여했다. 그런 결과 종루 육의전은 국초 이래 굳건한 조직체를 형성할 수 있었다.

여기서 금난전권이라 함은 아무나 장사를 벌일 수 있는 난전을 불법 행위로 금지하되, 종루 육의전의 시전 상인들에게만 부여하는 권한, 다시 말해 난전을 막을 수 있도록 종루 육의전의 시전 상인들에게 일정 부분 권한을 내어주어 금지케 한다는 특혜였다.

특혜란 다른 게 아니었다. 종루 육의전의 시전들이 난전을 막을 수 있도록 일종의 사병과도 같은 무뢰배들을 집단 혹은 개별적으로 고용할 수 있게 한 것이었다. 그리하여 개국 이래 무려 5백여 년 동안이나 이 체제를 철옹성처럼 지속해올 수 있었다.

한데 종루 육의전의 시전들이 '무뢰배들을 고용했다'는 대목에서 잠시 주목해볼 필요가 있다. 혹여 일제 말 그리고 8·15 해방 공간에서 두툼한 양복을 빼입고서 제법 중절모까지 눌러쓴, 한때 종로 거리를 주름잡았다던 주먹들이 새삼 떠오르는 건 아닌지 모르겠다.

그렇다. 좀 더 뒷날의 얘기이긴 하지만, 임권택 감독의 영화 〈장군의 아들〉로 널리 알려진 종로 (극장)우미관 골목의 주먹 김두한을 필두로 구마적과 신마적, 또한 이들을 꺾으려고 호시탐탐 날이 선 '니뽄도'를 뽑아들었던 충무로 일대 혼마치 거리의 하야시 역시 그러한 금난전권과 결코 무관치가 않았다. 이들이 북촌의 종로와 남촌의 충무로 거리를 무대 삼아 한 시대를 살아간 것이야말로 어떤 우연이 아니라 역사적 필연이었다. 그것은 마치 동전의 양면과도 같이 바늘 가는데 실 따라 가는 것처럼 상업과 주먹은 그 궤를 같이 하고 있었다.

어쨌든 조선왕조와 종루 육의전은 매우 오랫동안 공존공생의 관계였다. 국가에서 종루 육의전으로부터 필요한 국역을 공급받는 대신에, 이른바 금난전권을 비롯하여 전국적으로 상권을 확장시켜 나갈 수 있도록 별도의 특권을 이들 시전 상인들에게 부여해주면서 서로의 목적을 획득하고 있었던 것이다.

그러나 세상에 바람이 불지 않는 거리란 없다. 아무리 굳건한 철벽을 형성하고 있다하더라도 시작이 있으면 반드시 그 끝이 있기 마련이다.

무엇보다 자연스러운 인구의 증가가 그 변곡점이었다. 인구의 증가와 그에 따른 생산력의 증대, 선말에 이르러 신분제의 변동과 같은 누적된 요인으로 말미암아 그야말로 철옹성으로 불리던 조선 상계도 점차 바람을 타기 시작했다.

그런 결과 국가로부터 허락받은 종루 육의전의 시전 상인들 말고도 점차 경강(서울의 한강 일대를 일컬음) 상인과 같은 사상인私商人들이 날로 증가하게 되었다. 또 그런 사상인들의 증가로 조선 상계는 비로소 경쟁 관계에 놓이게 되면서, 결국 종루 육의전의 시전 상인들은 사상인들로부터 거센 도전을 받기에 이르렀다.

저간의 사정이 이쯤에 이르자 국가에서도 어떤 입장 표명을 하지 않을 수 없었다. 잇따라 임진왜란과 병자호란을 겪으면서 식유

　왕조의 턱밑이랄 수 있는 인천 제물포의 개항
(1883)은 조선 상계를 하루아침에 붕괴시키는 결
정타였다. 개항과 동시에 미처 제어해볼 겨를도
없이 서구의 새로운 문물이 다투어 쏟아져 들어
오기 시작한 것이다. 더욱이 그러한 개화 물품들
은 지금껏 유교적 정신주의 생활 풍조 속에서만
호흡해왔던 뭇 백성들에게는 물질문명이라는 경
이적인 신세계가 아닐 수 없었다.

민천食有民天, 곧 백성들의 기본적인 호구는 충족시켜줘야 한다는
유교적 이념에 따라 정조 연간(1791)에 이르면서 일반 백성이면 누
구나 장사를 할 수 있도록 하는 조치, 이른바 통공정책通共政策을 실
시하고 나섰다.

하지만 백성들의 아우성은 그칠 줄을 몰랐다. 다시금 헌종 연간
(1846)엔 종루 육의전의 체제와 함께 그들의 특권이었던 금난전권
역시 모두 혁파되어야 마땅하다는 목소리가 봇물처럼 터져 나왔다.
어느 곳에서나 난전을 허용하여 누구라도 자유로이 상업을 할 수
있도록 해야 한다는 요청이 빗발쳤다.

그렇다해도 그것은 다 한성 바깥에서나 가능한 이야기였다. 중
요한 것은 여전히 상권이 집중되어 있는 도성 안의 종루거리였다.
알토란같은 도성 안의 상권을 종루 육의전의 시전 상인들이 변함없
이 움켜쥐고서 독식을 한 채 찌꺼기나 다름없는 그 나머지 것들, 그
리하여 도성 바깥으로 나가 서민들을 상대로 하찮은 푼돈이나 주고
받는 상거래에 한정한다는 논의에 불과했다. 다시 말해 봉건적 왕
정 체제에서 길거리의 소상인 정도는 눈감아 줄 수 있되, 본격적인
상인의 출현은 아직도 어림없음을 여실히 보여주고 있었다.

그러나 통공정책을 전면적으로 실시하라는 사상인들의 커지는
목소리에 종루 육의전의 시전 상인들 역시 언제까지나 안심하고 있
을 수만은 없었다. 더구나 허약해질 대로 허약해진 왕조가 주변 열
강들의 눈치 보기에 급급해지면서 종루 육의전의 시전 상인들마저
알게 모르게 그 세력을 급속히 잃어 가는가 싶더니, 급기야 20세기
에 접어들면서 그만 더 이상 버텨내지 못했다. 어느 날 갑자기 해체

되고야 마는 비운에 처하고 말았던 것이다.

하지만 조선 상계를 이끌어온 종루 육의전이 어느 날 갑자기 해체되고 만 데에는 사상의 거센 도전 때문도, 급속하게 힘을 잃어가기 시작한 왕조 때문만도 아니었다. 5백년 전통의 종루 육의전이 그처럼 허망하게 종지부를 찍고 만 데에는 그 이유가 정작 따로 있었다.

그것은 일본의 강압에 못 이겨 왕조가 기어이 문을 열어줄 수밖에 없었던 3항의 개항 때문이었다. 그 가운데서도 1883년 인천 제물포의 개항은 종루 육의전을 하루아침에 붕괴시키고 만 직접적인 결정타였다.

우선 인천 제물포는 지리적으로 왕조의 턱밑이라는 점이었다. 더욱이 앞서 개항된 부산이나 원산과 달리 개항과 동시에 일본·청·독일·미국·영국 등 열강들의 각축전 속에, 미처 제어해볼 겨를도 없이 서구의 신문물인 개화 물품들이 다투어 쏟아져 들어오기 시작했다.

그리고 그런 개화 물품들은 지금껏 유교적 정신주의 생활 풍조 속에서만 호흡해오던 뭇 백성들에겐 물질문명이라는 경이적인 신세계가 아닐 수 없었다. 눈앞에서 생생하게 펼쳐지는 근대화의 물결에 단박 두 눈이 휘둥그레지고야 만 것이었다.

이처럼 제물포에는 입때껏 본 일조차 없는 서구의 이양선異洋船들이 속속 드나들었다. 한가로이 떠있는 황포 돛단배와 바닥이 평평한 세곡선들 사이로 덩치가 산더미만한 서구의 화륜선들이 단박 두 눈이 휘둥그레진다는 개화 물품들을 가득 싣고서 하루가 다르게 꾸역꾸역 밀려들어 왔다.

사실 예나 지금이나 장사란 딴 게 아니다. 사람을 편리하게 만들어주는 물품, 그런 상품을 만들어서 사람들의 주머니를 열도록 하는 것이 곧 장사다.

한데 개항장 제물포에 쏟아져 들어온 서구의 개화 물품들은 한마디로 기가 막히게 좋았다. 삶을 편리하게 만들어 주기에 조금도 모자람이 없었다. 일일이 부싯돌로 불을 지펴 생활하던 시절에 간편하기 짝이 없는 성냥이며, 빨래를 손쉽게 해주는 양잿물, 우리가 짠 포목에 비해 값이 월등하게 싼 양포, 지긋지긋한 몹쓸 질병을 한순간 낫게 해주는 간단한 양약, 가볍고 편리한 각종 양재기, 작고 가늘어서 두루두루 쓸 수 있는 왜못을 비롯하여 등잔용 석유 따위는 신기하다는 소문 바람까지 더해져 당장 없어서 못 팔 지경이었다.

사정이 이러하자 개항장 제물포에는 상인들이 떼 지어 모여들었다. 신기하다는 개화 물품을 사가려고 돈 보따리를 싸들고서 한성에서는 물론 경기, 충청, 황해도 지방의 상인들마저 줄줄이 몰려들었다.[9]

그리고 그런 개항장 제물포에 뜬금없이 나타난 '검은 괴물'의 출현은 또 다른 경이가 아닐 수 없었다. 화륜거 또는 철마라고도 불렸던 검은 괴물 기차의 출현은, 하루가 다르게 밀려드는 근대화의 물결을 싣고서 개항장 제물포에서 한성의 턱밑까지 칙칙폭폭 한달음에 들이닥쳤다.

물론 개항장 제물포에서 한성의 노량진 사이를 기차가 내달리기까지는 말썽이 없었던 게 아니다. 무엇보다 쇳길(철로)에 대한 사람들의 공포증을 없애는데 무진 애를 먹어야 했다.

하긴 집을 지어도 풍수지리에 따라야 했던 시절이다. 땅과 쇠는 도저히 같이 어우러질 수 없는 상극이었다. 쇠란 항상 물을 말리는 음양오행의 원칙 탓이었다.

한데도 기차가 달리려면 도리 없이 땅 위에다 그런 쇳길을 깔아야 했다. 쇳길도 그냥 쇳길이 아니었다. 기차가 번갯불을 번쩍번쩍 태우면서 달리기 때문에 그 때마다 땅속의 물기가 얼마나 밭아버릴지 아무도 알 수 없는 노릇이었다.

당시 천하의 근본은 단연 농사였다. 그런 농사를 지으려면 반드시 물이 있어야 하는데, 기차가 번갯불로 땅 속의 물기를 말려버리고 나면 결국 가물어질 수밖에 없는 이치였다.

게다가 좀처럼 목청을 높이지 않던 양반들까지 이번에는 일반 백성들과 함께 가세하고 나섰다. 기차가 달리기 시작하면 땅이 요동쳐 흔들리게 되고, 그렇게 되면 조상의 묘지가 흔들려서 결국에는 집안이 폐망하게 될 것이라[10]는 우려에서였다. 그런 이유를 내세워 기찻길이 양반집 묘지 인근을 지나가려 할 적마다 게거품을 문채 결사적으로 저지하고 나서는 진풍경까지 벌어졌다.

그런저런 탈을 겪으면서도 일본의 강압으로 마침내 철도가 개통된 것은 1899년 9월이었다. 천지를 진동하는 기적소리를 우렁차게 내질렀다. 시커먼 연기를 화통에서 연방 숨 가쁘게 뿜어내며 칙칙폭폭 우레와도 같은 바퀴소리가 요란했다. 그런 기차가 개항장 제물포에서 한성의 노량진 사이를 무람없이 내달리기 시작했다.

그렇듯 기차라는 검은 괴물이 개항장 제물포에서 한성의 턱밑까지 개화 물품을 한달음에 연신 나르기 시작하면서, 5백여 년 동안이나 조선 상계를 시끌벅적하게 지배해왔던 종루 육의전에 마침내 시름이 깊어지기 시작했다. 먼저 그들의 특권이었던 금난전권이 그만 하루아침에 시나브로 유명무실해졌다. 굳이 종루 육의전의 시전 상인들을 통하지 않고도 신기하다는 개화 물품을 손에 쥘 수 있게 되면서, 조선의 만물상이라던 종루 육의전의 거리는 눈에 띄게 그 위세를 잃어갔다. 손가락 사이로 새어 나가버린 물처럼 이미 사분오열되고 말았던 것이다.

그러나 조선 상계의 시름은 거기에서 그치지 않았다. 일본은 마지막 남은 숨통마저 끊어놓기 위한 확인 사살에 들어갔다.

1895년 10월 8일 새벽, 경복궁에 난입하여 명성황후를 무참히 시해하면서 본격적인 식민 찬탈의 신호탄을 만천하에 쏘아올린 일본은, 그 사이 '고문 정치' 라는 허울 좋은 구실을 내세워 우리 조정으로 하여금 막대한 차관을 빌려 쓰게 했다. 없는 살림에 자꾸만 돈을 빌려주어 빚을 잔뜩 늘려놓은 뒤 그 빚으로 손발을 꽁꽁 묶어버렸다.

그런 다음 생전에 들어보지도 못한 화폐 개혁(1905)이라는 걸 기습적으로 단행했다. 일본의 강압에 못 이겨 체결한 '재무 고문 용빙 계약' 에 따라, 조선 재정의 재무고문으로 현해탄을 건너온 일본 대장성의 주세국장 메카다 타네타로에 의해 전격적으로 감행되었다.

일본은 이런 기습적인 화폐 개혁을 통하여, 그간 수백여 년 동안이나 화폐와 마찬가지로 널리 유통되던 조선 상계의 어음 거래를 전면 금지케 하면서 휴지 조각으로 만들어버렸다. 그 뿐 아니라 구 화폐와 신화폐의 환전을 사보타주하기도 했다.[11]

조선 상계로서는 청천벽력 같은 재앙이 아닐 수 없었다. 어디다 대고 하소연할 곳조차 없는 딱한 처지였다.

개항 이후 가뜩이나 어려워지기 시작한 종루 육의전을 비롯한 조선 상계는 이제 더 이상 회생하기 어려운 막대한 손실을 입을 수 밖에 없었다. 그야말로 말도 안 되는 일본의 기습적인 날치기 화폐 개혁으로 말미암아, 종루 육의전은 말할 것도 없거니와 조선 경제 의 몸뚱이마저 여지없이 절단 나기에 이르렀던 것이다.

'경술국치'의 현장,
1910년 나라를 빼앗기고 말다

  일본의 한국 침략은 대단히 정교하면서도 치밀한 것이었다. 한국을 영구히 자국 영토에 편입하고 동화시킨다는 속셈 아래 1880년 강압적으로 개항을 밀어붙여 조선왕조의 빗장을 무람없이 열어젖히데 이어, 녹두장군 전봉준全琫準이 이끄는 동학농민전쟁(1894)을 무력으로 짓밟았다. 이어 그동안 한반도에서 패권을 놓고 팽팽한 줄다리기를 벌여오던 청나라와의 전쟁(1885)과 러시아와의 전쟁(1905)에서 거푸 승리를 거두면서, 결국 한반도에 대한 독점적인 지배권을 국제적으로 쟁취했다.

  이런 가운데 일본은 러·일 전쟁이 한창 진행 중이던 1905년 7월 미국과 영국으로부터 조선의 지배권을 양해 받는 밀약을 받아낸 뒤, 1907년에는 조선의 군대마저 유혈 진압한 끝에 강제 해산시켜

버렸다. 이로써 조선왕조는 사실상 국가로서 종말을 고하고 말았다. 이제 우리의 운명을 일본 제국주의의 총칼 아래 두는데 누구의 간섭도 필요하지 않게 된 것이었다.

이윽고 1910년 7월 일본 현역 육군 대장이자 육군 대신이던 데라우치 마사타케가 신임 조선통감으로 부임해오면서 본격적인 한일병합 작업이 속도를 내기 시작했다. 조선통감으로 부임한 데라우치는 먼저 헌병을 증파시켜 헌병 병력을 약 2,000명 수준으로 증원하여 부족한 경찰 병력을 보충하는 한편, 치안 유지를 완벽하게 하기 위해서 한국 정부의 경찰권마저 장악하고 나섰다.

그런 뒤엔 들러리 하객으로 그럴싸한 동원 세력도 등장시켰다. 한일병합의 요구가 한국인들 내부에서 나왔다면 그것은 일본의 입장에서 볼 때 더할 나위 없는 일이었다. 때문에 일제는 여러 가지 책동을 꾸미게 되는데, 그 책동의 산물 가운데 하나가 송병준이 주도하는 일진회―進會와 같은 친일 단체였다. 곧 그들의 주둥이에서 나온 한일병합의 제창이 마침내 한국의 조야를 움직인 것처럼 떠들어댈 수 있게 하기 위해서였다.

물론 이것은 순전히 일제의 속임수에 불과한 것이었다. 일본 사학자 야마베 겐타로 또한 그가 쓴 「한일합병사」[12]에서 일진회란 그 실체가 없는 유령 정당일 뿐더러, 한일병합의 제창 역시 오로지 송병준 등 일진회 간부들의 사욕에서 나온 것이라고 적고 있다. 그러면서 송병준이 한일병합을 가장 열렬하게 주창한 이유에 대해 이렇게 밝히고 있다. 갑신정변 때 김옥균의 개화파를 비호하다 일본으로 망명하여 오랫동안 떠돌이 생활을 하던 송병준이, 러 · 일 전쟁

때 일본군의 통역으로 귀국하게 되면서 신변의 안전을 위해 일제의 나팔수 노릇을 할 수밖에 없었다는 것이다.

어쨌거나 데라우치가 조선통감으로 부임한지 한 달여가 지난 1910년 8월 21일이었다. 이날 하루 동안 도성의 동문인 흥인지문에서 서문인 돈의문 앞까지 일직선으로 곧게 뚫린 폭 56척(약 17미터), 길이 15리(약 6킬로미터) 길인 종루거리는, 마치 얼어붙을 것만 같은 긴장감으로 숨소리조차 크게 낼 수 없었다. 잔뜩 겁에 질린 백성들이 불안한 눈길로 지켜보고 있는 가운데, 총칼로 무장한 대규모 일본군 헌병대가 군홧발 소리도 요란스럽게 종루거리를 무력 행진하면서 한껏 위세를 떨쳤다.

바로 이날 아침, 데라우치 통감은 궁내부대신 민병석과 시종원경 윤덕영을 자신의 관저로 불렀다. 총리대신 이완용과 이미 합병 이후 한국의 명칭과 황실의 호칭 문제로 약간의 의견 차이를 보인 것 말고는[13], 별다른 장애 없이 순탄할 것만 같던 막바지 작업에 뜻하지 않은 복병이 나타났기 때문이다. 이날 아침까지도 궁궐의 황실에서 좀처럼 동의를 하지 않고 있었던 것이다.

데라우치 통감은 황후의 숙부인 시종원경 윤덕영과 궁내부대신 민병석을 달랜 뒤 돌려보냈다. 아니 달랬다기보다는 두 사람을 통해 한일병합에 따른 어떠한 저항도 결코 용납지 않겠다는 강경한 의지를 궁궐의 황실에 최후통첩으로 보낸 셈이었다.

그리고 다음날인 8월 22일 아침이 밝았다. 이날 경복궁은 마지막 운명을 예감이라도 한 듯이 아침부터 소동이 일었다. 날이 밝으면서 고관들이 궐 안으로 속속 입궐하자, 뒤따라 일본군이 궁궐 곳곳으로 납입했다. 이어 전화선이 모두 끊겨 외부와의 연락이 두절된 가운데, 일본군은 사람들의 출입을 가로막았다. 궁궐 안은 알 수 없는 깊은 정적에 빠져들었다.

이윽고 오후 2시 무렵이었다. 총리대신 이완용이 노한 듯 굳은 표정으로 궁궐 안으로 먼저 입궐하자, 뒤이어 내부대신 박제순, 농상공부대신 조중응, 탁지부대신 고영희, 법부대신 이재곤이 차례대로 대조전의 흥복헌興福軒 안으로 총총히 들어섰다. 학부대신 이용식만이 아직 나타나지 않고 있었다.

같은 시각 학부대신 이용식은 자신의 집안에서 발목이 잡혀 있었다. 조선통감부 가와카미 통역관으로부터 일본 방문을 집요하게 요청받고 있었던 것이다.

"학부대신께서 수해水害 위문차 본국(일본)을 방문하신다 하여 우리 본국 정부에서도 여간 고대하고 있는 것이 아니무니다."

"허나 지금은 갈 수가 없소이다. 시국이 시국인지라 내가 지금 귀국을 방문할 수는 없는 일이외다."

총리대신 이완용도 이미 알고 있었다. 학부대신 이용식이 한일 병합을 끝까지 반대할 것이 두려웠다. 때문에 그를 일본 수해 위문 특파대사로 임명한 뒤, 이 날의 어전회의에는 참석 통보조차 하지 않았었다. 그 대신 조선통감부 가와카미 통역관으로 하여금 그가 어전 회의에 참석할 수 없도록 끝까지 붙들고 있게 했다.

한편 데라우치 통감은 야마카다 부통감, 아카시 경무총장, 고마츠 외무총장 등과 함께 남산의 통감부 관저에서 초조한 시간을 보내고 있었다. 그러다 총리대신 이완용이 할 말이 있다며 통감부를 방문하겠다는 비서의 전화를 받았다. 데라우치 통감은 비서에게 이완용의 방문을 허락했다.

이땐 이미 궁궐에서의 어전회의도 끝난 뒤였다. 태황제 고종과 황제 순종은 모든 걸 체념한 듯 침통한 용안이었다. 학부대신 이용식을 제외한 내각의 대신들과 함께 황족 대표인 이재면(고종의 친형이자 순종의 숙부), 원로 대신인 중추원 의장 김윤식, 시종무관장 이병무 또한 할 말을 잃은 듯이 허탈한 표정이었다.

오후 4시 무렵, 경복궁을 빠져나온 마차 한 대가 남산의 통감부를 향하여 기세 좋게 내달렸다. 총리대신 이완용이 탄 마차였다. 총리대신 이완용이 통감부의 현관에 내려서자, 그곳까지 마중 나온 데리우치 통감과 알 수 없는 눈빛을 서로 주고받았다. 그런 뒤 약속이라도 한 듯이 두 사람은 널따란 응접실 안으로 유유히 들어섰다.

"오늘이야말로 귀관과의 약속을 이행할 수 있게 되었습니다. 이제 일본제국과 대한제국은 영원히 한 나라가 되는 역사적인 날입니다. 자, 이걸 보십시오."

총리대신 이완용은 상자 안에서 문서 한 장을 꺼내어들었다. 그런 뒤 자신이 읽어보겠다며 또렷한 음성으로 문서를 읽어 내려갔다. 고종의 조칙이었다.

"짐은, 동양의 평화를 공고히 하기 위하여 일·한 양국의 친선한 관계를 돌보아 서로 합하여 한 집이 되는 것은 서로 만만세의 행복을 도모하자는 소위임을 천명하며, 여기 한국의 통치를 짐이 가장 신뢰하는 대일본 황제폐하에게 양여하기로 결정하였으니…."

이어 황실의 안녕과 생민生民의 복리를 보장하기 위해 총리대신 이완용과 조선통감 데라우치가 서로 협정하라는 내용이었다.

"참으로 수고가 많으셨습니다, 총리각하"

데라우치 통감은 매우 만족스럽다는 듯이 미소를 머금었다. 총리대신 이완용은 그런 데라우치 통감에게 조약을 조인하기 전에 분명히 밝혀둘 게 있다며 정색을 했다.

"말씀을 해보시지요, 총리각하."

"무엇보다 우리 황실에 대한 예우와 함께 국민을 위한 수산授産의 방법에 대해서 귀국의 충분한 고려가 있기를 바랍니다. 이 두 가지 실행 방법이 잘못 되면 이번 일한합방의 조약은 일천오백만 한국민의 원망의 과녁이 될 뿐더러, 또한 그렇게 되는 날에는 양국에게 돌이킬 수 없는 중대한 사태가 야기케 될 것이라는 점을 각별히 밝혀두고자 합니다. 그리고…."

"…?"

"귀국에서 우리 한국민의 교육에 가장 많은 중점을 두었으면 하는 것이 이 사람이 드리는 마지막 부탁입니다."

마지막 부탁이라는 전제 아래 총리대신 이완용이 꺼내든 단어가 하필이면 '교육' 이라는 점이 실로 아이러니하기만 하다. 도대체 이를 어떻게 받아들여야 할지 필자는 생각이 복잡해진다.

데라우치 통감은 흔쾌히 고개를 끄덕였다. 그리곤 마치 식은 죽 먹듯이 조인서에 재깍 서명해버렸다. 총리대신 이완용은 무슨 생각이 들었는지 잠시 머뭇거리다 말고는, 이내 데라우치 통감에 이어 조인서에 정식 서명했다.

이때 시각이 오후 4시 50분쯤이었다. 그것이 전부였다. 일제가

조선총독부는 일본의 국왕을 제외하고는 어느 누구의 간섭도 받지 않는 무소불위의 존재였다. 조선총독은 행정 ? 입법 ? 사법권은 물론이고, 사실상의 군사 통치권에 이르기까지 무제한의 권력을 휘두를 수 있는 식민지 조선의 최고 통치자였다. 사진은 광화문 안에 자리했던 조선총독부 전경.

한국을 집어삼키고 이완용을 비롯한 역적들이 나라를 팔아먹는 계약서의 조인식은 그처럼 간단히 끝이 났다.

이날 밤, 아카시 경무총장 관저에서 한여름 달맞이 저녁 파티가 성대히 열렸다. 파티에 참석한 일본 신문기자들은 뭔가 중대한 발표가 있을 것이라고 짐작하고 있었으나, 정작 아카시 경무총장은 끝까지 시치미를 뗐다. 그저 저 혼자 흥에 겨워 알 수 없는 '브라보'만을 연신 외쳤을 따름이다.[14]

경술년인 1910년 8월 22일, 조선왕조는 이렇게 나라를 빼앗기는 치욕스러운恥 '경술국치'를 당하고 말았다. 1392년 태조 이성계가 고려왕조에 이어 조선왕조를 건국한지 꼭이 519년만이었다.

한데 이날 있었던 한일병합 조인은 일주일 동안이나 철저히 비밀에 붙여졌다. 한국인들의 반발을 우려한 때문이었다. 일주일이 지난 8월 29일에야 비로소 정식으로 공개 발표되었다. 조약의 전문은 다음과 같았다.

짐은 추밀 고문과 동의를 거쳐서 체결된 한국병합에 관한 조약을 제가하여 그 조약을 공포케 한다.

한국 황제폐하와 일본국 황제폐하는 두 나라 사이의 특수하고도 친밀한 관계를 원하여, 상호간 행복을 증진하며 동양의 평화를 영원히 확보하기 위해서, 이 목적을 달성코자 하여 한국을 일본국에 합병함이 가장 좋은 길임을 확신하고, 이에 두 나라 사이에 합병 조약을 체결하기로 결정하니, 이를 위해서 한국 황제폐하는 내각 총리대신 이완용을, 일본국 황제폐하는 통감 자작 데라우치 마사타케를 각기 전권 위원으로 임명하였다.

위임에 따라 위의 전권은 회동 협의하여 아래의 조목들을 협정하였다.

제1조, 한국 황제폐하는 한국 전체에 관한 일체의 통치권을 완전히 그리고 영구히 일본국 황제폐하에게 양여함.

제2조, 일본국 황제폐하는 앞 조항에서 말한 양여를 수락하고, 또 완전히 한국을 일본국에 합병함을 승낙함.

제3조, 일본국 황제폐하는 한국 황제폐하, 황태자전하, 그 황비 및 후예로 하여금 각기의 지위에 따라서 상당한 존칭, 위엄 및 명예를 향유케 하며, 또 이를 유지하는데 충분한 세비를 공급할 것을 약속함.

제4조, 일본국 황제폐하는 앞 조항 이외의 한국 황족 및 그 후예에 대하여도 각기 상당한 명예 및 대우를 향유케 하며, 또 이를 유지하는데 필요한 자금의 공여를 약속함.

제5조, 일본국 황제폐하는 훈공이 있는 한국인으로서 특히 표창할 만하다고 인정된 자에 대하여 영작을 주고, 또 은금을 줄 것임.

제6조, 일본국 정부는 전기 합병의 결과로 완전히 한국의 시설을 담당하고, 동지同地에서 시행하는 법규를 준수하는 한인의 신체 및 재산을 충분히 보호하며, 또 그의 복리 증진을 도모할 것임.

제7조, 일본국 정부는 성의껏 충실하게 신제도를 존중하는 한인으로서 상당한 자격이 있는 자를 사정이 허락하는 범위에서 한

국에 있는 제국의 관리로 등용할것임.

제8조, 본 조약은 한국 황제폐하의 재가를 거친 것으로서 공
포일부터 시행함.

위의 증거로서 두 전권 위원은 본 조약에 기명, 조인함.

명치 43년 8월 22일

통감 자작 데라우치 마사타케

융희 4년 8월 22일

내각 총리대신 이완용[15]

참으로 한심한 노릇이 아닌가. 철딱서니라고는 손톱만치도 찾아
볼 수 없는, 아이들의 유치한 소꿉장난 같아 보이지 않은가. 못 먹
는 호박 찔러나 본다고, 그저 나만이 배부르면 그만이라는 어리석
은 자들이었음을 모르는 게 아니다. 그렇더라도 이것은 시쳇말로
나라를 통째로 팔아먹자고 흥정을 벌이고 있는, 동네 부동산의 아
파트 계약서 같은 것이 아니고 또 무엇이란 말인가.

아무렇든 한국을 강제 병합한지 일주일이 지난 8월 29일 아침,
조선통감 데라우치의 유고가 전국 방방곡곡에 나붙었다. 여름 방학
에 들어간 학교들도 야간에 학생들을 일제히 소집하여 병합 소식을
알렸다.[16]

뒤늦게야 나라를 빼앗기고 말았다는 소식에 백성들은 복받쳐 오
르는 슬픔과 분함에 어찌할 줄을 몰랐다. 이 땅에 사는 백성들이라

면 누구나 다 땅을 치고 통곡을 했다. 오직 맑은 하늘만을 머리 위에 이고 살았으며, 반만년을 이어오면서 남의 나라를 침범해 본 일이라곤 없었건만, 무슨 선천의 죄가 그다지도 크기에 피 흘려 지켜오고 땀 흘려 가꿔온 이 땅을 빼앗기고 말았냐며, 저마다 가슴을 쥐어뜯고 목청이 찢어져라 울부짖었다.

그러나 이날 조선통감 데라우치의 유고가 발표되면서 대한제국이라는 국가는 소멸하여 더 이상 존재하지 않았다. 그 대신 이 땅은 조선이라는 지역 명칭으로 불리게 되었으며, 일본 천황이 직예하는 조선총독부가 최고통치기관이 되었다.[17]

따라서 조선총독부는 일본의 천황을 제외하고는 어느 누구의 간섭도 받지 않는 무소불위의 존재였다. 조선총독은 행정 · 입법 · 사법권은 물론이고, 사실상의 군사통치권에 이르기까지 무제한의 권력을 휘두를 수 있는 식민 조선의 최고통치자였다. 그런 초대 총독에 데라우치 육군 대장을 임명했다.

그처럼 식민지 최고통치자를 현역 군인으로 낙점한데에는 결국 식민지 지배의 성격을 상징적으로 보여주고 있었다. 일제의 식민지 지배 방식이 그만큼 강제적이고 폭력적이었다는 얘기다.

또 그러한 폭력을 행사한 물리적 기반은 당연히 일본의 헌병경찰제도와 군대였다. 헌병경찰제도는 일상적인 경찰 업무를 군사경찰인 헌병이 담당하도록 한 것으로, 한국인들을 군사적으로 억압하기 위해서 만들어진 것이었다. 이에 따라 강제 병합 후 경찰관서와 헌병부대가 전국에 일제히 배치되었으며, 헌병부대 책임자가 경찰관서의 책임자를 겸임했다. 뿐만 아니라 서울이나 평양 · 청진 · 나남 등 중요한 군사적 요충지에 일본 육군 2개 사단 병력을 상시 주둔시키는 한편, 남해안의 진해만과 영흥만에도 해군 기지를 설치했다.

그 밖에도 일제는 한국에 거주하고 있는 일본인들을 예외 없이 대거 동원시켰다. 그들로 하여금 지역의 소방대나 재향군인회 등을 조직케 한 뒤, 다시 이들을 무장시켜 헌병정치의 무력을 보조케 했다.

식민지 수탈을 위한 경제구조 역시 발 빠르게 착수하고 나섰다. 일제는 토지 소유 제도와 조세 제도를 근대화한다는 허울 좋은 명목을 내세워, 일제히 토지 조사 사업을 시행시켰다. 이러한 토지 조사 사업은 식민지 한국의 경제구조를 일본 자본주의의 식민지시장으로 재편하는 과정에서 중추적인 역할을 하였음은 물론이다.

아울러 일제는 식민지 한국에서의 식량과 공업 원료를 값싸게 조달받기 위한 농업 정책에 중점을 두었다. 일본인들의 입맛에 맞는 쌀을 재배케 하려고 일본의 벼 품종을 강제로 보급하는 한편, 면직물과 견직물의 원료가 되는 면화와 누에고치의 생산을 늘리도록 강요했다.

나아가 일제는 상품시장을 확대시키고, 식민지 한국에서 생산된 식량을 효과적으로 수송하기 위한 교통수단을 재편하고 나섰다. 이미 강제 병합 이전에 경인선과 경부선을 완공한데 이어, 서둘러 평남선·경원선·호남선 등의 기간 철도망을 추가로 건설했다. 또한 주요 간선 도로망을 정비하는 동시에 부산·군산·인천·청진 등 주요 항구의 항만까지 정비하고 나섰다.

이런 교통 시설의 확충은 자칫 식민지 한국을 마치 일본이 근대화라도 시켜준 것처럼 비치고 있다. 실제 일본의 보수 우파가 지금껏 목청을 돋우고 있는 억지소리이기도 하다.

하지만 그 속내를 들여다보면 영 딴판이다. 그러한 사회 간접자본을 건설하는데 소요되는 막대한 자금은 순전히 한말의 대한제국 시절부터 일본이 강제로 빌려 쓰게 한 산업금융차관을 사용케 함으로써, 결국 그 부담을 우리에게 고스란히 전가시켰다. 우리가 빚을 내어 그런 사회 간접자본을 만든 것이다. 일본은 다만 식민지 한국을 일본의 자본시장으로 더욱 깊숙이 끌어들여 그저 수탈을 용이케 하기 위한 것일 따름이었다.

'회사령會社令'이라는 알 수 없는 법령 제정 또한 결코 다르지 않았다. 회사령이라는 정체불명의 법령을 만들어서 식민지 한국의 상공업을 통제시킨 것 역시, 그러한 농업과 교통 분야에서의 재편 과정과 맥락을 같이했다. 회사령이라고 하는 악법을 떡하니 내걸어 둠으로써 식민지 한국에서 회사를 설립하기 위해서는 반드시 총독의 허가를 받아야 했으며, 따라서 총독의 명령 한마디로 언제든지 회사가 해산되고 말거나 폐쇄될 수 있었다. 또 이런 터무니없는 법령은 결과적으로 한국 민족자본의 성장을 가로막는 결과를 초래했다.

이같이 일제는 식민지 한국을 그 시작에서부터 남김없이 짓밟았다. 식민지 한국을 철저히 유린시켜 도탄에 빠트려서 다시는 살아나지 못하도록 마지막 호흡조차 여지없이 끊어버렸다. 대단히 정교하면서도 잔인한 침략이었던 것이다.

제5장
19세기까지 세계는 '맬서스의 덫'에 걸려 평평했다

19세기까지 세계는
'맬서스의 덫' 에 걸려 평평했다

우리의 근대사를 되돌아볼 적마다 늘 한 가지 지을 수 없는 의문이 있다. 앞서 살펴본 '경술국치(1910)' 때의 무기력함이 그것이다.

실제로 임진왜란(1592)만 하더라도 결코 그렇지 않았다. 다만 미처 전쟁 준비를 하지 못한 탓에 일본의 기습 침략 앞에 처음 한동안은 커다란 위기에 처한 것도 사실이었다. 하지만 오래지 않아 일본의 기세를 꺾으면서 전세를 역전시켰고, 결국 일본 침략군을 현해탄 바깥으로 내몰았다.

병자호란(1636) 역시 별반 다르지 않았다. 인조가 남한산성에서 걸어 내려와 청 태종 홍타이지에게 세 번 절하고 아홉 번 머리를 조아리며 굴욕스럽게 항복하고 말았으나, 그러나 소현세자는 그런 청을 북벌하기 위해 야망을 꿈꾸었다. 비록 그 꿈을 실현하기 직전에 그만 의문의 독살을 당하고 말았지만 말이다. 요컨대 남쪽의 일본이나 북쪽의 청의 침략으로 말미암아 한때 벼랑의 끄트머리까지 내몰리는 위기에 처하기는 하였으나, 그렇더라도 우리의 숨은 저력 또한 결코 호락호락하지만은 않았다는 얘기다.

한데 경술국치 때에는 우리의 그런 숨은 저력을 전혀 찾아볼 수 없었다. 일본의 침략 앞에 아무런 저항도 없이 무기력하게 나라를 빼앗기고 말았다. 바로 이런 점에 의문이 갔다. 일본이 어떻게 청과 러시아와 같은 대국과 전쟁을 벌이면서도 거푸 승전보를 올릴 수 있을 만큼 어느새 강국이 되었느냐는 점이다. 일본이 과연 언제 어떻게 서구를 대표하는 영국·독일·미국과 함께 어깨를 나란히 하는 열강의 대열에 낄 수 있었으며, 그에 반해 우리는 어째서 그런 대열에 합류할 수 없었는가 하는 의문이 곧 그것이었다.

이러한 의문에 계시를 준 이가 있었다. 18세기 말~19세기 초 영국의 산업혁명을 연구하고 있는 미국 캘리포니아대학(데이비스 캠퍼스)의 경제사학자 그레고리 클라크Gregory Clark 교수가 그 주인공이다. 난해하기 짝이 없는 그의 역작 〈맬서스, 산업혁명 그리고 이해할 수 없는 신세계(A Farewell to Alms)〉에서, 클라크는 19세기 이전까지의 세계는 평평했다고 단언한다. 그 때까지는 기술적인 진보가 더디어서 지구촌의 너나없이 경제가 정체되어 있는 상태, 다름 아닌 '맬서스의 덫Malthusian Trap' 에 걸려 있었기 때문이다.

요약해보면 이런 얘기다. 자연에서 얻을 수 있는 식량은 산술급수적으로 증가하지만, 사람에 의한 인구는 기하급수적으로 증가한다. 그래서 굶어죽는 이가 속출하게 되고 종국에는 인구 폭발로 인류가 멸망한다. 경제학자 계보에서 줄곧 아담 스미스 다음에 등장하는 맬서스가 1798년에 발간한 〈인구론〉에서 주장한 내용이다. 후세 사람들은 이를 '맬서스의 덫'이라고 명명했는데, 다름 아닌 19세기 이전까지의 세계는 바로 이러한 덫에 걸려 지구촌의 어디랄 것도 없이 그저 생활 수준이 거기서 거기일 만큼 평평했었다는 것이다.

맬서스에 따르면 세계 경제사는 그야말로 어이가 없을 정도로 매우 간단하게 요약되어진다. 간단한 그래프 하나로도 충분한 설명이 가능해진다.

예를 들면 19세기 이전까지 한 사람의 의식주를 해결하는데 들어가는 인류의 1인당 소득은, 국가 별로 혹은 시대 별로 다소 차이가 있기는 했다. 그러나 전체적으로 볼 때 소득 수준이 획기적으로 상승했던 적은 눈을 씻고 보아도 찾기 어렵다. 바로 이러한 사실의 이면에 도사리고 있는, 놀랄 만큼 간단하지만 의외로 강력한 메커니즘을 '맬서스의 덫'에서 찾아볼 수 있다고 한다. 기술적인 진보를 통한 소득 증가는 필연적인 인구 증가 때문에 그 효력이 그만 상쇄되어버리고 만다는 것이다. 다시 말해 기술의 진보로 인해 증가된 소득은 곧 증가된 인구가 이내 까먹게 되고 만다는 얘기다.

이런 이유 때문에 19세기 이전에 해당하는 맬서스 시대의 경제정책은 오늘날의 관점에서 보면 선악의 판단이 완전히 뒤바뀐 형상이라고 볼 수 있다. 오늘날의 악은 당시에는 선으로 받아들여졌고, 반대로 선은 악으로 받아들여졌다. 예컨대 현대인의 적이랄 수 있는 전쟁, 폭력, 무질서, 흉작, 사회기반시설의 붕괴, 낮은 보건위생

등이 19세기 이전의 사람들에게는 더할 나위 없이 친밀한 것이었다. 곧 그러한 요인들이 인구를 감소시켜주었으며, 결과적으로 인류 전체의 생활 수준을 향상시켜 준 셈이었다.

이와는 반대로 평화, 안정성, 질서, 보건위생, 빈곤층에 대한 관심 등 지금의 유엔이나 세계은행 등 현대경제가 추구하는 선은 곧 당시 사람들에게는 풍요로운 삶을 방해하는 적으로 여겨졌다. 그러한 요인들은 필연적으로 인구를 증가시켰고, 결과적으로 빈곤한 사회를 만들 수밖에 없었다는 것이다.

따라서 19세기 직전의 사람들이나 BC 10만 년 전의 고대 인류가 살아가는 형편에 있어서는 그다지 큰 차이가 없었다고 주장한다. 아니 사실 지구촌 전체를 놓고 보았을 때 19세기 이전의 사람들 대다수가 고대의 인류보다도 더 가난하게 살았다고 한다. 영국인이나 네덜란드인처럼 부자 나라에서 태어나는 행운을 누렸던 사람들조차 물질적인 생활면에서는 석기시대에 비해 그렇듯 크게 나아졌다고 볼 수 없었다는 것이다.

동아시아인들 역시 사정이 다르지 않았다. 중국인이나 한국인·일본인 등의 대다수는 동굴에서 살았던 석기시대인보다 못한 생활을 하면서, 근근이 생계를 유지하는 정도의 수준이었다고 보고 있다.

뿐만 아니라 석기시대 사람들은 일을 적게 하면서도 자신들이 원하는 물질생활을 충분히 누릴 수 있었던 데 반해, 19세기 직전의 사람들은 허리가 휘어지도록 일을 해야 만이 겨우 자신들의 물질적 욕구를 충족시킬 수가 있었다. 소비하는 물질의 다양성 수준도 크게 향상되지가 않았다고 보고 있다. 부자 나라 영국의 경우만 하더라도 19세기 이전의 평균 노동자들이 누리고 있는 것에 비하면, 석기시대 사람들이 먹는 음식과 하는 일이 훨씬 더 다양했다. 물론 19세기 직전에는 영국인들의 식탁에도 차와 후추 · 설탕 등과 같은 약간의 외래 식료품이 올라오기는 했지만 말이다.

더구나 수렵과 채집사회에선 한마디로 평등사회였다고 볼 수 있다. 구성원들 간에 물질소비의 수준이 거의 차이를 보이지 않았다. 이와 반대로 농경사회였던 19세기 직전까지는 오랫동안 불평등이 지배하는 사회였다. 일반 다수에게 돌아가야 할 물질을 극소수의 부자가 독점하고 만 가운데, 도처에 가난한 사람들이 우글거릴 수밖에 없었다.[1]

요컨대 19세기 이전까지의 세계는 지구의 동쪽 지역이나 서쪽 지역이나 사람 사는 게 별반 차이가 나지 않았다. 동아시아의 세 나라인 중국, 한국, 일본 역시 별다른 차이를 찾아볼 수 없었다. 한마디로 세계가 평평했었다는 것이 1,200년부터 1,870년까지의 온갖 자료를 다 뒤져보았다는 클라크의 주장이다.

한데 19세기 중엽 들어 돌연 발생한 산업혁명이 곧 인류의 이런 물질소비수준을 완전히 바꾸어 놓았다. 우선 영국을 비롯한 일부 서구 국가의 1인당 소득이 꾸준히 증가하기 시작한 것이다.

게다가 산업혁명의 최대 수혜자는 극소수의 부자들이 아닌 비숙련 노동자들이었다. 그 이전까지는 토지나 자본을 소유한 부유층이거나, 교육수준이 높은 특권 계층만이 큰 이득을 가져갔었다. 그러나 농경사회에서 산업경제 체제로 돌입하기 시작하면서, 그 혜택이

부유층이나 특권 계층이 아닌 일반 기층민 쪽으로 전파되기에 이르렀던 것이다. [2]

그러면서 고대 인류사회에서부터 19세기 직전까지 적어도 10만 년 이상 동안이나 평평하기만 했던 세계의 지도 또한 재빨리 요동쳤다. 전쟁과 질병 등으로 인구가 감소하면 오히려 생활수준이 향상된다고 하는 모순, 세계는 이러한 오랜 '맬서스의 덫'을 끊어버림으로써 비로소 평평했던 지구에서 벗어나 서로 간에 우열을 드러내기 시작했다. 갑자기 서구의 열강 대열에 합류할 수 있었던 일본 역시 곧 이러한 현상에서 그 해답을 찾을 수 있다는 점이다.

산업혁명은 왜 하필
영국에서 일어났을까

　그렇다면 산업혁명은 왜 영국에서 일어났을까? 이탈리아나 스페인, 인도나 중국이 아닌, 그것도 고대나 중세가 아닌 하필 19세기 중엽에 영국이라는 특정 지역에서 일어났던 것일까?

　19세기 중엽 영국은 그렇듯 큰 나라가 아니었다. 같은 시기 일본의 인구는 3,100만 명이었으며, 중국의 인구는 2억7,000만 명에 육박했다. 한데 이런 지역을 제쳐두고 인구가 고작 600만 명에 불과한 유럽의 작은 섬나라 영국에서 산업혁명이 일어났던 이유는 무엇일까?

　사실 영국은 유럽에서도 오랫동안 아주 외진 곳에 따로 떨어져 있는 변방이었다. 따라서 모든 기술은 프랑스를 통해 배워왔다. 역사적으로 볼 때에도 프랑스는 영국보다 항상 기술 선진국이었다.

한데 어떻게 그런 프랑스를 제쳐두고서 변방의 영국에서 산업혁명이 먼저 일어날 수 있게 되었던 것일까?

〈이야기 세계사〉 또한 같은 질문을 하고 있다. 18세기 프랑스와 영국은 유럽의 패권을 놓고서 격렬한 경쟁을 벌였다. 그 무렵 프랑스는 영국보다 인구도 많고 국력도 강한데다, 무엇보다 기술 인력이 영국보다 우위에 있었다.

더욱이 영국이 산업혁명에 사용했던 기술이란 것도 따지고 보면 모두 프랑스에서 들여왔다. 한데 유독 영국만이 산업혁명을 성공적으로 이뤄냈다. 과연 그런 이유가 도대체 어디에 있었느냐는 것이다.

여기에 대해 혹자는 이렇게 말하기도 한다. 당시 영국 정부는 산업사회로 진입하는데 필요한 법과 질서를 책임지고 사유 재산권을 보호했으며, 창의적이고 자유로운 경제 활동을 지원했다. 따라서 영국 사회는 우수한 기술 때문만이 아니라 이런 제반 사항들에 있어서 유럽의 다른 나라들보다 한 발 앞서 있었으며, 결국 이런 차이가 영국에서 산업혁명을 순조롭게 진행시킬 수 있었다는 것이다.[3]

반면에 기술적인 창의성을 주장한 이도 있다. 모키어Mokyr 같은 학자는 당시 영국이 미시적 발명에 있어 상대적으로 우위를 점하고 있었다고 지적한다.

다시 말해 무엇인가 새로운 차원의 발명을 거시적 발명macro invention이라 보고, 이것을 기술에 접목하고 확산시켜 개선하는 차원의 발명을 미시적 발명micro invention으로 구분 지었을 때, 거시적 발명도 대단히 중요하지만 그러나 그런 발명은 어떤 우연성에 좌우

되는 것이라고 일축한다. 반면에 미시적 발명은 사회적 조건 등에 의해 결정되어지는 것인데, 당시 영국인들의 기술적인 창의성이 곧 이 같은 미시적 발명을 가능케 하였다고 보는 시각이다. 따라서 영국의 경우에는 유럽의 다른 나라에서 발명된 것들을 기술적 또는 상업적인 측면에서 성공으로 이끈 경우가 많았다는 주장이다.[4]

이보다 좀 더 현실적인 주장을 펴는 이들도 있다. 이들은 영국 북서부 도시 볼턴의 이발사이면서 가발 직공·술집 주인이기도 했던 리처드 아크라이트 경卿이 수력을 이용한 방적기(1768)를 만들어 내지 아니하고 그저 생선가게나 차리고 있었다면, 또한 제임스 와트가 증기기관용 분리복수기(1769)를 발명하는 대신 신앙에 눈떠 성직자의 길을 가고 말았더라면, 인류는 아직 맬서스의 시대에서 벗어나지 못했을지도 모른다고 조심스레 주장한다. 그러면서 오로지 그들에 의한 생산 기술의 급격한 변화에서 산업혁명의 원인을 찾고 있다.

그러나 〈맬서스, 산업혁명 그리고 이해할 수 없는 신세계〉의 저자 클라크는 지금까지와는 사뭇 다른 주장을 편다. 당시 영국만이 아니라 프랑스나 중국 등도 기술과 교육 수준이 매우 높았다고 전제한다. 다만 다른 나라에서는 찾아볼 수 없는 독특한 인구 구성의 변화가 영국에서 갑작스레 일어났고, 곧 그것이 산업혁명으로 연결된 원인이었다라고 주장한다.

예컨대 무슨 이유에서인지는 알 수 없으나 영국의 인구가 1740년대 600만 명에서 1860년대 2,000만 명으로 크게 늘어나면서, 불과 1백여 년 사이에 무려 3배 이상 급속히 팽창했다. 이에 비해 다른

영국의 산업혁명은 누구도 예기치 못한 가운데 일어났다. 유럽의 한낱 변방 국가에 불과했던 영국에서 19세기 들어 귀족층의 후손들이 사회 모든 계층의 구조상으로 하향 이동하는 현상이 꾸준히 일어나게 되면서, 그와 함께 귀족층 고유의 가치와 문화, 지식과 자본 따위가 전 사회로 확산되었을 뿐 아니라 유전자에 반영된 것이, 결국 영국에서 깜짝 놀랄만한 경제 성장, 곧 산업혁명이 이루어진 근본 원인이 되었다.

유럽 국가의 인구 증가율은 상당히 제한되어 있었다. 같은 기간 동안 프랑스의 인구는 2,100만 명에서 겨우 3,700만 명으로 증가하는 데 그쳤다.

더구나 당시 영국은 귀족층의 아이들이 가난한 가정의 아이들보다 살아남을 확률이 두 배 가량 높았다. 하지만 이런 영국을 제외한 프랑스나 중국 등은 상류층의 출산율이 일반 기층민의 출산율을 약간 상회하는 정도에 불과했다. 따라서 영국에선 급속한 인구(특히 귀족층) 팽창에 따른 귀족층의 가치가 문화와 유전자에 널리 반영되면서 사회 전반에 걸쳐 파급된 반면에, 영국을 제외한 프랑스나 중국 등지에선 그런 일이 전연 일어나지 않았다.

좀 더 부언을 하자면, 영국은 다른 나라들과 달리 13세기 이후 사회적인 변화가 거의 전무하다시피 할 정도로 철저히 고정 또는 정체로 안정성을 보여 왔었다. 1740년대까지만 하여도 인구 증가의 속도 또한 더디기만 했다. 예의 맬서스의 덫에 걸려들지 않는 오랜 조건 속에서, 경제적으로 성공을 거둔 귀족층의 출산율이 1740년대부터 1860년대에 걸쳐 다른 나라들보다 갑작스레 높게 나타났다.

그러면서 유독 영국에서만이 귀족층의 후손들이 사회 모든 계층의 구조 속으로 하향 이동하는 현상이 꾸준히 일어나게 되었다. 이와 함께 귀족층 고유의 가치와 문화, 지식과 자본 따위가 전 사회로 확산되었을 뿐 아니라 유전자에 반영된 것이, 결국 영국에서 깜짝 놀랄만한 경제 성장, 곧 산업혁명이 이루어진 근본 원인이었다는 것이다.

물론 클라크의 주장에 따르면 동아시아의 중국과 일본 역시 17

세기에서부터 19세기 동안에는 이 시기 영국과 매우 유사한 행보를 나타내고 있었다. 근면, 인내, 정직, 합리성, 호기심, 학습 등 상류층의 가치가 사회 전반으로 퍼져나갔다. 또한 장기간에 걸친 제도적 정체성과 사적 재산권도 충분히 향유되고 있었다. 그러나 이들 나라의 경우에는 그러한 흐름의 속도가 영국에 비해 너무 느렸던 게 한계로 지적되었다.

중국과 일본의 경우에도 프랑스와 마찬가지로 상류층의 출산율이 일반 기층민의 출산율을 약간 상회하는 선에 그쳤기 때문에, 영국과 같은 빠른 속도의 성장이 이루어질 수 없었다. 따라서 이들 나라 역시 영국과 마찬가지로 사회계층의 구조상에서 교육 수준이 높은 계층의 자녀들에게 나타나는 하향식 이동 경향 또한 급속도로 진행되지 않았다.

예를 들어 일본의 경우, 도쿠가와 막부시대(1603~1868)의 사무라이(무사 계급)들은 일본 관료 조직의 지위에 따라 많은 유산을 물려받았다. 그러나 많은 부를 세습 받았으면서도 사무라이의 후손들은 평균적으로 한 명 정도의 아들만을 출산하는데 그쳤다. 그리하여 관직의 수가 한정되어 있었음에도 사무라이의 후손들은 어렵잖게 관직을 얻을 수가 있었다. 또 그들이 그처럼 고위직에 계속 머물 수 있었기 때문에 영국 귀족층의 후손들과 같이 새로운 직업을 찾아 굳이 사회계층 구조상의 아래 단계로까지 내려갈 필요가 없었다는 점이다.

중국 역시 이와 다르지 않았다. 청은 1644년부터 1911년까지 중국 대륙을 통치한 왕조였다. 이들 역시 자신의 지위를 통한 부를 후손들에게 세습했다. 또한 일반 기층민에 비해 좀 더 많은 수의 자녀를 출산하긴 하였지만, 그러나 평균 수준을 약간 웃도는 정도에 불과해 영국과는 전연 다를 수밖에 없었다.[5]

다시 말해 영국은 19세기에 접어들어 모두가 밤일(?)을 부지런히 해서 아이들을 많이 만들었는지 어땠는지는 확인할 길이 없으나, 암튼 무슨 이유에서인지 전례 없이 인구가 급속히 증가했다. 뿐만 아니라 유럽이나 아시아의 다른 국가에서는 찾아볼 수 없는 영국만의 매우 독특한 인구 구성의 변화가 뒤따랐다. 요컨대 13세기 이후 철저한 정체 속에 경제적으로 성공을 거둔 귀족층의 출산율이 19세기 들어 유독 높아지면서, 귀족층의 후손들이 사회 계층의 구조상 하향식 이동 경향이 꾸준히 나타나 귀족층의 가치 팽창이 일어났고, 그런 결과 영국에서 산업혁명이 일어날 수 있었다는 것이다.

이처럼 인구혁명으로부터 시작된 영국의 산업혁명은 이후 농업혁명, 상업혁명, 교통혁명, 면공업에 이르기까지 사회 전 분야로 번져나가면서 마치 들불처럼 빠른 속도로 확산되어 나갔다. 또한 18세기 후반 들어 마지막으로 기술혁명을 이룬 것이 다름 아닌 철공업이었다.

영국이 18세기 후반 들어 철공업을 크게 확장할 수 있었던 것은 무엇보다 제임스 와트가 발명한 증기기관(1769)에 힘 입은 바가 컸다. 용광로·햄머·공장 등지에서 증기기관이 널리 이용되었을 뿐더러, 광산에서도 증기펌프로 값싸고 질이 좋은 석탄과 광석을 채굴할 수 있었기 때문이다.

그 결과 선철과 봉철을 값싸게 공급하게 됨으로써 다른 과정에서의 혁신이 연쇄적으로 반응을 일으켰다. 금속 선반을 비롯하여 금속을 세공하는 기계, 대포 구멍을 뚫는 기계, 나사를 돌리는 정밀 기계 따위들을 잇달아 출현케 한 것이다. 또 그 같은 일련의 혁신들은 철공업의 구조와 성격을 완전히 바꾸어 놓았다.

그러나 20여 년도 채 되지 않은 짧은 기간 동안에 산출량을 4배나 키워낸 1780년대의 폭풍 성장이 있은 이후, 영국에서의 철공업 성장 속도는 한동안 더디게 진행되었다. 그러다 18세기 후반과 19세기 초 다시금 성장 속도에 불길을 당긴 것은 순전히 영국 육군과 해군의 군수용으로 증대된 철제품에 대한 비정상적인 전시 수요와 관계가 깊었다.[6]

특히나 미국 독립전쟁과 영불전쟁 등 전시의 총포와 탄환 등을 중심으로 한 수요를 배경으로 영국의 철공업은 또다시 특수를 찾아내고 있었다.[7] 그리고 그런 특수를 배경으로 단숨에 영국은 세계 최강의 군사력을 무장할 수 있게 되었다.

우리보다 불과 23년 앞섰던
일본의 '근대화'

18세기 후반 영국에서 시작된 산업혁명은 이내 서유럽과 북미 지역으로 확산되어 갔다. 이들 나라 역시 영국과 마찬가지로 짧은 기간 안에 놀라운 국력을 키워냈다. 또 그러한 국력을 바탕으로 19세기 후반에는 드디어 동아시아 지역까지 서세동점의 충격이 미치게 되었다. 영국을 비롯한 서구의 열강들이 1870년대부터 세계를 식민지로 분할 점령하기 시작한 것이다.

마침내 동아시아에서 군사적으로 서구와 최초로 충돌한 것은 영국과 청나라 사이에서였다. 이른바 '아편전쟁(1840)' 이었다.

이 최초의 군사적 충돌에서 간단히 승리를 거둔 영국은 청에 난징조약을 강요하여, 상하이 등 5개 항구를 개항케 하고 홍콩까지 할양받았다. 하지만 영국은 여기에 만족하지 않았다. 프랑스와 연합하여 도읍 베이징을 무력으로 점령한 뒤, 청의 주요 항구를 모두 개항토록 하는 등의 베이징조약을 강요했다. 러시아는 이 조약의 체결을 주선하면서 그 대가로 청으로부터 한반도 크기만 한 연해주를 거저 얻었다.

미국 역시 곧바로 대열에 합류하고 나섰다. 미국은 일본을 개국시키기 위해 페리 제독이 이끄는 강철로 만든 동인도함대를 일본에 파견한 것이 1853년 6월 3일이었다. 이날 이른 아침 이즈伊豆 앞바다에 모습을 드러낸 서스쿼헤나·미시시피·폴리머스·새러토가 등 4척의 함대가, 저녁 무렵이 되자 우라가浦賀 앞바다에 닻을 내려 일본을 불안에 떨게 만들었다. 다음날 아침 페리는 함상에서 우라가 부교쇼(행정 책임자)와 서둘러 교섭을 개시한 끝에, 필모어M. Fillmore 미 대통령의 국서를 전달한 뒤 돌아갔다.

그러나 이듬해에 다시 내항하여 이번에는 에도江戸(옛 도쿄)에서 가까운 요코하마에 상륙했다. 이 두 번째 래항에서 페리는 증기기관차 모형과 모스식 전신기를 가져와 공개하여 일본인들을 깜짝 놀라게 만들었다. 이어 페리는 하코다테箱館를 방문한 후, 시모다下田로 돌아가 료센사了仙寺에서 조약의 세부 사항에 관하여 협의했다.

이때 일미화친조약의 부칙 13개 조가 조인되는데, 이를 계기로 일본의 쇄국정책은 종식을 고하고 만다. 나아가 1858년 6월에는 일미수호통상조약이 체결되고, 같은 해 네덜란드·러시아·영국·프랑스와도 잇달아 수호통상조약을 맺었다. 다시 그 이듬해인 1859년에는 미국, 영국, 프랑스, 러시아, 네덜란드 등 5개국과의 자유무역을 승인하는 포고문을 공표함으로써 서구 여러 나라에 문호를 개방했다.

이처럼 문호를 개방하자마자 일본은 매우 재빠르고 적극적으로 미국과 유럽에 사절단을 내보냈다. 일본이 겉으로 내세운 목적은 이미 조인된 일미수호통상조약(1858)을 비준하는 형식이었다. 그러나 일본의 진짜 속내는 자신이 바다를 건너가 앞서 있는 서양 문명을 두 눈으로 직접 확인하는데 있었다.

그 첫 시도가 견미사절遣米使節(1860)이었다. 정사正使 마사오키 등 총 77명의 사절단 일행은, 1860년 1월 미국 전함 포화탄을 타고서 요코하마를 출항했다.

사절단은 하와이를 경유하여 3월에 샌프란시스코에 도착해서 파나마 운하를 횡단한 뒤, 배를 바꿔 타고서 워싱턴으로 향했다. 워싱턴에 도착한 견미사절은 백악관을 방문해서 뷰캐넌J. Buchanan 대통령과의 회담에 임하고 국서를 봉정한 뒤, 9월에 귀국했다.

일본은 이 견미사절이 태평양을 건넌 이래 유럽에도 수차에 걸쳐 사절단을 파견했다. 1861년의 견구사절遣歐使節이 그 첫 시도로, 야스노리를 정사로 한 38명의 사절단이 같은 해 12월 23일 시나가와品川를 떠나, 홍콩을 향해 출발했다. 홍콩에서 영국군의 병기창을 견학한 뒤, 싱가포르·아덴·카이로 등 대서양과 지중해를 건너가는 머나먼 뱃길을 항해한 끝에, 처음으로 프랑스의 마르세유에 도착했다. 견구사절은 육로로 리옹을 지나 파리에 도착, 나폴레옹 3세를 접견했다.

그런 다음 영국으로 건너가 교섭에도 나섰다. 이때 여러 가지 선

진 시설을 견학하면서 서양 문명에 눈을 뜨게 되는데, 때마침 런던
에서 개최 중이던 만국박람회장에 들러 각국의 문물을 접하는 기회
를 갖기도 했다.

이어 견구사절은 마지막으로 러시아에 도착하여, 사할린 국경
문제를 확정 짓기 위한 교섭을 벌였다. 상트페테르부르크에서 행해
진 러시아 측의 환영 행사는 지극히 일본적이어서 견구사절을 놀라
게 했는데, 가장 중요한 과제였던 국경 확정 교섭은 결론을 짓지 못
했다. 견구사절이 귀국한 것은 시나가와를 떠난 지 1년여 만인
1862년 12월이었다.[8]

일본은 이러한 견미, 견구사절을 통하여 내부의 반성이 있었다.
그처럼 중요한 운명의 순간에, 역사를 변화시킬 중대한 변수로 작
용케 되는 서세동점에 대하여 그들 내부의 대응 논리는 다음 두 가
지였다.

먼저 근본주의적 접근이었다. 이들의 주된 목적은 초기 도쿠가
와 막부시대의 근본으로 돌아가거나, '보다 순수한' 여건들로 회복
하자는 것이었다. 순수한 농업경제를 이상화하는 이런 접근 방법은
날로 커져가는 상인계급의 세력을 여러 방법으로 배척하거나 혹은
적으로 간주하여 제거시키고자 한 것이었다.

또 다른 개혁 방안은 현실주의적 접근이었다. 이들의 주된 목적
은 경제의 상업화 증대 현상을 정부 당국이 거부치 말고 받아들이
라고 주장하는 것이었다. 더욱이 이들은 일본 사회를 지배하고 있
는 무사 계급이 경제문제와 결코 거리를 두거나 멸시해서는 생존할
수 없다고 주장했다. 따라서 미국 등 서구와의 통상이 오히려 생산

적일 수 있다는, 도쿠가와 사상의 재정립을 촉구하는 것이었다.[9]

얼핏 보아선 서세동점을 바라보는 우리의 사정과 별반 다르지 않은 것처럼 보인다. 하지만 실은 전혀 그렇지 않았다. 붓의 나라였던 조선왕조는 상대가 누구이건 간에 위정척사사상, 동학사상, 동도서기론, 개화사상과 같은 매우 복잡다단한 주장이 서로 심각하게 얽힌 채 그 시비를 가리느라 여념이 없지 않았다. 이에 반해 일본은 칼의 나라답게 간단하고 현실적이었다. 우리와 같이 이데올로기나 문화적 배척이 덜한 상태에서, 그저 단순히 근본을 주장하는 기존의 기득권과 서구에 적극적으로 손을 내밀자는 현실주의자 간의 갈등만이 부딪쳤을 따름이다.

또한 일찍부터 위정척사 쪽에 손을 들어주고만 우리 정부의 분명한 태도와는 달리, 일본 정부의 입장 표명은 이러지도 저러지도 못한 그 중간에 서 있었다. 결국 일본 막부의 개혁은 그 두 가지 접근 방안을 모두 수용하여 섞은 것이었다.

물론 막부의 이런 어정쩡한 조정은 성공할 수 없었다. 이때쯤이면 일본의 경제와 사회 역시 이미 상당한 동력을 얻은 뒤라 초기 도쿠가와 제도의 틀 안으로 되돌리기에는 불가능했다. 결국 일본 막부의 개혁은 힘센 놈 앞에서는 무릎을 꿇을 수밖에 없다는 실용주의적 방안으로 기울고 말면서, 극히 제한된 성과만을 남긴 채 실패로 막을 내린다.

더구나 오랜 통일국가였던 조선왕조와 달리 그동안 연합체 성격을 띤 부족국가였다는 점도 일본에게는 뜻하지 않는 행운이었다. 다시 말해 통일국가였던 조선(1392년)과 청(1616년)은 그 국운이 다하

일본의 젊은 무사들은 서구에 맞서는 일이 달걀로 바위를 치는 것처럼 무모하다는 사실을 깨닫고, 임진왜란 이후 일본을 통치해온 도쿠가와 막부를 붕괴시키면서 새로운 정부를 구성하고 나선다. 이것이 곧 명치유신(1868)이다. 이들은 부국강병을 목표로 서구 열강들과 어깨를 나란히 할 수 있는 산업혁명에 나서 근대산업 개발에 박차를 가한 뒤, 국권 우선의 팽창론으로 급기야는 식민지 쟁탈에 뛰어들어 조선을 침략하게 된다.

여 이미 해체 단계에 접어들면서 하강세를 치닫고 있었다. 반대로 일본은 오랜 연합체 성격으로써 부족국가의 한계를 절감하면서 비로소 통일되어 가는 상승세의 과정에 있었기 때문에, 상대적으로 서세동점의 충격이 조선이나 청과 같이 돌이킬 수 없을 만큼 치명상이 되지는 않았다. 오히려 그런 위기를 국력 결집의 기회로 만들 수 있었던 것도 조선이나 청의 사정보다는 한층 더 유리했던 것이다.

그런 결과 임진왜란 종전 이후 도쿠가와 이에야스가 세키기하라 전투에서 승전한 이래, 15대 도쿠가와 요시노부까지 260여 년 동안이나 실질적으로 일본을 통치해온 도쿠가와 막부시대의 붕괴를 가져왔다. 새로운 시대를 요청하고 나섰던 게 이른바 명치유신(1868)이었다.

거사는 도쿠가와 막부의 적대적이었던 기도 다카요시, 오쿠보 도시미치, 사이고 다카모리 등 '유신 3걸'로 불리는 몇몇 젊은 무사들에 의해 주도되었다. 이들은 새로운 정부를 구성하고, 일왕 메이지를 천황으로 복고시켜 전면에 내세웠다. 천황의 힘을 빌려 막부세력을 무력으로 잽싸게 진압한 이후, 에도를 도쿄로 개칭하여 새 수도로 삼았다.

또 이들은 서구에 맞서는 일이 곧 달걀로 바위를 치는 것처럼 무모하다는 사실을 깨닫고, 당시 제국주의의 각축장에서 생존할 수 있는 강한 일본을 만드는데 주력했다. 부국강병을 목표로 서구 열강들과 어깨를 나란히 할 수 있는 산업혁명에 나섰다. 신정부가 적극적으로 나서 이토 히로부미伊藤博文(훗날 조선통감) 등 젊은이들을

영국으로 유학 보내는 한편, 제철소·병기공장·조선공업·방직
공업에 힘을 쏟았다. 또한 광산을 개발하고, 철도·해운·통신 산
업과 같은 간접투자 등 근대산업 개발에 박차를 가했다.

물론 이러한 과정에서 내부의 저항 또한 없지만은 않았다. 신정
부의 강력한 개혁으로 오랫동안 누려왔던 특권과 일자리를 빼앗긴
옛 무사 계급의 불만과 반발이 쌓여가면서, 1873년에는 그들의 불
만과 반발을 외부로 돌리기 위한 정한론征韓論이 신정부 내부에서
흘러나왔다. 일본이 아시아 대륙으로 진출하기 위해서라도 먼저 조
선을 손에 넣어야 한다는 주장이었다.

그러나 신정부가 태어난 지 이제 겨우 5년째였다. 대내적으로 통
합조차 불투명한 상태에서 대외 침략은 아무래도 무리가 따랐다.
결국 내치 우선론에 정한론이 일단 저지되면서, 신정부 안의 정한
론자들은 요직을 사임한 뒤 옛 무사 계급들과 호응하여 내전을 일
으켰다. 이 내전이 곧 세이난西南전쟁이었으며, 정부군이 대규모 투
입되면서 반 년 만에 진압되고 말았다.

이후 신정부는 메이지 천황이 일본 국민에게 하사하는 형식으로
대일본제국헌법을 공포(1889)했다. '대일본제국은 만세일계萬世一系
의 천황이 통치한다'로 시작되는, 이 제국헌법이 탄생하는 일련의
과정에서 이토 히로부미가 초대 총리에 오른다. 16살의 보잘 것 없
는 한낱 시골뜨기 칼잡이(테러리스트)에 불과했던 그가, 유신 3걸이
었던 기도 다카요시를 만나면서 일약 출세가도를 달리게 된 이래
마침내 일본 권력의 핵심 세력으로까지 부상케 된 것이다.

이와 함께 정한론은 잠시 연기되었을 뿐이라는 사실이 마침내

드러났다. 1875년 조선으로 전함을 출동시켜 강화도 등 한성의 관문을 무차별 포격함으로써, 이듬해 조선으로 하여금 부산포를 개항하는 강화도조약을 조인케 만들었다.

이어 보수 논객 후쿠자와 유키치의 아시아를 벗어나 유럽과 교류하자는 탈아입구론脫亞入歐論이 곧 현실로 나타난 것이 청일전쟁이었다. 조선에서 동학농민전쟁(1894)이 일어나자 조선 정부는 청에 출병을 요청했고, 일본은 이 틈을 노려 조선 안에 머물고 있는 일본인을 보호한다는 구실로 출병을 하면서 결국 양국 간에 전쟁이 벌어졌다.

이 전쟁에서 승리를 거둔 일본은 기대 이상의 성과를 거뒀다. 극동 지역에서 청을 대체하는 세력으로 등장하였음은 물론, 청으로부터 뜯어낸 2억 량이라는 막대한 전쟁 배상금은 일본 화폐의 금본위제와 함께 군비 증강의 밑천이 되었다. 무엇보다 분열되어 있는 국론을 국권 우선의 팽창론으로 통합시키는 계기가 되기도 했던 것이다.[10]

자신감을 얻은 일본은 극동 지역에서 마지막 남은 러시아의 간섭마저 종지부를 찍고자 나섰다. 러시아는 일본이 만주에 개입하는 것을 거부함과 동시에 조선을 군사적으로 지배하는 것에도 반대하고 있었다.

이윽고 1905년 지구를 반 바퀴나 돌아온 러시아의 발틱함대를 일본 해군이 동해에서 격파시켰다. 이때 러시아는 내부적으로 격렬한 혁명운동에 휩싸여 있어 전쟁을 계속할 수 없는 상황에서 속절없이 일본의 승리를 인정할 수밖에 없었다.

이 러일전쟁에서의 승전 역시 일본으로서는 기대 이상의 성과였다. 이 전쟁에서조차 승리를 거두면서 일본은 마침내 세계열강의 대열에 이름을 올릴 수 있었다. 아울러 아시아 맹주의 지위를 확립함과 동시에 이후 군부의 권력 확대와 제국주의적 정책을 지속시켜, 마침내 조선을 병합(1910)시키면서 식민지화 할 수 있게 되었다.

1853년 미국 페리 제독의 동인도함대가 우라가 앞바다에 닻을 내리기 시작하면서 비로소 개항한 일본이었다. 1876년 강화도조약을 체결하면서 비로소 부산포를 개항한 조선이었다. 두 나라가 개항을 시작한 시간적 상거는 불과 23년의 차이밖에는 나지 않는다.

그러나 그 간 발의 차이밖에 나지 않는 두 나라의 근대화가 빚어낸 결과는 실로 엄청났다. 참으로 냉수마시다 이빨 빠진 것만큼이나 어처구니 없는 것이었다.

영국 산업혁명도, 일본 명치유신도 '시드머니' 가 있었다

　　역사 속에서 그 모든 것의 시작은 결코 처음부터 창대한 것은 아니었다. 겨자씨 한 알만큼 아주 사소한 것으로부터 비롯된 경우가 많았다. 바람에 떨어진 겨자씨 한 알에서 어렵사리 싹을 틔워 수목으로 자라났고, 그 수목으로 하여금 결국에는 숲을 이뤄나갔던 것이다.

　　18세기 후반 영국의 산업혁명 역시 다르지 않았다. 18세기 들어 영국만의 독특한 인구 구성에 따른 변화, 요컨대 교육 수준이 높은 귀족층의 출산율이 유독 높아지면서 일부 귀족층의 후손들이 사회 계층의 구조상 하향식으로 이동할 수밖에 없는 경향, 그들 고유의 가치와 문화라고 일컬을 수 있는 '실력양성론' 이 확산되면서 결국 산업혁명으로 변주되어 나타난 것이었다.

실제로 산업혁명 기간 동안 영국에서 기술 혁신 비율이 증가했던 건 결코 기술 혁신에 대한 어떤 보상 수준이 높아서가 아니었다. 보상 수준은 별반 미미했음에도 불구하고 순전히 실력양성론에 따른 혁신 기술의 공급이 증대되었다.

예컨대 증기기관차를 발명한 리처드 트레비딕, 철도사업의 개척자 조지 스티븐슨, 철교 부설 공사를 한 토목기사 로버트 스티븐슨, 안전등 발명을 한 화학자 험프리 데이비 등의 이름은 역사에 길이 남았을지 몰라도, 이들의 노력에 대한 사회적 보상은 거의 없었다. 리처드 트레비딕은 극빈자 상태로 숨을 거두었고(1833), 조지 스티븐슨 역시 그다지 풍요로운 삶을 누리지 못했다. [11]

결국 영국의 산업혁명은 갑작스럽게 출산율이 높아진 귀족층의 후손들이 사회 계층의 구조상 하향식 이동 경향이 나타나기 시작하면서, 귀족층 고유의 가치가 팽창한 결과 탄생케 되었다. 예컨대 그런 귀족층 가운데 일부 몇몇 후손들은 그동안 자신이 누려왔던 사회적 신분을 잃을 수 없다는 실력양성론, 그러니까 그들의 지식·자본·인적 네트워크와 같은 '시드 머니seed money'가 있었기에 가능했다는 얘기다.

일본의 명치유신(1868) 또한 다를 것이 없었다. 유럽에서의 영국과 마찬가지로 아시아의 변방이었던 일본이 한국과 중국을 압도할 수 있었던 비결은 단 한 가지였다. 일본이 먼저 근대화에 성공했기 때문이다. 서구 이외의 지역에서 근대화를 이뤄낸 최초의 국가가 일본이었던 것이다.

그렇다고 처음부터 일본이 외세에 개방적인 나라였던 건 아니다. 일본 역시 우리와 마찬가지로 오랫동안 쇄국정책을 옹호해 왔었다. 도쿠가와 막부는 무역을 탄원하러 온 포르투갈 사절(1640)을 참수시켜 버렸다. 19세기 들어 일본 막부가 미국의 개항 요구를 받아들이자 서양 오랑캐를 당장 쫓아내야 한다는 양이攘夷운동이 들불처럼 번져나가기도 했었다.

이처럼 서구에 대한 적대감이 팽배한 가운데서도 그토록 서구식 근대화가 추진될 수 있었던 것은 단지 몇몇 사람들에 의해서 비롯된 것이었다. 앞서 설명한대로 일본 내부에서 초기 도쿠가와 막부 시대의 근본으로 돌아가자는 근본주의적 개혁 방안과 함께 도쿠가와 사상의 재정립을 촉구하는 현실주의적 개혁 방안으로 나뉘어 평행선을 달리고 있을 때, 비록 소수이긴 하지만 새로이 실력양성론을 주장하고 나선 이들이 있었다. 흔히 유신 3걸로 불리는 기토 다카요시, 오쿠보 도시미치, 사이고 다카모리를 비롯하여, 이들을 추종하는 시골뜨기 칼잡이 이토 히로부미와 같은 일부 몇몇의 젊은 무사가 그들이었다.

이들은 막부에 밀려나 허수아비나 다름없던 일왕 메이지를 권력의 전면에 내세우면서 등장한 정권 내부의 젊은 무사 계급으로, 비록 소수의 세력이긴 하였으나 왕의 권위를 십분 활용했다. 명치유신 이후 반세기 동안 권력을 독점하면서, 근대화정책을 장기적으로 밀고 나갈 수 있었던 것이다. 또 이러한 과정이 없었다라면 일본도 결국 서구의 식민지로 전락하고 말았을 것이라는 게 일본 사학계의 역사적 가정이다.[12]

말할 것도 없이 일본의 명치유신은 영국의 산업혁명과 그 배경이 똑같다고 볼 순 없다. 교육 수준이 높은 귀족 계층의 후손들이 사회 계층의 구조상 진행된 하향식 이동 경향, 다시 말해 일부 몇몇 귀족층의 후손들이 그동안 누려왔던 자신의 사회적 신분을 잃을 수 없다는 실력양성론과는 차이를 보이고 있다는 점이다. 그렇다하더라도 그 같은 정권 내부의 일부 몇몇 소수, 영국의 산업혁명과 같은 이른바 시드머니가 존재했기 때문에 일본 또한 명치유신을 통한 근대화가 가능할 수 있었던 것이다.

우리 조선 역시 결코 팔짱만을 끼고 가만 앉아 있었던 것은 아니다. 비록 속 좁고 어리석은 통치자들에 의해 세계 질서가 재편되는 예민한 시기에 근대화에 뒤져 그만 나라를 잃고 말았으나, 우리 또한 백성들의 각성에 따른 실력양성론이 부단히 주장되고 있었다. 지금 당장은 일본제국주의와 맞서 싸워 이길 수 없다 하더라도, 상당 기간 동안 실력을 길러서 독립할 수 있는 기반이 닦이면 그 때 비로소 실현 가능한 독립운동을 전면적으로 펼치자는 주장이 그것이다.

물론 한말에서부터 일제 강점기에 걸친 이런 실력양성론은 시기와 조건에 따라 조금씩 다른 모습을 나타내기도 했다. 경술국치 전후, 예컨대 1905년부터 1910년까지는 자강운동으로 불러온 실력양성론이 있었고, 그 이후에는 낡은 사상 및 관습 개혁론 등의 실력양성론이 있었다. 1920년대 초반에 들어와서는 이른바 문화운동이라고 일컫는 실력양성론이, 후반에 이르면 자치운동이 실력양성론으로 널리 주장되었다.

그런가하면 실력양성론에 상대되는 무장투쟁론 또한 없지 않았다. 직접 무기를 들고 일본제국주의에 맞서 싸우자는 주장이었다. 실력양성론과 무장투쟁론, 이런 주장은 둘 다 일본 제국주의로부터 벗어나 해방을 쟁취한다는 점에선 그 궁극적 목표를 같이 하고 있었으나, 하지만 실현 방법에 있어서는 전연 궤를 달리 한 것이었다.

3·1운동(1919) 당시 주조를 이루었던 운동론은 주로 외교운동을 통하여 독립을 이루고자 하는 외교운동론이었다. 그러나 외교운동론은 제국주의 열강들의 냉담한 반응으로 인해 아무런 성과조차 거두지 못했다.

그러자 실망한 운동가들 사이에서 외교운동론은 일단 단념하고, 우선 실력을 키워 훗날 독립할 수 있는 기반을 닦자는 실력양성론이 다시금 대두되었다. 한말 이래 널리 퍼져나갔으나 3·1운동의 좌절로 일시나마 민족자결주의라는 물결에 떠밀려 뒤로 내몰렸던 실력양성론이, 다행스럽게도 1920년대 들어 다시금 부활케 된 것이었다.[13]

그럼에도 불구하고 우리의 이런 실력양성론은 결코 18세기 후반 영국과 같을 수 없었다. 더구나 19세기 초 일본과 같은 조건도 아니었다. 영국과 같은 교육 수준이 높은 귀족 계층의 후손들에게 나타났던 하향식 이동 경향도, 일본과 같이 서구에 대한 적대감이 팽배한 가운데 서구식 근대화를 추진한 정권 내부의 몇몇 소수도 아닌, 나라마저 빼앗기고 만 허탈과 공허 속에서 싹튼 뼈저린 각성으로부터였다.

또 그러한 각성은 마침내 근대화 이념으로 떨쳐 일어나 우리 역시 사회적 능력을 키우기 위한 어기찬 몸부림으로 이어졌다. 우리

에게도 분명 근대화를 이루기 위한 그런 시드머니가 존재했었던 것
이다.

제6장
한국 탄생의 '시드 머니'

'대군의 척후'
화신백화점과 경성방직

　놀랍게도 오늘날의 '한국의 탄생'을 일찍이 한 발 앞서 꿰뚫어 본 이가 있었다는 얘기는 이미 시작하는 글에서 밝힌 바 있다. 미국 하버드대 에커트 교수와 일본 동해대 사세휘 교수였다. 물론 우리 또한 우리의 미래를 점쳤던 이가 없지 않았다. 한국 신문학의 개척자인 소설가 춘원 이광수였다.

　그는 한 치 앞도 내다보이지 않는 일제 암흑기이던 1930년대, 한 신문의 기고문에서, '…상업에서 화신和信, 공업에서 경성방직의 확장·발전은 결코 한낱 사실만이 아니요, 뒤에 오는 대군大軍의 척후斥候임이 확실하다.' 고 썼다. 당시 대표적인 한국인 기업이었던 박흥식의 화신백화점과 고창 김씨 일가의 경성방직을 보고서 훗날 만개할 한국의 자본주의를 미리 감지하고 예언한 것이었다.

그렇다면 춘원 이광수가 언급하고 있는 화신백화점의 박흥식(1903~1994)은 어떤 이였을까. 과연 어떤 이였기에 한 치 앞도 내다보이지 않는 일제의 암흑기에 그를 일컬어 '뒤에 오는 대군의 척후'라고 했던 것일까.

박흥식은 평안도 용강에서 집안 대대로 내려오는 2천석지기의 대지주였다. 일찍이 16살 되던 해부터 고향에서 쌀장사를 시작으로 인쇄소, 창고업 등을 경영하며 상계에 발을 들여놓았다. 24살이 되자 그는 좀 더 넓은 세상에서 자신의 포부를 펴보고자 경성으로 상경했다.

경성으로 무대를 옮긴 박흥식은 황금정 2정목(지금의 을지로 2가)에 자리를 잡았다. 그리곤 선일지물鮮一紙物주식회사를 설립했다. 이 회사는 조선인 최초의 양지洋紙 도매상이었는데, 고향에서 인쇄소를 경영하면서 착안한 사업으로 여겨진다,

선일지물을 창업한 뒤 그는 곧장 바깥으로 나섰다. 경성 시내 조선인 종이 소매상과 인쇄업자, 또 학교를 낀 문방구업자들을 일일이 찾아다니며 선일지물을 알리는데 주력했다.

뿐 아니라 장사하는 방법에 있어서도 남다른 면이 있었다. '한 푼이라도 값싸게 구입해서 한 푼이라도 값싸게 판다' 는 원칙을 철저히 지켜나갔다.

그 결과 박흥식의 선일지물은 승승장구했다. 창업한지 얼마 되지도 않아 경성 시내 종이 소매업자의 상당 부분을 점유케 된 것이다.

그러자 일본인 양지 도매상들이 박흥식을 노골적으로 견제하기

시작했다. 그가 '종이를 더 달라' 고 주문하면 일본인 수입상들은 '종이가 없다' 거나, '재고가 달린다' 는 핑계만 늘어놓았다. 종이를 많이 공급받지 못하도록 물량을 규제하고 나섰던 것이다.

박흥식과 거래하는 소매상과 인쇄업자들은 아우성이었다. 하지만 당장 종이를 공급해주어야 할 선일지물의 창고 안은 늘 바닥을 드러내고 있기 마련이었다.

박흥식은 평소 안면이 있는 일본인 수입상들을 찾아가 통사정을 해보기도 했다. 자신을 믿고 거래를 시작한 소매상들에게 신의를 지키기 위해서였다.

한데도 일본인 수입상들은 끝내 그를 외면했다. 저마다 창고 속에 종이를 가득 쌓아놓고서도 하나같이 종이가 없다는 허튼 소리만을 늘어놓기 일쑤였다.

결국 일본인 수입상들의 협조를 구하지 못하게 되자 박흥식은 생각을 바꾸었다. 일본 도쿄로 건너가기로 마음먹었다. 종이를 생산하고 있는 일본 왕자제지의 본사를 직접 찾아가 담판을 지어서라도 종이를 안정적으로 공급받으려고 한 것이다.

그러나 어렵게 일본의 왕자제지 본사까지 찾아갔으나 한사코 문전박대만 받은 채 그냥 빈 손으로 돌아서지 않으면 안 되었다. 러·일전쟁을 비롯하여 제1차 세계대전을 치르면서 신문·서적·인쇄물이 폭발적으로 증가해서, 일본 국내에서조차 양지의 수요를 충족시키지 못하고 있는 터에 조선에서 건너왔다는 그의 명함이 통할 리 만무했다.

쓸쓸한 기분이 되어 왕자제지에서 물러난 박흥식은, 그렇다고 빈손으로 돌아갈 수도 없는 일이었다. 며칠째 인근의 여관에 머물면서 어떻게든 왕자제지와의 대화를 다시금 시도해보려 애썼다.

하지만 왕자제지의 문은 좀처럼 열리지 않았고, 우연히 흘려들은 얘기를 따라 일본 바깥의 나라로 눈을 돌리게 되었다. 양지는 일본만이 아니라 북유럽에서도 생산되고 있으며, 특히 서전(스웨덴)이 세계 최대의 양지 생산 국가라는 사실을 알게 되었던 것이다.

박홍식은 무턱대고 택시를 잡아탔다. 도쿄에 자리하고 있는 서전의 영사관부터 찾아갔다. 그리곤 일본의 왕자제지보다 훨씬 더 저렴한 가격으로 스웨덴으로부터 양지를 직수입하는데 성공한다. 알고 보면 세상의 일이라는 게 손바닥 뒤집는 것만큼이나 간단한 것이었다.

그렇대도 문제가 모두 다 해결된 것은 아니었다. 어렵사리 종이 확보가 가능해지자 이번에는 찾는 이가 없었다. 그동안의 종이 거래처, 예컨대 관공서 · 회사 · 은행 등은 물론이고, 일본인 지물상점까지 서로 결탁하여 조선인 박홍식의 종이를 아무도 주문하지 않았다. 일본에서 생산되고 있는 종이보다도 가격이 훨씬 더 저렴한데도 누구 한 사람 거들떠보지 않았던 것이다.

그럴 때 조선왕조 마지막 임금인 순종이 일본의 독살에 의해 갑자기 승하했다는 비보가 경성 거리에 나돌았다. 뒤이어 6 · 10만세 사건이 일어나면서 정국은 그 어느 때보다 민족감정이 고조되어 갔다.

이런 분위기 속에서 동아일보가 박홍식을 돕겠다고 자청하고 나섰다. 그동안 일본인 도매상에서 구입하던 신문 용지의 거래선을 바꾸겠다고 한 것이다.

그러자 조선일보도 가만있지 못했다. 조선일보 역시 박흥식이 서전에서 수입해온 종이로 신문을 찍겠다고 자청했다. 박흥식으로선 가만 앉아서 조선 최대의 종이 거래처를 손쉽게 확보할 수 있게 된 것이다. 이때 박흥식의 나이 불과 30세였다.

이때부터 그는 순풍에 돛을 단 배였다. 지구 반대편의 서전에서 수입한 양지로 돈방석에 앉게 되자, 여세를 몰아 조선 상권의 메카인 종로 진입을 시도한 것이다. 종로 네거리에 '상점의 왕' 이라는 백화점을 건설하려는 야망을 숨기지 않았다.

박흥식은 이런 야망을 쫓아 마침내 거액을 쏟아 부어 종로 2가에 자리한 경성 최대의 잡화상점인 화신상회를 36만원(지금 돈 약 360억원)에 인수한다. 그런 다음 자본금 100만원(지금 돈 약 1천억원)의 화신백화점(지금의 삼성그룹 종로타워 자리)을 개점하는데 성공한다. 평안도 용강에서 상경한지 불과 6년여(1931) 만이었다.

그러나 31살의 젊은 기업가 박흥식에게 강적은 의외로 가까이에 있었다. 화신백화점을 출범시키자마자 이미 한 발 앞서 바로 곁에서 동아백화점을 경영하고 있던 최남崔楠과 피할 수 없는 혈전을 벌이지 않으면 안 되었던 것이다.

포문은 동아백화점의 최남이 먼저 열었다. 첫날 매상고의 1퍼센트를 빈민구제 사업으로 쓰겠다며 선언하고 나섰다.

화신백화점의 박흥식은 거기에 한술 더 떴다. 백화점 경품으로 '문화주택' 한 채를 내놓겠다고 맞장구를 쳤다.

그러나 둘의 피할 수 없는 혈전은 첫 해를 넘기지 않았다. 반년이 지나면서 결국 판가름이 나고 말았다. 서로가 한 치의 양보도 보이지 않는 팽팽한 혈전이 전개되는 가운데, 최남이 스스로 박흥식에게 자신의 동아백화점을 넘겨주기로 한 것이다.

이 소식을 전해들은 조선 상계는 찬사를 아끼지 않았다. 화신과 동아가 끝까지 싸우지 아니하고 하나로 뭉쳐 민족 상권을 보다 강화함으로써, 일본 상권의 종로 진입을 다시 한 번 견제할 수 있게 되었다며 박수를 보냈다.

그러나 박흥식에게 시련이 전혀 없었던 건 아니다. 최남의 용퇴로 5백년 전통의 종로 상권을 평정하게 된 박흥식은, 조선 천지에서 그의 이름 석 자는 몰라도 화신백화점을 모르는 이가 없다 할 만큼 한동안 거칠 것이 없어보였다.

그러다 뜻하지 않은 화재로 말미암아 화신백화점이 전소되고 (1935) 말았다. 백화점뿐 만 아니라 설 대목을 노려 백화점 안에 가득 쌓아져 있던 상품마저 고스란히 잿더미로 변하고 말면서 35만3천원(지금 돈 약 353억원)이라는 막대한 손실을 입었다.

박흥식은 망연자실했다. 신문에서도 그가 재기하기는 어려울 것이라고 점쳤다.

하지만 그는 낙담하지 않았다. 1주일 안에 다시 백화점을 열 것이라고 호언장담했다. 또 정말 1주일 만에 백화점 맞은편에 있는 예전의 종로경찰서(지금의 제일은행 본점) 자리에 임시 매장을 열어 주위 사람들을 놀라게 만들었다.

그러나 정작 주위 사람들을 놀라게 했던 것은 그로부터 2년여 뒤에 그가 보여준 대담함이었다. 무려 44만원(지금 돈 약 440억 원)의 화

　박흥식의 화신백화점은 지하 1층, 지상 6층 규모로 당시 국내 최대 규모를 자랑했다. 민족 백화점인 화신의 이름으로 일본 기업인 남촌의 미쓰코시, 정자옥, 미나카이 백화점 등과 불꽃 튀는 경쟁 체제에 들어갔던 것이다. 그 뿐 아니라 박흥식은 자신이 초등학교를 마친 게 전부였으나, 고학력자들을 불러 모아 자신의 기업경영에 과감히 중용하기도 했다. 당대 최고이 지식인 그룹이었던 오천석, 신흥우, 신태환, 주요한 등이 그들이었다.

재 보험금을 타서 지어올린, 연건평 3,011평에 지하 1층 지상 6층의 화신백화점 건물이 그 위용을 드러낸 것이었다.

    지하 1층 · 식료품점, 사기그릇 등의 일용품점

        1층 · 양품점, 화장품점, 여행안내점

        2층 · 신사양품점, 침구점, 주단포목점, 미술품점, 시계점, 귀
            금속점, 안경점. 견본실

        3층 · 부인자공복점, 완구점, 수공예품점, 조화점

        4층 · 서점, 운동구점, 문방구점, 신사양복점, 점원휴게소

        5층 · 대형 식당, 조선물산점, 모기매장, 사진기 재료점

        6층 · 그랜드홀, 스포츠랜드, 전기점, 가구점, 모델룸

        옥상 · 상설화랑, 기념사진점, 미용실, 원경용품점

건물의 외양도 화려하기 짝이 없었다. 지금껏 보지 못한 근대 르네상스식 건축 양식으로 구석구석 화려하게 장식되어 보는 이를 경탄케 했다.

더욱이 '올라갈 때는 공중에 붕 떠오르는 것 같고, 내려올 때는 공중에서 스르르 떨어지는 것 같아서 누구든지 어지러워했다' 는 엘리베이터와 함께 '곤두박질칠 것 같아서 타기를 꺼렸던' 에스컬레이터 시설까지 최초로 만들어 놓아 장안 사람들에게 단연 화제였다.

뿐만 아니라 화신백화점의 6층 꼭대기는 옥상 정원이었다. 거기에서 아래를 내려다보면 아찔한 현기증을 느끼면서도 신기했다.

바깥으로 나와 화신백화점을 올려다보면 어지러웠다. 당시만 해도 6층 높이가 까마득하게 높다고 저마다 입을 모을 정도였다.

밤이면 그 6층 꼭대기에서 반짝거리는 네온사인이라는 것 또한 신기하기 그지없었다. 해가 지면 촘촘히 꽂힌 전구에 자동으로 불이 켜졌다 꺼졌다 점멸하며 글자가 나타나 돌아가는 것처럼 느껴졌다.

이런 화신백화점은 당시 국내 최대 규모를 자랑했다. 민족 백화점인 화신의 이름으로 일본 기업인의 미쓰코시(지금의 신세계백화점), 정자옥(옛 미도파백화점), 미나카이(명동에 자리했었음) 백화점들과 본격적인 경쟁 체제에 들어갔던 것이다.

그러나 35살의 젊은 기업인 박흥식은 결코 거기에 머물지 않았다. 여전히 선일지물의 경영을 유지하면서 백두산 일대의 목재 펄프 생산 업체인 북선제지화학에 거액을 투자하는 한편, 삼화제지를 설립하여 직접 양지 생산 체제를 갖추었다.

또한 자신은 초등학교를 마친 게 전부였으나, 고학력자들을 불러 모아 자신의 기업 경영에 과감히 중용하기도 했다. 당대 최고의 지식인 그룹이었던 오천석(미국 코넬대, 훗날 문교부장관), 신흥우(미국 남캘리포니대 법학박사, 정치인), 신태환(도쿄상대, 훗날 서울대 총장), 주요한 등이 그들이었다.

특히 주요한은 도쿄 제1고를 거쳐 상하이 후장대학을 졸업한 뒤 귀국하여, 시 '불놀이'를 발표하면서 문단에 명성을 떨친 이였다. 동아일보와 조선일보의 편집국장을 지냈으며, 이후 화신백화점의 중역으로 투신하게 된다. 영어에도 능통했던 그는 자신이 읽던 영자신문에서 아이디어를 얻어, 미국식 전국 단위 체인스토어chain sattore점 경영을 박흥식에게 건의하기도 했다.

주요한이 말한 미국식 체인스토어점이란, 전국 단위로 수많은 체인스토어점을 함께 경영하기 때문에 군이 중간 도매상을 거치지 않고도 상품을 대량 구입할 수 있어 원가를 절감할 수 있을 뿐더러, 역시 대량으로 소비시킬 수 있는 탓에 원가와 판매 양쪽에서 경쟁력을 가질 수 있다는 이점이 있었다. 당시로선 누구도 생각치 못한 파격을 넘어 꿈만 같은, 조선의 상권을 한데 묶을 수 있다는 놀라운 경영 기법이었다.

박흥식은 주요한의 아이디어를 받아들여 특유의 뚝심으로 실행에 옮겨나갔다. 집요한 줄다리기 끝에 식산은행으로부터 거액을 융자받아 자본을 넉넉히 확보한 뒤, 전국에서 체인스토어점을 모집했다.

반응은 즉시 나타났다. 신문 광고를 보고 전국에서 신청한 점포수가 무려 3천여 곳이 넘었을 만큼 폭발적이었다. 화신백화점을 일으킨 박흥식의 사업 수완을 유감없이 보여주는 대목이 아닐 수 없다.

이같이 박흥식은 일제의 식민지배 아래에서도 어느 누구보다 먼저 시대를 앞서 나갔다. 또 그때마다 세상을 깜짝 놀라게 할 만큼 대약진을 보여주곤 했던 것이다.

그럼 '…상업에서 화신'이 그러한 기업적 성장을 보였다면, 또 다른 '대군의 척후'인 경성방직은 또 어떤 성장을 보여주었다는 것인가. '…공업에서 경성방직의 확장·발전…'은 과연 어떠한 기업적 성장을 다져나갔다는 것일까.

여기에 즈음하여 1930년대 월간〈삼천리〉잡지에는 퍽이 흥미로운 기사 한 꼭지가 실려 있다. 화신백화점의 박흥식은 끼지도 못하는, 당시 조선의 3대 재벌인 민영휘, 최창학, 그리고 고창 김씨 일가의 김성수를 찾아나서 생생하게 파헤치고 있는 것이다.

조선의 3대 재벌,
민영휘 · 최창학 · 고창의 김씨 일가

〈삼천리〉는 먼저 조선 제일의 부자로 민영휘를 꼽고 있다. 조선 한일은행과 조선제사회사, 그리고 휘문고등보통학교와 수많은 토지를 소유하고 있는 그의 자산이 당시 돈 1,000만원(지금 돈 약 1조원)을 헤아린다고 밝히고 있다. 그러면서 결코 곱지만은 않은 사적인 발언도 서슴지 않는다.

예컨대 민영휘는 지나간 시대의 유물인 사대부 집안에서 태어나 세도바람에 치부한 권세가라며, 그의 순결하지 못한 욕망을 따끔하게 꼬집었다. 그러면서 '한말 당시의 정계가 혼돈하얏슬 때에 높은 관직을 가졌던 것으로 생각하야 축재의 맘이 잇섯다 할지라도, 안연히 축재를 할 여유가 업섯슬 것이다. 그러나 민씨는 재리에 선각자이엇든지 관직을 띄고서도 일면 축재에 조끔도 겨울으지 안코'

라며 비교적 긴 설명을 늘어놓는데 그치지 않을 뿐만 아니라, 그의 재산 형성 과정에 문제가 있었다며 직격탄을 날린다.

'조선에서 첫째로 치는 부자가 누구이냐 하면 어른이나 아해이나 이구동성으로 민혜당閔惠堂이라고 똑가티 대답을 한다. 그러면 이 민혜당이란 누구를 가리켜서 하는 말인가 하면, 이는 민영휘씨를 지칭하는 것이니…. 어떤 귀족록貴族錄이란 책에 실린 것 중의 그의 관직 멫을 들면 알에와 갓다. …영변 부사府使, 한성 좌우 부윤府尹, 평안 감사, 시종원경 겸 임내대신侍從院卿兼任內大臣(자작)…. 그러나 민씨는 재리에 선각자이엇든지 관직을 띄고서도 일면 축재에 조끔도 겨울으지 안코 각 방면으로 부력 증대에 열중하엿섯다 한 다. 그래서 오늘의 부명富名을 듯고 잇는 재물이란 것도 당시에 모은 것이다. 하여간 민씨는 치부에 잇서 남 유달이 물질에 잇섯든 것만은 사실이다(어떠한 방법으로 모앗든지).

그럼 그는 얼마나한 재산이 잇나?

조선에서 제일가는 부자라 하니 그 재산이 얼마나한 액에 달하는지 알고 십흔 생각이 날 것이다. 그러나 남의 재산을 너무 똑똑히 공개하는 것도 신용 관계가 될 뿐 아니라, 정확한 수자를 이러내기도 난사難事이다…. 그런데 민씨의 재산에 대하여 모처의 조사를 근거로 한 수자가 알에와 갓다.

1. 농토(약 5만석지기) - 600~700만원(지금 돈 약 6천억원~7천억원) 가량

2. 소유 가옥 건물 기타 - 100만원(지금 돈 약 1천억원) 가량

3. 소유 주권株券 - 100만원(지금 돈 약 1천억원) 가량

이상의 수자로 보아서 민씨의 재산이 1,000만원(지금 돈 약 1조원)이라고 세상에서 말하는 것이 그다지 오산이 업는 말이다…. 그러나 쌍감아 속에도 걱정이 잇다는 말과 가티 민씨의 가중家中에도 재산을 중심으로 한 걱정이 잇다는 소식이 근자에 떠돈다. 그 소식이란 다른 것이 아니다. 첫째로 그의 일가에서 쓰는 생활비가 늘면 늘엇지 줄어갈 이치가 업고, 둘째로 민씨가 신임하여 오든 민씨의 차인(대리인)인 모씨에게 일년 추수액 이상을 000다는 풍설이다…. 그러나 이런 것쯤으로는 민씨의 재산에 잇서 창해滄海의 일율一粟과 가튼 손損에 불과할 것이다.

세평과 일언은 이렇다.

민씨의 부력을 말할 때에는 세상 사람들이 민씨의 재산 출처를 가지고 시비를 말한다. 아닌 게 아니라 민씨의 재산에 대하야 출처를 차저서 말한다면 얼마든지 시비 문제가 나올 것이다.

그러나 나는 이런 말을 새삼스럽게 하고 십지 안타. …조선에는 조선 사람을 위하야 할 일이 너무도 만허 갈피를 차리기 어려웁다. 이런 때인 까닭에 사업가가 무엇보다도 필요로 한 터이다. (똥)무든 돈이라고 내여 바리고 깨끗한 돈만 찻고 잇슬 때인 조선 사회가 아니라고 생각한다. …학교, 은행, 제사회사 등의 사업을 한 것은 조선 사회를 위하야 만흔 공적(말하게 달엿지만)이 잇슴을 인정한다.

그러나 민씨는 이것으로 만족히 생각하야서는 안 된다. 세간의 비난 유무를 불구하고 조선 제일의 부자인 만큼 적어도 부자다운 체면을 보존하랴면 압흐로 조선 사회를 위하야 할 사업이 아즉도 만코 만흠을 끗흐로 말해둔다.'

〈삼천리〉는 민영휘 관련 기사를 마무리하면서 또 이런 사족을 아울러 덧붙인다.

'민씨가 재리에 눈이 밝은 만큼 지금에도 남모르게 뒤에 안저서 식리殖利를 한다는 말이 잇다. 어떠한 방법이든지 이만 남을 것 가트면 뒤돈을 대여 준다 한다. 종로 상계라든지 대금업이라든지 어떠한 방면을 물론하고 민씨와 관계를 매진 곳이 상당히 잇는 모양이다.' [1]

이처럼 조선 제일가는 부자 민영휘는 8·15 해방의 감격을 누리지 못한 채 향년 85세를 일기로(1935) 그만 세상을 뜨고 말았다. 더구나 민영휘의 죽음은 그가 남긴 막대한 유산이 과연 어떻게 될 것인지 하는 뜨거운 관심 속에 다시 한 번 세간의 이목을 집중시키기에 충분한 것이었다.

'민영휘의 총 재산은 과거에 얼마이엇스며, 현재에는 어떠게 분포가 되엇는가는 우리가 가장 궁금하여 하고, 또 가장 알고 십허하는 것이다…. 이럭저럭 모혀 노은 것이 4,000만원(지금 돈 약 4조원)이엇고, 또 그 외에도 중국 상해 모 외국은행에 적립하여 노핫든 것도 수천만원이엇는데, 이것은 민씨의 명의로 국가 공금을 만졌섯다고 하니 이것의 후일담을 쓰고자 하는 것이 아님으로 그만 두거니와…. 그러나 현재에 일으러서는 세인이 일커르기를 1천2~300만원(지금 돈 약 1조2천에서 3천억원) 정도라 하니, 그 중 2,000만원(지금 돈 약 2조원)은 어듸로 갓는지 민씨의 영윤令胤들이 분재分財하여 잇는 것과 각 사업에 투신하야 손해를 본 것을 제하고 하는 말일지는 모르나, 엇젯든 과거에 비하야 반 이상이 줄어든 것은 사실인 것 갓

다.'[2]

하지만 결론부터 말한다면, 민영휘의 두 아들인 민대식과 민규식은 아버지가 이룬 그 막대한 재산을 끝내 지켜내지 못했다. 민영휘의 장남 민대식은 일찍이 영국의 케임브리지대학 경제학과를 수학하고 돌아와, 아버지로부터 동일은행을 물려받았다. 그는 '아츰에 〈만체스타〉요, 〈론든-뉴욕〉하는 세계 경제 시장에 흐르는 금융 시세를 라듸오 전보 또는 영자신문을 통하야 읽는' 나름대로 은행 경영에 전력을 다했던 것 같다.

그러나 혼마치(지금의 충무로 일대)의 '화월'이나 '그 별장'과 같은 일본의 고급 요릿집과 게이샤를 더 즐겨 찾기 일쑤였다던 그는, '으레 고주망태가 되어 자가용 자동차로 귀가한'[3] 것으로 미루어 일찍부터 향락에 젖어 있었던 것이 아닌가 하는 의구심마저 들게 한다. 아닌 게 아니라 식민지 말기에 이르면 동일은행의 민대식은 조선상계에서 이내 그 종적을 감추고야 만다.

반면에 그의 아우 민규식은 그나마 식민지 말기까지도 꿋꿋이 살아남아 있었다. 일찍이 경성 시내에서 최초로 택시회사를 경영하여 '조선의 자동차왕'으로 군림했던 민규식은, 그러나 어느 날 혜성처럼 등장한 함경도 북청 태생의 시골뜨기 방의석에게 그만 권좌를 내어주고 마는 아픔을 겪기도 했다.

하지만 조선 최고의 부자를 아버지로 둔 덕분에 민규식은 재기에 성공할 수 있었다. 이번에는 업종을 변경하여 영보합명회사라는 부동산회사를 설립한 것이다. 그러면서 한학수의 한창사와 라이벌이 되어, 종로 거리에 고층 빌딩을 지어 올리는 '삘딩 쟁탈전'을 벌이기도 했다.

　그러나 태평양전쟁 말기인 1944년 10월, 화신백화점의 박흥식이 주동이 되어 조선상계의 유력한 기업가들과 공동으로 조선비행기 공업주식회사를 설립했을 때, 그의 이름 석 자가 이사 명단에 오른 것이 마지막이었다. 이듬해 해방이 되면서 일본인들이 한국에 남겨두고 떠난 공장이며 산업시설, 기업체 등의 숱한 적산기업을 사실상 국내 기업인들에게 거저 나눠주다시피 한 명단에서조차 민규식을 포함하여 그의 형 민대식의 이름은 끝내 찾아보기 어려웠다. 결국 '부자 3대 가기 어렵다' 는 옛말은 조선 최고의 부호였던 천만장자 민영휘와 그의 아들들에게도 예외가 아니었던 셈이다.

　〈삼천리〉는 그런 민영휘 일가에 이어 '조선 3대 재벌' 의 두 번째 편으로, 일확천금의 노다지를 캐어 당시 세상을 떠들썩하게 만들었던 '금광왕' 최창학을 찾아나서고 있다.

　'최창학씨는 자타가 다가치 불행하다고 생각하는 적빈여세_{赤貧}如洗한 가정에서 태여나서 가진 고초와 신산_{辛酸}을 고루고루 맛보다가 뜻박게 호박이 궁굴러서 하로 아츰에 졸부가 된, 말하자면 제3계급에 속하는 극히 미천한 불운아어엿던 것이다.

　그럼으로 이들 3자는 다각기 조선의 세 계급을 대변하는 부호이다. 따라서 민영휘, 김성수의 대재벌이 각기 오랜 전통과 역사와 배경을 자랑하고 잇는 노성_{老成}한 부호인데 반하야, 하등의 권력과 배경이 업시 오즉 적수공권으로 일확천금을 한 신진 최창학 재벌이 엄연히 대립의 형세를 보히고 잇슴은 또한 재미잇는 대조라고 하니 할 수 업다….'[4]

최창학은 평안도 구성에서 가난한 선비의 아들로 태어났다고 (1890) 알려져 있다. 그러나 국초 이래 근 5백여 년 동안이나 지속되었던 서북인 차별을 고려해볼 때 우리가 흔히 말하는 사대부를 뜻하는 선비가 아니었던 것만은 분명해 보인다.

아무렇든 어려서부터 평안도 일대의 금광을 전전하며 실패와 실패를 거듭하던 최창학은, 3 · 1운동으로 나라 안이 온통 뒤숭숭하던 1919년 고향집에서 멀지 않은 구성군 조약동의 광산에 자리를 잡은 채 운명을 건 한 판 승부를 시작했다. 그러나 10여 년이나 매달렸음에도 노다지는 커녕 사금 한 톨 나지 않았다. 그동안 100여 명의 금전꾼(투자자)에게 젊음과 가산 탕진의 뼈아픈 고통을 안겨주기만 하던 폐광이었다.

최창학은 그런 황량한 폐광에서 또다시 몇 년 동안이나 허망한 꿈을 쫓았는지 모른다. 또 그러는 사이 더 이상 버틸 기력을 잃은 동업자들이 하나 둘씩 그의 곁을 속절없이 떠나갔다. 그리고 결국에는 최창학 혼자만이 남게 되었다.

그러던 어느 날 돌을 깨다 말고 그는 문득 망치질을 멈추었다. 폐광 깊숙한 곳에서 마침내 누런 황금빛을 찾게 된 것이다. 실로 조선 최대의 금광이 발견되는 순간이었다.

이제 갓 35살의 최창학은 그렇듯 한 순간에 벼락부자가 되었다. 그는 자신에게 막대한 부를 안겨주었던 구성 금광을 4년 뒤에 일본 미쓰이가 제시한 130만원(지금 돈 약 1천300억원)을 받고 팔아넘겼다. 그리하여 그동안 모은 자산까지 합하여 모두 300만원(지금 돈 약 3천억원)대의 현금을 손에 쥔 백만장자로 탄생케 되었다.

금광을 팔아넘긴 최창학은 더 이상 구성에 머물 필요가 없어졌다. 그는 그 돈을 가지고 경성으로 상경하여 죽첨장竹添町(지금의 삼성 강북병원 본관)을 짓고 호화로운 생활에 들어갔다. 은행 금고에 돈궤를 맡겨놓은 체 하는 일 없이 사치와 향락, 돈 쓰는 일에만 매진했다. 수십 년 동안 온갖 사치를 누렸으며, 자신의 안녕과 쾌락을 위한 일이라면 천금도 마다하지 않았다.

하지만 그처럼 돈을 물 쓰듯이 헤프게 썼음에도 사치와 향락 때문에 재산이 줄어드는 일이라곤 한 번도 없었다. 적어도 그에게만은 분에 넘친다는 말이 적용되지 않았다. 또한 총을 들고 일본군과 맞서 싸우는 독립운동이 치열할 적에도, 대공황과 태평양전쟁으로 이어지는 정치적 파란기에도, 그의 승승장구는 누구도 가로막지 못했다. 최창학의 화려한 나날은 마냥 계속되었던 것이다.

다만 조선총독부 기관지인 매일신보가 경성일보에서 분리되어 독립법인으로 출범할(1938) 때, 그는 2만 5,000원(지금 돈 약 25억원)을 투자하여 조선인들 가운데 최대 주주가 되면서 일약 상무로 취임했다. 그런가하면 임전보국단의 이사가 되어 일제의 전쟁 자금 모금 운동에도 나섰다. 그는 일본 육군에 비행기 8대를 헌납하여 귀감을 보이기조차 했다.

그러나 세상에 영원한 것이란 없었다. 조선 제일의 금광왕으로 군림하면서 온갖 사치와 향락을 누린지 22년째가 되던 해에 그만 올 것이 오고야 말았다. 모두가 감격에 가슴 벅차오를 때 그만은 일생일대의 시련이 될 8 · 15해방을 맞이한 것이다.

최창학은 조선총독부의 기관지인 매일신보 상무 겸 임전보국단

　　조선 제일의 금광왕 최창학은 일제시대 온갖
사치와 향락을 누린지 22년째가 되던 해에 그만
8·15 해방을 맞이했다. 최창학은 살아남기 위한
수단으로 해방된 조국에 대한 충성심을 보이기
위해 때마침 귀국한 백범 김구에게 자신의 저택
인 죽첨정을 헌납했다. 1,700평의 대지 위에
290평의 2층 양옥집으로, 당시 서울 시내에서
가장 호화롭다는 대저택이었다. 백범 김구는 5년
뒤 이 경교장에서 보수 극우 안두희가 쏜 총탄에
서거하게 된다.

이사의 직함을 지닌 채 해방을 맞았다. 그동안의 애국적 행위가 하루아침에 친일이라는 굴레로 뒤바뀌게 되면서, 이제는 그렇게 뒤바뀌고 만 세상에서 어떻게든 살아남는 것이 문제였다.

물론 조선 제일의 금광왕 최창학은 그렇듯 쉽사리 퇴장할 인물이 아니었다. 재빨리 살아남을 방법을 찾아냈다.

우선 그는 해방된 조국에 대한 충성심을 보이기 위해 때마침 귀국한 백범 김구에게 자신의 대저택 죽첨정을 헌납했다. 1,700평의 대지 위에 290평의 2층 양옥집으로, 서울 시내에서 가장 호화로운 대저택이었다.

최창학의 죽첨정은 이후 경교장으로 문패를 고쳐 달게 되었다. 5년 후 김구는 바로 이 경교장 2층 서재에서 보수 극우파 안두희의 총탄에 서거하게 된다.

아무튼 그렇게 살아남은 최창학은 어수선하기만 한 5년 동안의 해방 정국과 다시금 4년 가까이 6·25 한국전쟁을 치르는 동안에도 새로운 사업에는 좀처럼 뛰어들지 않고 있었다. 그는 당시 황금알을 낳는다는 제조업이나 무역업으로 새롭게 진출하지 아니하고, 그런 기업가와 무역업자들을 상대로 고리대금업을 하는 것으로 만족했다. 고리대금업은 그가 일제 때부터 줄곧 해오던 익숙한 업종이었다. 실제로 당시 무역업에 손을 댄 사람치고 최창학의 돈을 빌려 쓰지 않은 사람이 없다고 할 만큼, 1950년대 사채업계에서 그의 영향력을 실로 막강했다.

그렇다고 시련이 모두 다 물러난 것은 아니었다. 뜻하지 않게 백범 김구가 암살당한데 이어 이승만이 초대 대통령으로 취임하면서,

최창학은 또다시 고립무원의 처지에 놓이게 되었다. 김구의 라이벌이었던 이승만이 정권을 잡게 되면서 최창학은 일체의 특혜성 사업에서 배제되었음은 물론, 집요한 세무 조사와 탈세에 따른 재판에 연일 시달여야 했다.

그러던 최창학이 돌연 오산중고교를 인수하여(1957) 재단 이사장에 취임했다는 소식은 아무래도 뜬금없었다. 오산중고교는 일찍이 평안도 부자 남강南岡 이승훈이 설립한 민족학교였다. 하지만 그의 전 재산을 투자한 엽전 수송선이 목포 앞바다에서 일본 상선과 충돌하여 고스란히 수장되고(1901) 만 뒤 끝내 재기에 실패하면서, 이후 심각한 재정난으로 어려움을 겪고 있었다. 그러한 오산중고교를 때마침 최창학이 인수한 것이었다.

하지만 곧바로 그의 비보가 뒤따랐다. 같은 해 10월 최창학이 그만 심장마비로 사망한 것이다. 그의 부고는 신문 사회면의 한 귀퉁이에 매우 초라하게 실렸을 따름이다.

지금 돈으로 무려 수천억 원에 달했던 최창학의 재산은, 해방 이후 밀어 닥친 시련으로 말미암아 그가 살아있을 적에 이미 거의 흩어지고 말았다고 한다. 마지막 남은 재산이랄 수 있는 오산중고교 또한 세습되지 못했다. 지금 돈으로 하루에 5천만 원씩을 써도 결코 줄지 않는다던 막대한 재산은 그의 초라한 최후와 함께 바람과 같이 사라지고 말았던 것이다.[5]

〈삼천리〉는 이런 민영휘와 최창학에 이어 나머지 한 사람의 재벌로 고창의 김씨 일가를 꼽았다. 김성수와 김연수金秊洙 형제가 그들이었다.

그러나 이들 형제에 대해선 따로 인용하지 않을 참이다. 앞으로 이들 형제에 대해 살펴볼 내용이 곧 〈삼천리〉가 말하고 있는 것과 크게 다르지 않기 때문이다.

다만 분명한 것은 김성수와 김연수 두 형제는 앞서 민영휘와 최창학과는 사뭇 다른 시각을 전개해 보여준다는 점이다. 그건 〈삼천리〉도 밝히고 있듯이 결코 기존에 있었던 지주경영의 수익성이 나빠졌기 때문이 아니다. 이들 두 형제가 품었던 것은 오로지 앞서 있는 일본 문명을 따라 잡으려는catch-up, 다시 말해 우리 앞에 놓여있는 당면 과제이기도 하였던 근대화를 우리 스스로 개척하고 단련시켜 이른바 '사회적 능력social capability'을 키워나가고자 하는 어기찬 여정이었던 것이다.

껍질 바깥으로
'산토끼'를 찾아나서다

김성수는 김연수와 함께 어릴 적부터 한학을 배우다가, 열일곱 살(1906) 때 신학문을 배우기 위해 처가가 있는 담양의 창평으로 향했다. 그의 장인인 고정주가 자신의 아들 고광준(훗날 동아일보 사장 고재필의 부친)과 사위 김성수를 비롯하여 그 지방의 유력한 젊은이들에게 신학문을 가르치기 위하여 사설 학교 영학숙英學塾을 설립했기 때문인데, 영학숙의 학교장 이표는 한학에도 능통했을 뿐더러 영어에도 통달한 인텔리였다.

한데 김성수를 기다리고 있었던 것은 영어, 수학, 과학, 세계지리와 같은 신학문만이 아니었다. 그곳에서 장래 평생 친구이자 동지가 되는 송진우(훗날 동아일보 사장, 한국민주당 당수)를 만나게 된다. 김성수의 장인과 송진우의 부친이 절친한 사이여서 송진우 역시 신학문을 배우기 위해 창평의 영학숙에 입학케 된 것이다.

뿐만이 아니었다. 영학숙에서 신학문을 접하고 세상의 정세를 배우면서 나라가 처한 형편을 보다 뚜렷이 이해하게 되었다. 그러면서 김성수와 송진우는 어느덧 나라의 장래를 걱정하는 열혈 청년이 되어, 서로 만나기만 하면 비분의 울분을 토해내며 긴 밤을 지새우기 여러 날이었다.

그와 함께 두 사람은 영학숙의 공부만으로는 만족할 수 없게 되었다. 신학문의 광장으로 좀 더 나아가고 싶었다. 결국 두 사람은 일본으로 건너가서 직접 신문명과 부딪쳐보자는데 의기투합했다.

그렇듯 1년여 동안 신학문을 공부하고 고창의 집으로 돌아온 김성수는 동생 김연수에게 그동안 영학숙에서 학습한 지식이며, 송진우와 토론하면서 품게 된 이런저런 생각들을 들려주었다. 1년여 만에 다시 집으로 돌아온 형이었지만, 형 김성수는 예전보다 크게 달라진 모습이었다.

무엇보다 김성수는 공부를 계속하고 싶어 했다. 그리하여 친구인 백관수(훗날 조선일보 상무)와 함께 산 속으로 들어갔다. 부안의 내소사來蘇寺에서도 한참을 더 들어간 청련암이었다. 청련암에서 김성수는 백관수에게 창평 영학숙에서 배운 영어를 가르쳤고, 백관수는 김성수에게 한학을 가르쳤다.

한데 내소사 청련암으로 반가운 얼굴이 찾아왔다. 고향 집으로 돌아가 있던 송진우였다. 송진우까지 가세하게 되면서 청련암에서의 생활은 보다 활기를 띠게 되었다. 세 젊은이는 온밤을 꼬박 새워가며 백척간두에 선 나라의 앞날과 함께 젊은 자신들의 역할에 대해 고뇌하기 시작했다.

그러던 어느 날 청련암 뒷산인 가능산에서 산토끼를 목격하고는 저마다 결심을 하게 된다. 우리의 산토끼를 잡고자 한다면 여기서도 얼마든지 가능하겠지만, 그러나 일본이라는 산토끼를 잡으려 한다면 어떻게든 일본으로 건너가지 않으면 안 된다고 생각했다. 일본으로 유학을 떠나 스스로 실력을 키워야 한다는데 의견이 일치했다. 당시 민족운동의 주조를 이루고 있던 실력양성론과도 결코 무관치 않은 결심이었다.

하지만 완고하기만 한 부모의 허락을 얻는 일이 여간 쉽지 않았다. 어린 아내를 포함해서 집안의 어느 누구도 선뜻 동조해주지 않았다. 한 치 앞을 내다볼 수 없는 혼란스러운 시기에 집안의 장손을 타국 멀리 떠나보내는 일이 당시로선 상상하기 어려웠던 것이다.

부모와 가족을 설득하는데 실패한 김성수는, 그렇더라도 자신이 품은 뜻을 굽히지 않았다. 집안의 반대에도 불구하고 일본으로 건너가기로 결심을 굳힌 김성수는 끝내 자신의 상투를 잘라버렸다.

그리곤 이튿날 새벽 송진우와 함께 당나귀를 타고 군산으로 간 뒤, 뱃길로 부산으로 향했다. 부산에서 다시 화륜선을 타고서 현해탄을 건너 시모노세키로 떠났다. 이때 김성수는 열여덟, 송진우는 스무 살이던 1908년 10월이었다.

일본에 도착한 김성수와 송진우는 두 눈이 휘둥그레졌다. 고향 친구인 홍명희(소설가. 훗날 월북하여 북한 부수상을 지냄)의 안내로 도쿄를 한 바퀴 돌아보고는 그만 큰 충격에 빠졌다.

이때 일본은 이미 러시아와의 전쟁에서 무적 발틱함대를 격파시킨, 서구 이외의 지역에서 최초로 근대화를 이룩한 국가였다. 당시 인구 500만의 도쿄 시내를 누비고 다니는 전차며 밤거리를 휘황찬란하게 비추는 전등, 난생 처음 구경하는 테니스와 야구, 냉장고며 레코드 축음기, 미쓰코시 백화점, 아사쿠사 공원에 하늘을 찌를 듯이 우뚝 솟아오른 12층 높이의 고층 빌딩 료운카쿠凌雲閣(구름 위로 솟은 높은 건물이란 뜻)와 그 고층 빌딩 안에서 타본 엘리베이터와 같은 새로운 문명은 일본으로 건너오기 바로 전날에야 비로소 머리의 상투를 자를 수 있었던 김성수로선 커다란 충격이 아닐 수 없었다.

더욱이 두 젊은이를 놀라게 했던 건 각급 관공서를 비롯하여 각종 학교의 시설이었다. 또한 여기저기 벌여놓은 엄청난 규모의 각종 공사장들을 바라보면서, 총 한 자루 제대로 만들지 못해 지금도 칼이나 죽창을 들고서 일본군과 맞서 싸우고 있을 이름 없는 의병들을 떠올릴 때면 비통하지 않을 수 없었다.

하지만 언제까지 비통해하고 있을 수만은 없는 노릇이었다. 김성수와 송진우는 청련암 뒷산에서 산토끼를 목격하면서 결심한대로, 먼저 중학교 입학시험을 준비하기 위해 정칙正則영어학교에 나란히 입학했다.

그런 뒤 김성수는 금성중학교 · 와세다대학 예과 · 와세다대학 본과 정치경제학과에 진학했다. 송진우 역시 와세다대학 예과를 거친 뒤, 일본과 싸우기 위해서는 법률을 공부해야 한다며 메이지대학 법학과에 진학했다.

김성수의 이러한 일본 유학은 그 뒤 자신의 동생 김연수의 일본 유학으로 이어졌다. 김성수가 일본 도쿄에 도착하여 공부를 시작하면서 어느 정도 자리가 잡히자, 동생 김연수의 동반 유학을 도모하고 나섰다. 송진우가 중도에 잠시 귀국하였다가 돌아오는 길에 동생 김연수마저 일본으로 데려오게 된 것이다. 이때 김연수의 나이 열여섯 살이던 1911년 정월이었다.

현해탄을 건너 시모노세키에 도착한 김연수는 형 김성수와 마찬가지로 이내 큰 충격에 빠져들었다. 눈에 들어오는 모든 풍물이 생소하기도 하였지만, 특히 기차를 처음 타게 된 경험은 두고두고 잊지 못할 기억으로 남았다. 시모노세키에서 도쿄의 신바시新橋까지는 꼬박 하룻밤 이틀 낮 동안이나 기차가 쉬지 아니하고 내달렸다. 차창 밖으로 내다보이는 울창한 수목과 잘 정리되어 있는 전답, 규모 있는 지방 도시와 깨끗한 촌락은 고국의 모습과 비교했을 때 허탈감마저 들게 만들었다.

무엇보다 김연수의 눈길을 사로잡았던 것은 기차가 오사카에 접어들었을 때였다. 즐비하게 솟아오른 높다란 공장 굴뚝들이 나타나기 시작하면서 다시 한번 놀라지 않을 수 없었다. 끝없이 펼쳐지는 수많은 공장들과 함께 굴뚝 연기로 뒤덮인 공업도시의 낯선 풍경은 열여섯 젊은 그의 뇌리에 깊숙이 각인되었다.

이윽고 김성수는 양아버지인 김기중과 친아버지인 김경중을 일본 도쿄로 초청했다(1913). 하지만 이 초청은 순전히 의도된 것이었다. 그가 두 형제인 아버지를 일본 도쿄로 초청한 것은 자신이 가고자 하는 장래의 꿈을 실현시키기 위한 사전 계획에 의해서였다. 그는 두 아버지를 와세다대학 창립 30주년 기념행사에 초청했던 것이다.

와세다대학 운동장의 스탠드에 앉아 창립 기념식을 지켜본 두 아버지는 경탄을 금치 못했다. 기념식에는 일본 총리대신을 비롯하여 미국과 유럽의 여러 나라에서 온 대학 대표들이 참석했는데, 내외 귀빈만도 2천여 명에 교직원이 3백여 명, 대학생은 무려 1만여 명이 참석하여 드넓은 운동장에서 성대하게 진행되었다.

김성수는 두 아버지가 일본에 머무는 동안 도쿄 시내의 발전상이며 각급 교육기관을 구경시켜 드렸다. 그런 뒤에 틈을 보아 자신의 장래 포부도 아울러 밝혔다. 대학을 졸업하게 되면 고국으로 돌아가 교육 사업에 투신하고 싶다는 뜻을 두 아버지에게 넌지시 비치기까지 한 것이다.

이듬해 여름, 마침내 6년여 동안의 유학 끝에 와세다대학 정치경제학과를 졸업한 그는, 고국으로 돌아가 교육 사업을 벌이겠다는 당초의 결심에 따라 곧바로 귀국했다. 이제 중학교 4학년이 된 동생 김연수는 도쿄에 혼자 남게 되었다.

하지만 오래지 않아 그의 하숙집을 찾아온 이가 있었다. 김연수보다 4살 연상인 춘원 이광수(소설가. 훗날 동아일보 편집국장, 조선일보 부사장)였다.

당시 이광수는 평안도 오산학교 교사이면서 또한 촉망받는 문인이었다. 그런 그가 김성수의 도움을 받아 공부를 계속하기 위해 일본 도쿄로 건너오게 된 것이다. 김연수와 이광수는 이날부터 가까이 지내게 되었다.

이윽고 김연수 역시 아자부중학교와 교토 제3고교를 거쳐, 한국인으로는 맨 처음 교토제국대학 경제학과를 졸업했다. 일본 유학길에 오른 지 10여 년 만에 앞서 귀국한 형 김성수의 뒤를 이어 마침내 고국으로 돌아올 수 있게 되었다. 일본이라는 산토끼를 본 두 형제가 그 산토끼를 따라잡기catch-up 위해 비로소 이제 껍질 바깥으로 나설 수 있게 된 것이었다.

민족교육의 산실, 중앙학교

'무엇보다 민족교육이 시급하다.'

동생 김연수가 일본 교토제국대학 경제학과 유학을 마치고 귀국하였을 땐 몇 년 앞서 귀국한 형 김성수는 이미 그 실천에 옮기고 있었다. 개항 이후 서구 자본주의 세력의 침략으로 민족의 보전마저 위태로운 상황에서, 선구자적 지식인들은 민족의 역량을 결집시키기 위한 실력양성론 배양에 온통 관심이 집중되어 있었다. 그것은 당초 김성수가 일본 유학 시절부터 꿈꾸어왔던 결심과도 일치한 대목이었다.

김성수가 이렇듯 자신의 결심을 실천에 옮기게 된 데에는 귀국 이후 고창에서 처음 서울로 상경하면서부터였다. 집안의 어른들에게는 그저 일본 유학을 하면서 알게 된 친구들도 만나볼 겸 세상 돌아가는 형편이나 알아보기 위해서라고 말하였으나, 실은 앞으로 자신이 해야 할 일을 찾기 위해 교육계의 실상부터 먼저 알아보고자 나선 길이었다. 그런 그가 우리 교육 현장을 목격하고 나서는 그만 서둘러 실천에 옮기게 된 것이었다.

물론 우린 이미 기억하고 있다. 불과 4년 전인 1910년 8월 22일 오후 4시 50분쯤, 남산에 자리한 통감부에서 한일병합을 조인하기 직전에 일본과 한 통속이었던 내각총리 이완용이 데라우치 통감에게 '우리 한국인의 교육에 가장 많은 중점을 두었으면 한다'는 마지막 부탁을.

그러나 일본이 식민지 조선에서 시행하려고 한 교육은 너무도 분명했다. 조선은 그저 식량과 원료의 공급지로서 일본에 희생하는 역할을 다하면 그것으로 충분한 노예교육에 있었던 것이다.

그것은 곧 양국 간에 수업 연수만 놓고 보아도 어렵잖게 알 수 있는 일이었다. 강제 병합 이후 제정된 조선교육령에 의해 일본인의 경우에는 소학교(초등학교) 6년, 중학교 5학년이었다. 그에 반해 조선인의 경우에는 보통학교(초등학교) 4년, 고등보통학교(중학교) 4년으로 묶어놓아, 학제에서부터 조선인은 이미 일본인을 따라가지 못하게 만들어놓았다.

이에 따라 강제 병합 이후 실력양성론으로 팽배했던 교육열은 이미 크게 퇴조한 분위기였다. 그나마 교세를 유지하고 있는 공립학교 말고는 기껏해야 기독교계 몇몇 학교 정도가 남았을 뿐이다. 민간에서 유지들이 설립한 사립학교는 경영난 때문에 태반은 소멸되고 말았거나, 남아 있다 하더라도 간신히 명맥만을 유지하고 있

어 폐교나 다름이 없는 상태였다.[6]

25살의 젊은 김성수는 개탄하지 않을 수 없었다. 민족교육을 책임져야 할 사립학교는 총독부의 엄격한 교육정책과 경영난으로 허덕이고 있는데다, 무엇보다 공립학교에 비해 사립학교의 교육 시설은 너무도 빈약하기 짝이 없었다. 마치 벽돌집과 초가집의 차이라고 볼 수 있을 정도였다.

고창에서 서울로 상경한 김성수는 일본 유학 시절부터 익히 알고 지내던 최남선(국학자) 안재홍(훗날 민정장관) 등과 교류하면서, 마침내 자신이 설립할 사립 학교명을 백산학교白山學校로 정했다. 그런 다음 조선총독부에 사립학교 설립안을 제출했다.

그러나 민족교육에 대한 열망은 처음부터 시련을 겪지 않으면 안 되었다. 조선총독부 학무국장 세키야는 김성수를 만나보기도 전에 화부터 버럭 냈다.

"백산이라면 이는 곧 조선의 백두산을 일컫는 게 아닌가? 이런 사람은 설령 대일본제국의 후지산이란 학교명을 들고 와도 절대로 안 된다!"

학교명이 불온하다는 것은 허울 좋은 구실이었다. 조선총독부는 애당초 조선인에겐 사립학교 설립을 허가해 줄 생각이 없었다.

소문은 빨랐다. 김성수가 조선총독부의 허락을 받지 못해 사립학교를 설립할 수 없게 되었다는 소문이 퍼져나가자, 이번에는 경영난에 빠져 있던 사립학교에서 김성수를 찾았다. 자기 학교에 출자를 해달라거나, 아예 인수해서 운영을 맡아달라는 하소연이었다.

김성수는 그들의 하소연을 들어줄 수 없었다. 민족교육이라는

자신의 뜻을 실현하기 위해서는 반드시 자신의 학교를 세워야 한다
는 일념에서였다.

하지만 민족운동의 유력한 조직체 가운데 하나였던 중앙학회에
서 중앙학교를 인수해달라는 하소연만은 차마 뿌리치지 못했다. 당
시 중앙학교는 흥사단興士團, 호남학회, 관동학회 등 전국에서 내놓
으라 하는 여러 학회에서 교육 구국을 외치는 우국지사들의 심혈이
거의 총망라되어 있었다. 그러나 망국과 함께 경영난에서 헤어나지
못하고 있던 중이었다.

김성수는 중앙학회의 김윤식(구한말 외부대신)과 이상재(훗날 조선일
보 사장) 등을 만나 중앙학교를 인수하기로 합의한 뒤, 그 길로 고창
으로 내려가 두 아버지를 설득하고 나섰다.

그러나 두 아버지는 완고했다. 아들의 뜻이 놀랍고 대견하기는
하였으나 안심이 되지 않았다. 구한말의 고위 관료였던 김윤식과
이상재와 같은 쟁쟁한 명사들조차 이끌고 가지 못한 중앙학교를,
이제 갓 대학 공부를 마치고 돌아온 젊은 아들이 과연 구원할 수 있
을는지 염려가 앞섰다. 더구나 아무런 수익도 기약할 수 없는 교육
사업에 수많은 농토를 내놓아야 하는 일은 신중을 기하지 않을 수
없는 일이었다.

결국 김성수는 방문을 걸어 잠근 채 이틀에 걸친 단식 끝에야 겨
우 두 아버지로부터 승낙을 얻어낼 수 있었다. 양아버지 김기중이 거
의 전 재산이랄 수 있는 3,000석지기의 전답을 내놓은데 이어, 친아
버지 김경중 역시 중앙학교 운영을 전적으로 지원할 것을 약속했다.

한데 이번에는 조선총독부에서 다시 제동을 걸고 나섰다. 해산

직전에 놓여있는 중앙학회와 중앙학교를 되살리겠다는 그의 의지는 결코 조선총독부가 바라던 바가 아닌 것이었다.

그 같이 좀처럼 길이 보이지 않고 있을 때였다. 와세다대학 재학 시절 법학 교수로 당시 일본 정계에도 영향력이 있던 나가시, 다나카 두 교수가 때마침 서울에 온다는 소문을 전해 듣게 되었다. 물에 빠진 사람 지푸라기라도 잡는다는 심정으로 김성수는 무턱대고 그들을 찾아갔다. 그리고 그들의 조력을 얻어 조선총독부로부터 어렵사리 허가를 받을 수 있게 되었다.

이처럼 우여곡절 끝에 민족운동의 유력한 조직체 가운데 하나였던 중앙학회가 세운 중앙학교를 인수하게 된 김성수는, 앞서 휘문의숙 교장과 황성신문 주필 등을 역임한 명망 높은 유근柳瑾을 교장으로 추대했다. 이어 친구인 안재홍을 학감에 앉히고, 그 자신은 주위의 만류에도 불구하고 평교사 자리를 맡았다.

그러던 1917년 11월 조선총독부의 고등보통학교령에 따라 이제까지 3학년제이던 중앙학교의 수업 연한이 4학년제로 개편되면서, 당장 학교 시설의 확충이 시급해졌다. 한옥의 안채와 사랑채를 연결하여 양철 지붕을 얹은 건평 80평(1평은 3.3평방미터) 정도의 교사만으로는 터무니없이 비좁기만 했다.

이럴 즈음 김성수는 유근에 이어 중앙학교 교장으로 취임했다. 교사의 신축과 더불어 교세 중흥의 기틀을 스스로 다져가기 위해서였다.

새 교사가 들어선 곳은 지금의 중앙중 · 고교 자리인 종로 계동 1번지였다. 그는 학교 수업을 마치고 나면 헌 옷가지로 갈아입고 공사장으로 나가, 작업자들과 삽질을 하며 함께 땀을 흘렸다.

사실 폐교 직전에 놓여있던 중앙학교를 김성수가 인수하였을 때 그에게 쏠려있는 이목은 비단 조선 사회만은 아니었다. 평소 조선인의 역량을 우습게 여겨오던 조선총독부 또한 예외가 아니었다. 특히나 김성수를 '깅꾼金君' 이라고 낮추어 불러오던 조선총독부 학무국장 세키야는 내심 결과가 빤할 것이라고 확신하는 눈치였다. 보나마나 얼마 가지 못해 돈푼깨나 날리고 그만 물러날 것으로 점치고 있었던 것이다.

한데 그런 '깅꾼' 이 당시로선 보기 드물게 붉은 벽돌로 쌓아올린 건평 120여 평의 2층 교사를 비롯하여, 부속 건물까지 200여 평에 달하는 신축 교사를 지어 올렸다. 그런 뒤 낙성식을 거행했다.

그 뿐이 아니었다. 젊은 김성수의 주변에는 조선의 유능한 인재들이 언제나 넘쳐났다. 이미 중앙학교와 연고가 깊은 최규동 이중화 이광종 이규영 권덕규 이외에도, 일본 유학을 마치고 돌아온 송진우 최두선 이강현 현상윤 등이 가세했다. 그 밖에도 국내에서 이미 명성이 높은 변영태 조철호 나원주 등의 유능한 인물들이 차례대로 중앙학교의 교직에 서게 되면서, 이후 우리의 근·현대사를 이끌고 나갈 수많은 인재들을 길러낼 수 있었다.

이럴 무렵 일제에 의해 고종이 독살되면서 급기야 3·1운동이 일어나게 되었다. 1919년 3월 1일 오후 2시, 이승훈·손병희·한용운 등 민족대표 33인이 서울 시내 음식점 태화관에서 독립선언서를 낭독하고 경찰서에 모두 투옥되는 사건이 발생했다. 이와 함께 종로 탑골공원에 모인 군중은 '조선독립만세!' 를 외치며 일제히 거리

　폐교 직전에 놓여 있던 중앙학교를 김성수가
인수하였을 때 그에게 쏠려있는 이목은 비단 조
선 사회만은 아니었다. 평소 조선인의 역량을 우
습게 여겨오던 조선총독부 또한 예외가 아니었
다. 조선총독부 학무국장 세키야는 내심 결과가
빤할 것이라고 확신하는 눈치였다. 오래지않아
그만 물러나고 말 것이라고 점쳤었다.

로 쏟아져 나갔다. 3월 3일에 예정되어 있던 고종의 장례식에 참석
하려고 전국 각지에서 올라온 수많은 유생들 또한 전원 만세 시위
에 참여했다.

서울에서의 이런 만세 시위는 삽시간에 전국으로 번져나갔다.
철도를 따라 점차 대도시에서 중소도시로, 나아가 읍면에까지 구석
구석 파급되었다. 만세 시위는 주로 군중이 많이 모여드는 장날에
자주 일어났다. 3월 말부터 4월 초에는 전국이 만세 시위로 뒤덮여
그 절정에 달했다.

이러한 만세 시위는 4월 말까지 두 달여에 걸쳐 전국적으로 770
여 곳에서 총 848회나 발생했는데, 일본은 무자비하게 총칼로 진압
하고 말았다. 총 848건 가운데 103건의 시위에서 경찰과 군의 발포
로 수많은 사상자가 발생케 된 것이다.[7]

한데 중앙학교를 지키기 위해 표면에 나서지 않았을 뿐, 이러한
3·1운동의 산실이 다름 아닌 김성수의 중앙학교였다는 사실은 조
선총독부로서도 눈여겨보지 않을 수 없었다. 젊은 김성수를 구심점
으로 하는 중앙학교의 존재에 감시의 눈길을 보내지 않으면 안 되
었다.[8]

그러나 조선총독부의 주시에도 아랑곳하지 아니하고 김성수는 거
기서 한 발 더 나아갔다. 이때 이미 민족대학 설립을 진척시켜 나가고
있었다. 다만 곧바로 이어지는 동아일보 창간에 쫓겨 몇 해가 더 지나
가서야 비로소 보성전문학교(훗날 고려대학교)를 인수하면서 그 숙원을
마침내 풀 수 있었으나, 그렇더라도 그의 민족대학 설립 계획은 3·1
운동의 함성과 함께 그때 이미 구체화되어 가고 있었던 것이다.

다시 경성방직에서
동아일보까지

　그렇더라도 흥미롭지 않은가. 김성수가 일본 유학을 마치고 고국으로 돌아와 벌인 첫 사업이 민족교육이라는 점은 흥미롭지 않을 수 없다. 나라를 빼앗기고 만 식민지의 허탈과 공허 속에서 하필 교육을 가장 먼저 떠올리고 실천에 옮겼다는 건 암만해도 눈길이 간다. 그것도 이미 앞서 얘기한 것처럼 강제 병합 이후 한때 들불처럼 일어났던 실력양성론에 따른 교육에 대한 열기도 이때쯤에는 크게 퇴조하고 말았음에도, 그럼에도 하고 많은 것 가운데 하필이면 민족교육을 가장 먼저 선택하고 있다는 점은 분명 눈여겨볼 대목이 아닐 수 없다.

　그렇다면 이러한 점을 상정해볼 수 있잖겠는가. 나라를 팔아먹은 역적 이완용이나, 그런 나라를 다시금 되찾으려 나선 젊은 김성수는 이미 알고 있었다고 보아진다. 우리가 가지고 있는 거라곤 오직 '사람' 뿐이라는, 지극히 명료하면서도 첨예한 이런 사실을 말이다. 지난 천년 동안이라는 기나긴 시간동안 우리가 과연 무엇에 방점을 두고서 부단히 영위해왔었는지를. 또 그러한 결과 어떤 것을 줄기차게 이어가야 한다는 사실을 정확히 꿰고 있었음을 짐작해 볼 수 있다라는 것이다.

그렇기 때문에 역신의 마지막 부탁도 젊은 선각자의 첫 발걸음도, 마치 입에 붙은 것처럼 한사코 교육으로 모아질 수밖에 없었다는 점이다. 김성수가 자신의 첫 사업으로 민족교육을 들고 나온 점역시 어떻게 보면 그 중요성에 있어 너무도 당연한 것이었다고 보아진다.

어쨌거나 민족교육의 일념으로 중앙학교를 다시 일으켜 세운 김성수는, 3·1운동 이후 고조된 민족의식의 소용돌이 속에서 다음 사업으로 무엇을 해야 할지 본격적인 구상에 들어갔다. 하나의 문을 열고 나서자 또 다른 문이 굳게 잠겨있음을 깨닫게 된 것이다.

그러던 어느 날 조선인들이 옷을 지어입기 위해 한 해 동안 일본에서 들여오는 광목 값으로 연간 2,700만원(지금 돈으로 약 3조2,400억원)이 새어 나간다[9]는 얘길 우연히 전해 듣게 되었다. 김성수는 고개를 가로저었다. 우리의 의복은 우리가 자급자족하기 위해서라도 반드시 민족산업을 일으켜야 한다는데 생각이 미쳤다.

그러나 당시만 하더라도 우리의 의복 생산은 옛날 방식 그대로였다. 집에서 수공업으로 짜내는 얼마 되지 않은 무명, 명주, 삼베등이 고작이었다. 때문에 기계로 짜 간편하고 저렴하게 구입할 수 있는 일본산 광목이 대부분 시장을 장악하고 있는 실정이었다.

이런 점을 착안한 김성수는 우선 경영난에 빠져있는 '경성직뉴'를 인수하고 나섰다. 중앙학교가 3·1운동의 산실이었다면, 그런 3·1운동의 함성으로 다시금 깨어난 것이 다름 아닌 경성직뉴였다.

그는 경성직뉴를 인수하자마자 곧바로 생산 품목을 바꾸었다. 이제껏 허리띠와 주머니 끈과 같은 예비 제품 밖에 만들지 못하던 경성직뉴에서 직포織布 생산에 중점을 두었다. 일본산 광목에 대항하기 위해서였다.

그러나 경성직뉴의 빈약한 생산 시설만으론 밀려드는 일본산 광목과 도저히 경쟁이 되지 않았다. 우리의 의복은 우리가 자급자족해야 한다는 포부를 품었던 그로선, 보다 근대적인 대규모 시설을 갖춘 우리만의 직포회사를 설립해야 한다고 생각했다. 이것이 곧 경성직뉴를 확대시켜 설립한 민족기업 '경성방직주식회사' 였다.

이같이 중앙학교에서 민족교육의 경륜을, 경성방직에서 민족산업의 경륜을 펴기 시작한 그의 다음 사업은 당연히 시대의 요청에 따른 민족언론에 모아졌다. 그리고 이런 민족언론 또한 3·1운동 이후 고조된 민족의식의 소용돌이 속에서 함께 싹터 올랐다. 우리 민족이 독립을 회복하는 그 날까지 중단 없이 전개해나갈 항구적 정신운동의 매체가 필요하다는 뜻이 모아지면서, 그를 중심으로 한 신문 발행 계획이 급물살을 탔다.

마침내 3·1운동이 일어난 그 해 10월에 신문 발행 허가 신청을 낸 뒤, 3개월이 지난 이듬해 1월 6일 조선총독부는 민간 신문 3지를 발표했다. 그간 신청한 10여 건 가운데서 동아일보, 조선일보, 시사

　동아일보야말로 우리 민족의 대표성을 지녀야 한다고 믿은 김성수는, 처음부터 동아일보를 반드시 주식회사 체제로 발족시킬 참이었다. 그리하여 한 해 전부터 전국을 순회하고 다녔다. 각 지방의 유지들에게 동아일보의 창간 취지를 알리는 동시에 주주가 되어줄 것을 호소했다. 그러나 영리가 희박한 신문 사업이었던 만큼 주주 출자를 권고하는 일이 결코 쉽지만은 않은 일이었다.

신문 3지만이 발행을 허가했다.[10]

이 가운데 시사신문은 협성구락부의 민원식을 발행인으로 한 것이었다. 협성구락부란 '조선 민중은 대일본제국의 국민'이라는 신일본주의를 내걸고 3·1운동 이후인 그 해 10월에 조직된 단체로서, 이듬해 1월에 국민회로 개칭한 전형적인 친일 단체였다.

조선일보 또한 처음에는 색채가 불분명했다. 대정大正실업친목회의 예종석을 발행인으로 하고 있었는데, 대정실업친목회는 '일본과 조선의 융화'라는 목적으로(1916) 조중응 등 조선 귀족을 비롯한 실업인 일부가 조직한 단체로, 따라서 조선일보는 비정치적인 경제신문을 지향하기로 되어 있었다.

그에 반해 동아일보는 처음부터 '민족계'로 단정하고 조선총독부에서 허가를 내준 경우였다. 조선인들의 불만을 어느 정도 표면화시켜 더 큰 불상사를 미연에 막아보자는 의도와 함께 그 불만의 도를 측정하는 동시에, 유사시에는 민족주의계의 활동을 봉쇄하고자 하는 포석마저 담겨 있었다.

이처럼 친일지, 중간지, 민족지 등 각기 한 매체씩을 허가한 것은 조선총독부가 우리 민족의 정치적 분포도를 민족계, 중간계, 친일계로 나누어 보고 있음을 말해주기도 한 것이었다. 또한 각기 그런 계파의 주장과 이익을 스스로 대변토록 하고 있었다. 하지만 기존에 이미 발행되고 있는 총독부 기관지인 매일신보를 합해 놓고 보면 친일계의 신문이 압도적으로 우세했음을 알 수 있다.

그러나 이런 색채 분류와 달리 그 결과에 있어선 조선총독부의 당초 의도와는 다른 방향으로 흘러갔다. 조선일보는 경영진의 불분명한 색채에도 불구하고 창간되던 그 해에 벌써 두 차례나 무기 정간 처분을 받았을 정도로 반일 논조를 펼쳐보였다. 더욱이 1924년에는 이상재 등에게 경영권이 넘어가면서 경영진과 편집진 모두 민족대변지로 자리 잡아 가게 되었다.

시사신문 또한 다르지 않았다. 창간 이듬해에 발행인 민원식이 일본 도쿄에서 암살당하면서 휴간에 들어가는 등 우여곡절을 겪었으나, 1924년에 최남선 등이 판권을 인수하여 시대일보로 재창간되면서 역시 민족대변지로서의 면모를 뚜렷이 갖춰가게 되었다.

어쨌든 동아일보 발행 허가가 난지 여드레째가 되던 1920년 1월 10일, 김성수는 '주식회사 동아일보사' 발기인 총회를 열었다. 동아일보야말로 우리 민족의 대표성을 지녀야 한다고 결심한 그는, 처음부터 동아일보를 반드시 주식회사 체제로 발족시킬 참이었다. 그리고 이미 전년도 10월부터 몇 달에 걸쳐 전국을 순회하고 다녔다.

각 지방의 유지들에게 동아일보의 창간 취지를 알리는 동시에 주주가 되어줄 것을 종용했다. 하지만 영리가 희박한 신문 사업이었던 만큼 주식 출자를 권고하는 일이 결코 쉬운 일은 아니었다.

그렇대도 우국에 호소하는 젊은 그의 뜻에 동참한 발기인들이 전국에서 속속 모여들었다. 남쪽과 중부지방에서는 물론이고 황해도, 평안남북도, 함경남북도 등지에서 모두 78명의 발기인이 자리를 함께했다.[11]

이제 갓 30세의 김성수는 이번에도 명망 높은 원로들을 자기 앞에 추대했다. 철종의 사위이자 갑신정변(1884)의 주역 가운데 한 사람이었던 박영효를 사장에, 편집감독에 양기탁과 유근을, 주필에는 장덕수, 편집국장에는 이상협이 선임되었다. 또한 기자들을 포함하여 모두 74명의 창간 사원에 대한 인선이 마무리되자, 옛 중앙학교 건물에 '주식회사 동아일보사 창립사무소' 라는 간판을 내건 뒤 역사적인 창간 발행 작업에 들어갔다.

이렇듯 분주한 나날을 보내고 있을 즈음 김성수의 동생 김연수가 10여 년 동안의 일본 유학을 마치고 스물여섯의 건장한 청년이되어 귀국했다. 1921년 봄이었다. 이 시기 우리의 경제는 완전히 일본의 손아귀에 들어가 있었다. 더구나 일본의 식민지 정책은 이 시기를 전후해서 돌연 일대 변화를 나타냈다. 그런 만큼 이 시기 민족자본의 진출과 김연수의 행적을 제대로 살펴보기 위해서는 먼저 일본의 식민지 정책에 대한 이해부터 선행되어야 한다.

조선총독부는 그간 강제 병합 이후 일본의 자본과 일본인들을본격적으로 한국에 진출시키기 위해 도로, 철도, 항만시설 등 사회간접자본의 확충에 주력해왔다. 앞서 얘기한대로 이런 시설들을 건설하는데 소요되는 막대한 자금은 한말의 대한제국 시절부터 일본이 강제로 빌려 쓰게 한 산업금융차관을 사용케 함으로써, 결국 우리에게 그 부담을 모두 다 전가시켰다. 예컨대 너희를 위한 것이니우리에게 빚을 내서라도 너희가 사회 인프라를 구축해야 한다는, 다시 말해 요즘 일본 우익들이 주장하고 있는 일제 식민지배 때 조선을 발전시켰다는 건 새빨간 거짓말인 것이다.

일본은 거기서 한 발 더 나아갔다. 우리의 경제 구조를 단순히식량을 비롯한 원료와 노동력의 공급지, 일본 기업의 잉여상품 판매시장, 그리고 대륙 침략의 전진기지로 재편시키는 일에 본격적으로 착수하고 나섰다. 이것을 뒷받침하고 있는 것이 이른바 전국 '토지조사사업'과 민족자본의 성장을 가로 막기 위한 '회사령'이라는 얼토당토 않는 법령 선포였다.

한데 일본의 이러한 식민지 정책은 김연수가 유학을 마치고 귀국한 1920년대 들어 일대 전환을 맞이하게 된다. 이 시기부터 일본은 누구나 배불리 먹을 수 있게 한다는 산미증산을 실시하는 한편, 그동안 민족자본의 성장을 가로막아 오던 회사령을 슬그머니 철폐시켰다. 물론 이런 식민지 정책의 전환은 1919년 3·1운동을 통해 분출된 우리 민족의 저항 의지에 대한 유화 제스처이기도 하였으나, 그러나 정작 따지고 보면 그들 내부의 피치 못할 사정에 따른 것이었다.

우선 산미증산만 놓고 보더라도 그렇다. 이 정책을 밀어붙인 1920년부터 1934년까지 일본은 우리 나라에서 쌀 생산량을 크게 늘렸다. 하지만 생산량이 크게 늘어나도 그 증가분 이상의 쌀은 일본으로 강제 송출해갔기 때문에 우리가 먹을 수 있는 쌀의 양은 줄어들 수밖에 없었다. 그리고 그 부족분은 순전히 만주산 밤과 베트남에서 가져온 찰기 없는 안남미 등으로 채워야 했다. 일본의 산미증산이란 사실상 우리의 농업을 수탈해가기 위한 계획의 일환이었던 것이다.

민족 자본의 성장을 가로막아 오던 회사령의 철폐 또한 그 속내를 들여다보면 빤한 것이었다. 일본의 대규모 자본이 한국 진출에 필요한 유리한 여건을 마련해주기 위한 것일 따름이었다. 그런 회

　기업경영의 경험이 일천한데다 시장의 풍파를 겪어보지 못한 경성방직의 초보 경영진은, 미숙한 선물 거래로 말미암아 자본금의 절반을 날리면서 당장 존망의 기로에 서게 되었다. 그에 반해 일본 미쓰이물산이 부산에 세운 조선방직은 면제품 가격 상승으로 여유 자금을 투자하여 시세 차익을 누릴 수 있는 기회가 더 많았음에도 불구하고, 현금 예금 형태로만 운용했을 뿐 상품 매매에는 손대지 않았다. 시장을 멀리 내다본 조선방직이 확실히 제조 회사로서 한 수 위였음을 입증한 것이다.

사령 철폐 이후 1921년부터 1930년까지 우리 나라에 설립된 기업의 수는 약 4배 가량 늘어났으나, 자본금은 고작 1.7배 늘어나는데 그치고 있다. 다시 말해 이젠 풀어주어도 더 이상 위협적인 자본도 기업도 없을 것이라는 계산에 의해서였음을 알 수 있다.

이처럼 예민하고 중요한 시기에 10여 년 동안의 일본 유학을 마치고 마침내 김연수가 고국으로 돌아온 것이었다. 그간 민족교육이다, 민족산업이다, 민족언론이다 하여 분주한 나날을 보내고 있던 김성수로선 그런 동생이 반갑기 그지없었다.

물론 당시 김성수의 주변에는 송진우와 같은 탁월한 조력자가 적지 않았다. 하지만 김연수와 같은 사업가적 재능을 가진 협력자가 절실히 필요하던 시기였다. 때문에 김성수는 동생 김연수에게 경성방직의 경영을 맡기고, 자신은 중앙학교를 비롯해서 보성전문학교 설립과 동아일보 창간에 몰두할 생각이었다.

김연수 역시 일본 유학 시절 오사카의 철도 연변에 즐비하게 늘어선 거대 공업단지를 목격하면서 산업의 힘을 이미 절감한 터였다. 더구나 아자부중학교 2학년 시절부터 장차 기업가가 되어 '조국을 부강한 나라로 만들리라' 던 청운의 꿈을 비로소 현실화시킬 수 있는 순간이기도 했다.

그러나 김연수 앞에 전개되고 있는 현실은 그저 암울할 따름이었다. 무엇보다 나라 안팎의 사정이 그리 좋지 않았다. 세계의 열강들조차 극심한 경제공항에 시달리고 있는 처지였다. 그나마 일본은 제1차 세계대전 동안 전쟁에 직접 참전하지 않은 채 연합국에 붙어 경제적으로 한동안 호경기를 누렸었다. 그 덕택에 각종 산업이 융성해졌으나, 그 사이 전쟁에 참전한 나라들이 서서히 산업 시설을 복구하여 다시금 각종 상품을 쏟아내기 시작하면서 일본 또한 극심한 불황에 빠져들고 있었다. 일본이 그런 지경이었으니 일본산 제품들과 경쟁해야 하는 민족기업의 어려움이란 말할 나위조차 없었다.

이러한 불황 때문에 경성직뉴는 이름뿐인 기업에 불과했고, 경성방직 또한 이제 겨우 고창 김씨 일가의 가산을 담보로 하여 공장 건설을 진행시키고 있는 중이었다. 때문에 이렇다 할 장기적인 사업 구상도 없이 경성직뉴와 경성방직의 경영을 맡는다는 건 결코 쉬운 일이 아니었다.

불안한 출발로
존망의 기로에 서다

　　김성수가 경성방직의 설립을 위해 회사령에 따라 주식회사 설립 인가를 조선총독부 식산국에 제출한 것은 3·1운동이 있은 직후인 1919년 여름이었다. 발기인은 김성수 자신을 포함하여 그의 두 아버지인 김기중과 김경중, 그리고 박영효를 비롯한 각 지방의 유지들이었다.

　　한데 그가 경성방직을 설립하고 나선 데에는 앞서 이미 밝힌 대로 자신의 가업인 지주경영의 수익성이 나빠서 산업으로 전환코자 한 것이 아니었다. 당시 김성수가 벌인 교육사업, 언론사업, 방직산업은 결코 돈이 되는 사업이 아니라 되레 까먹어야 하는 사업들이었다.

　　예컨대 중앙학교(보성전문) 인수와 동아일보 창간만하더라도 경영의 이윤이란 그다지 중요한 동기가 아니었다. 3·1운동 이후 고조된 민족의식의 소용돌이 속에서 싹 텄을 뿐 아니라, 경성방직 또한 다르지 않았다. 조선인들이 옷을 지어입기 위해 한 해 동안 일본에서 들여오는 광목 값으로 연간 2,700만원(지금 돈 약 3조2,400억원)이 새어나간다는데[12] 착안하여, 우리 의복은 우리가 자급자족하기 위해서라도 민족산업을 일으키는 게 급선무라는 다짐에서부터 출발한 것이었다.

그리고 그러한 다짐은 곧 경성방직의 창업 취지문에 그대로 나타난다. 국내 소비액의 절반 이상을 일본의 수입품에 의존하고 있는 면포의 자급자족을 기도하는 것이 조선경제 독립의 급선무이며, 따라서 경성방직은 우선 면직물을 제조하고 장래 방적도 겸할 것이며, 그리하여 조선공업의 발달을 도모하는 한편 한국인들에게 직업을 마련해주고, 나아가 공업적 훈련을 하겠다고 천명하고 있다. 경성방직의 설립 목적이 과연 어디에 있는지를 보여주고 있는 것이다.

하지만 조선총독부로부터 회사 설립 인가를 받아내는 것도 쉬운 일은 아니었으나, 그보다 100만원(지금 돈 약 1천억원)을 헤아리는 거대 자본금을 모은다는 것은 더욱 난감한 일이었다. 일본 거대 재벌 미쓰이물산이 부산에 세운 조선방직의 자본금이 500만원(지금 돈 약 5천억원)이었던 것에 비하면 턱없이 적은 액수였음에도, 당시 우리 경제 형편으로 볼 때엔 모으기 어려운 꿈같은 거액이었다.

한데도 김성수는 경성방직의 자본금 100만원을 자신이 출자하고 말거나, 몇몇 유력 부호들에게서 손쉽게 충당할 생각은 전연 없었다. 경성방직의 설립 취지문에 천명하고 있는 그대로 그는 '1인 1주'의 주금 모집에 뜻을 두었다. 1주당 50원(지금 돈 약 500만원)씩 모두 2만주를 발행할 계획이었다. 요컨대 경성방직은 어느 개인이나 몇몇 소수인의 회사가 아닌 민족산업, 곧 민족의 기업이 되기를 희망했다.

때문에 김성수는 전국을 직접 돌아다니며 각 지방의 유지들로부터 주금을 모집하고 나섰다. 그가 펼친 이런 '1인 1주' 운동은 따지고 보면 일본의 상품을 배척하기 위한 국산품 애용의 계몽적인 행동이었으며, 아울러 민족자본의 단결을 보여주는 소리 없는 시위이기도 했다.

그러나 김성수가 벌인 '1인 1주' 운동은 결코 쉽지 않은 일이었다. 당시 고리대금이나 토지 투자 등을 하면서 단기적인 이익을 올리고 있던 지방의 유지들은 성공 여부조차 아직 불투명하기만한 방직공장 설립에 선뜻 돈을 내놓을 생각이 없었다.

그나마 중앙학교를 일으켜 세운 젊은 선각자라는 명망이 있었기에 겨우 주식 공모가 가능한 일이었다. 주식 공모에 응한 지방의 유지들 역시 그의 애국적인 호소에 감동하여 투자라기보다는 그저 독립자금을 내놓는 심정으로 저마다 주식을 사주곤 했을 정도였다.

그런 결과 전체 2만주 가운데 김성수를 비롯한 발기인들의 인수주가 3,790주, 일반 공모주가 1만6,210주로 집계되었다. 소액을 투자한 일반 공모주가 전체 주식의 63.5퍼센트를 차지하여, 민족기업을 만들겠다는 당초 그의 의지가 충분히 실현된 것임을 볼 수 있다.

한편 주요 발기인 및 대주주의 면면을 살펴보면 고창 김씨 일가외에도, 이미 동아일보 초대 사장으로 추대한 바 있는 박영효가 가장 먼저 눈에 띠었다. 이제 갓 30줄에 들어서기 시작한 젊은이들 일색으로 구성되어 있어 조선총독부에 대한 회사 교섭 적임자로 그가 초빙되었다.

박영효 이외에 지방의 유지로 먼저 경강京江 서강西江의 부호 객주가 출신인 박용희가 눈에 띠었다. 그는 일찍이 대한제국 학부學部에서 선발한 관비 유학생으로 일본 도쿄의 순천중학교와 제1고등학교를 거쳐, 도쿄제국대학 정치학과를 졸업했다. 귀국 후에 한동안 사법관 양성소인 법학전수학교 교유教諭로 있다가, 김성수의 권유로 경성직뉴의 지배인을 맡았다.

조설현은 전라도 영광의 대지주로 영광창고금융(주)의 대표 외에도 목포창고금융(주), 조일비누(주) 등의 대주주였다. 장두현은 종로 육의전의 시전상인 출신으로 종로 일대 포목 상인들의 연합회사인 동양물산(주)의 설립자였으며, 장춘재도 서울 출신의 실업가로서 조선무역(주)의 전무이면서 동양물산(주)의 이사였다. 안종만은 객주회사인 용산권업(주)의 상무였으며, 1920년대 말에는 인천고무(주)를 설립한 기업가였다. 장두현과 장춘재, 안종만은 서울에서 객주업이나 포목업으로 이미 기반을 다진 상인들이었기 때문에 경성방직의 제품을 판매하는데 일익을 담당하리라는 기대에서 영입한 케이스였다.

윤상은은 경상도 구포의 대지주 출신으로 개성학교(훗날 부산상고)를 졸업하고 동래 감리서 주사를 역임한 후, 구포저축(주)를 설립하는데 앞장섰다. 1915년에는 구포저축은행을 발전시킨 경남은

행의 두취(은행장)를 맡은 인물이었다. 김성수는 일본 유학 때 윤상은의 동생과 친교를 맺은 덕분에 윤상은을 경성방직에 참여시킬 수 있었고, 또 그를 통해 구포와 동래 일대 지방 유지들의 협력을 얻어낼 수 있었다.

한편 대주주나 임원으로 직접 참여하지는 않았으나, 경주 지방의 대지주로 백산무역(주)의 사장이자 경남은행과 대구은행 해동은행의 대주주인 최준, 황해도 봉산의 거상인 이성준, 군산의 실업가인 변광호 등도 경성방직의 설립에 일조했다.

이처럼 주요 발기인 및 임원 주주들의 분포는 지역적으로나 신분에 있어서도 매우 폭 넓었다. 일부 이북 지역을 포함하여 서울·경기·충청·영남 및 호남 지역 등에 널리 분포해 있었으며, 직업도 다양했음을 알 수 있다. 전통적인 사대부를 비롯한 대지주에서부터 근대적 은행가를 포함하여 상인들에 이르기까지, 각지의 유력자가 망라되어 있었다.[13]

김성수는 동아일보 창간 때와 마찬가지로 이번에도 변함없이 명망 높은 원로를 경영진에 모신다는 원칙에서 박영효를 초대 사장으로, 박용희를 전무로 추대했다. 또한 황금정 1정목(지금의 을지로 1가)에 부지를 매입하여 사옥 건설에 착수하는 한편, 영등포에 공장 부지 1만6,000평을 매입했다. 그리곤 일본 나고야에 자리한 도요타 직기(주)에서 면직기 100대를 발주시켰다.

한편 소문을 들은 일본인들은 놀라면서도 과연 한국인들의 손으로 공장이 세워질 수 있을지 모르겠다며 노골적으로 비웃었다. 그 당시 우리의 기술 수준이라는 게 전무했기 때문에 공장 건설에 일본인들이 의문을 나타냈던 것도 무리는 아니었다.

물론 방직공장을 건설하는데 전연 지름길이 없었던 것은 아니다. 가장 손쉬운 방법으로는 외국의 선진 기술을 도입하면 그만이었다.

그러나 김성수의 의지는 확고했다. 우리의 자본, 우리의 기술로 옷감을 만들겠다는 신념이었다. 때문에 손쉬운 길을 내버려둔 채 굳이 어려운 길도 마다하지 않았다. 비록 규모가 작기는 하였지만, 경성직뉴에서의 짧은 경험과 기술진을 가지고 있었던 것도 그에게는 고무적이었다.

아무렇든 출범 당시의 조직체계는 사장 박영효 - 전무 박용희 - 지배인 이강현 - 서무과 김성집 및 회계과 이희승(국어학자)으로 되어 있었다. 그러나 실제로는 김성수, 박용희, 이강현의 3인체제로 운영되었다.[14] 동아일보 창간에 진력하면서도 김성수는 실질적으로 운영을 총괄하였고, 박용희와 이강현이 실무를 담당했다. 이 3인은 일본에서 정규 대학 교육을 받은 당대 엘리트였다. 이들은 뛰어난 두뇌와 뜨거운 열정을 가진 혁신적 청년들이었다.[15]

그렇다하더라도 기업경영에 관해서는 어디까지나 풋내기에 불과했다. 이 점은 이 세 사람을 미쓰이물산이 부산에 세운 조선방직의 경영진과 비교해 보았을 때 확연히 드러난다. 경성방직을 설립한 1919년에 김성수는 28세 박용희는 34세 이강현은 31세였으며, 대학 졸업 후 사회활동 경력이 채 10년도 안 되었을 뿐더러, 더욱이 기업경영 경험은 2~3년에 불과했다.

이에 반해 조선방직의 경영진은 대개 일본과 대만에서 기업 근무 경력이 오랜 50대 이상의 인물들로 구성되었다. 특히 당시 75세 였던 사장 미코시는 미쓰이물산과 다이니혼맥주의 사장을 역임한 기업계의 노련한 원로였다. 45세였던 상무 사이토와 52세였던 이 사 야마모토는 미쓰이물산의 본사와 해외 지점에서 오랫동안 근무 해온 베테랑이었다. 그리고 감사 마쓰가다는 데이고꾸제당의 사장 을 역임한 멤버였다.[16] 다시 말해 고고의 성을 울리며 힘차게 출발 을 하긴 하였으나, 그러나 풋내기와 베테랑의 경영진에서도 비교해 볼 수 있는 것처럼 어딘지 모르게 불안해보이기만 한 출발이었다.

어쨌든 1923년 1월 마침내 경성방직의 영등포공장이 준공되었 다. 전체 종업원은 모두가 조선인이었으며, 아예 공장 정문에다 '우리 공장은 조선인만 채용합니다' 라고 써서 붙이기까지 했다. 4 월이 되자 석 달여 동안의 시운전을 거쳐 제품도 생산되기 시작했 다. 면직기에서 면포가 뽑아져 나오던 날 모든 임직원들은 저마다 감격의 눈물을 흘렸다.

그러나 일본 제품이 이미 경성을 비롯하여 남쪽 지역의 모든 시 장을 선점하고 있는 상황에서 처음부터 판매가 순조로울 리 만무했 다. 신문에 연일 경성방직의 제품을 광고에 실어 내보냈으나, 시장 에선 꿈쩍도 하지 않았다. 일본 동양방직의 3A표 광목은 품질이 뛰 어난데다 선전도 잘 되어 있어 난공불락의 요새나 다름이 없었다.

더구나 1923년 들어 일본 관동지방에 대지진이 일어나자 조선총 독부는 다음해 3월까지 유효한 '수ㆍ이입품輸移入品의 면세에 관한 칙령' 을 공포하면서, 관세를 물지 않은 일본제 값싼 면포가 국내시 장에서 판매되기 시작했다. 이러한 조치로 말미암아 국산 광목은 한 상자에 10여원(지금 돈 약 100만원)씩의 손해를 감수하게 만들어 국내 생산업자들을 더욱 궁지로 몰아넣었다.

그러나 보다 큰 시련은 불안한 출발과 함께 이미 진행되고 있었다. 경성방직은 출발 첫 해였던 1919년 말과 1920년 초에 단기 차익을 노리고서 여유 자금을 면제품의 투기거래에 나섰다가, 그만 막대한 손실을 초래하고 말았다.

이것은 경성방직의 초보 경영진이 당시 면제품 가격의 급등세에 현혹되어서였다. 당시 시장에서 가장 대표적인 면제품이었던 일본 동양방직의 3A표 가격이 1919년 10월에서 이듬해 3월까지 불과 5개월 밖에 안 되는 짧은 기간 동안에 무려 40퍼센트 이상 급등했다. 이것은 말할 나위도 없이 투기가 투기를 부른 결과였다. 1910년대의 후반기에 불어 닥친 경제 활황이 면제품 시세를 분출시킨 것이었다. 한데 여기에 현혹된 경성방직의 초보 경영자들이 단기 차익을 노리고서 공장건립 자금으로 면제품 투기거래에 나섰다.

이 당시 경성방직의 면제품 매매는 현물거래와 선물거래 두 가지 방식이었다. 한데 경성방직은 면제품 가격의 막바지 상승기인 1919년 12월부터 이듬해 3월까지 4개월 동안 납입 자본금 25만원(지금 돈으로 약 250억원)에 육박하는 19만원(지금 돈 약 190억원) 규모의 현물을 매입했다.

특히 1920년 1월에는 8만원(지금 돈 약 80억원)이 넘는 액수의 면제품을 사들인데 이어 6만원(지금 돈 약 60억원)이 넘는 금액을 되팔긴 하였지만, 상품 잔액은 12만7,000여원(지금 돈 약 127억원)에 달했다. 경성방직의 초보 경영진은 몰랐지만 전후 대공황으로의 돌입 국면에서 사업 자금의 절반을 현물 투기에 쏟아 붓고야 만 것이다. 더구나 경성방직은 면제품 가격이 급락하기 시작한 4월에도 2만원(지금 돈 약 20억원)이 넘는 상품을 사들였으며, 그 이후에야 상품 매입을 그쳤다.

이렇게 매입한 현물 상품은 주로 면포였다. 면포가 70퍼센트를 차지했으며, 면사는 22퍼센트 수준이었다. 면직물은 조선무역(주)이나 동양물산(주), 백산무역(주) 등 조선인 무역회사들로부터 사들였고, 면사는 일본 나고야의 아라카와 및 오사카의 야기상점으로부터 매입했다.

물론 이같이 현물을 사들이기 위해선 대금을 지급해야 했다. 경성방직은 현물 매입 대금으로 주로 부동산 매입 후 남아있던 자기자본 잔액을 사용했는데, 부족분은 할인어음 형태로 조선상업은행 등지에서 조달했다. 매매가 빈번했기 때문에 할인어음 또한 빈번히 발행될 수 있었다.

앞서 얘기한대로 경성방직의 상품 거래는 비단 현물 거래에만 그치지 않았다. 경성방직은 1920년 3월 말까지 34만7,700원(지금 돈 약 347억7,000만원)의 면사 선물을 매수한 뒤, 이를 36만8,775원(지금 돈 약 368억7,750만원)에 매도하여 2만1,075원(지금 돈 약 21억 750만원)의 큰 이익을 올린 적도 없지는 않았다.

하지만 이러한 요행은 그리 오래 가지 않았다. 면포 가격이 4월 이후 돌연 폭락세로 돌아서자 그동안 막대한 양을 매입해 놓았던 상품은 이내 시한폭탄이 되고 말았다.

한데도 경성방직은 그런 4월에도 2만원(지금 돈 약 20억원)이 넘는 상품을 매입했다. 이것은 초보 경영진이 그 달의 가격 하락을 단순히 일시적인 현상으로 보았음을 말해준다. 그러나 5월과 7월 두 차례에 걸쳐 폭락 사태가 일어나자 더 이상 버틸 수 없게 된 초보 경영진은, 마침내 매입 가격보다 훨씬 낮은 가격으로 상품을 처분하지 않으면 안 되었다.

그와 함께 7월말까지 6만원(지금 돈 약 60억원)이 넘는 손실을 입으면서 선물 포지션도 정리해야만 했다. 다만 7월 31일자로 계상된 두 거래 중 하나는 3월 12일 야기상점과의 매매계약이 해지된 것이라서 경성방직이 직접적인 손실을 입지는 않았다.

그러나 또 다른 거래는 돌이키기 어려운 것이었다. 이 거래의 평균 매수 단가는 377원(지금 돈 약 3,770만원)이었는데, 경성방직은 울며 겨자 먹기로 322원(지금 돈 약 3천220만원)에 청산할 수밖에 없었고, 이 한 건의 거래로 말미암아 다시 5만원(지금 돈 약 50억원)이라는 거금을 날려야 했다.

결국 경성방직은 2만7,000원(지금 돈 약 27억원) 가량의 상품 매매 손실과 함께 6만1,000원(지금 돈 약 61억원) 가량의 선물상품 거래 손실을 입었다. 더구나 건축 계약 등과 관련된 가불금을 포함하여 매출채권 상각 손실까지 1만원(지금 돈 약 10억원) 가량 더해져, 잡손실이 도합 9만8,732원(지금 돈 약 98억7,320만원)에 이르렀다. 여기에다 1만6,000원(지금 돈 약 16억원)의 상품평가소각을 포함한 관련 비용까지 더해지면서, 총 13만2,550원(지금 돈 약 132억5,500만원)이라는 기록적인 손실을 입었다. 회사 설립 이후 불과 6개월여 만에 자본금의 절반을 날리고야 만 것이었다.

경성방직으로서는 하루 빨리 수익다운 수익을 올릴 수 있는 체질 구축을 이뤄내야만 했다. 그것만이 생존의 시험에서 살아남을 수 있는 유일한 길이었다. 또 그러기 위해서라도 안으로는 생산성을 높이고, 밖으로는 시장 환경을 호전시키는 일이 시급했다. 경성방직의 경영진에게 주어진 당면한 과제였다.

이것은 당대 한국 최고 엘리트들의 기업경영 능력이 그 얼마나 미숙한 것이었는지를 단적으로 보여주는 사례라고 볼 수 있다. 상품의 가격이란 오를 수도 내릴 수도 있는 건데, 경성방직의 초보 경영진은 면제품 가격이 떨어져 손실을 볼 가능성에 대해서 미처 이해하지 못하고 있었던 것이다. 그리고 이러한 거래 손실로 말미암아 경성방직은 회사 설립 이후 채 반년도 되지 않아 절체절명의 위기에 봉착하고 말았다.

이에 반해 미쓰이물산이 부산에 세운 조선방직의 경우에는 매우 대조적이었다. 조선방직은 경성방직보다 2년 앞선 1917년 11월 설립 이후 1922년 여름까지 공장 건축 및 설비 구축을 마쳤는데, 그 사이 여유 자금을 현금예금 형태로만 운용했을 뿐 상품매매는 전혀 하지 않았다. 조선방직은 첫 납입자본금 125만원(지금 돈 약 1,250억원)의 대부분을 현금예금 형태로 운용하다가 1920년 상반기에 공장 건축대금으로 지불했고, 같은 해 하반기에 추가 납입 주금 125만원(지금 돈 약 1,250억원) 역시 공장 건축 및 기계 설치 대금으로 사용했다. 다시 말해 미쓰이물산의 조선방직이 우리의 경성방직보다 2년 앞서 설립되었기 때문에 1910년대 말의 면제품 가격 상승으로부터 시세 차익을 누릴 기회가 더 많았음에도 불구하고 애써 현금예금 형태로만 운용한 점을 보면, 확실히 조선방직이 제조 회사로서 한 수 위에 있었음을 알 수 있게 한다.

또 그러한 차이는 앞서 살펴본 것처럼 양사 경영진의 경륜의 차이에서 비롯된 것이었다. 더구나 그러한 차이는 총 13만2,550원(지금 돈 약 132억3천5백만원)이라는 기록적인 손실에서도 볼 수 있는 것처럼 가히 치명적이었다.

어쨌든 기업경영의 경험이 일천한데다 시장의 풍파를 겪어보지 못한 초보 경영진의 미숙한 거래로 말미암아 자본금의 절반을 날리고 만 경성방직은 당장 존망의 기로에 서게 되었다. 이젠 공사비조차 감당할 수 없게 되어 건축업자에게 손해배상을 해주면서까지 황금정 1정목의 사옥 신축을 중단시키지 않으면 안 되었다. 게다가 경제 불황 속에서 면포 가격마저 하락 일로에 있었기 때문에 설령 공장 준공 후 제품을 생산하더라도 수익을 낼 가망이라곤 없어 보였다.

결국 경성방직의 초보 경영진은 회사의 해산까지도 논의하기에 이르렀다. 상품 투기가 명백한 실패로 판명된 1920년 4월의 중역회의에서 전무이사 박용희가 먼저 입을 열었다. 그는 매우 침통한 표정으로 경제 불황의 한 가운데서 사업 자금을 날리고 말았으니 이제 그만 회사 문을 닫을 수밖에 없게 되었다고 주장했다. 다른 중역들의 의견 또한 별반 다르지 않았다.[17]

회사 설립 후 채 1년도 되지 않아 그만 존망의 기로에 서게 된 경성방직은 1920년 4월의 중역회의에서 사장 박영효, 전무이사 박용희, 지배인 이강현 등은 결국 해산을 논의하기에 이른다. 경제 불황의 한 복판에서 막대한 사업 자금을 날리고 말았으니 이제 회사의 문을 닫을 수밖에 없다고 생각했다.

한데 이러한 위기 속에서 구원 투수를 자청하고 나선 이가 있었다. 김성수와 김연수의 형제였다. 김성수는 3·1운동 이후 고조된 민족의식의 소용돌이 속에서 출범하여 우리 민족에게 희망의 씨앗이 된, 경성방직의 문을 결코 닫을 수 없다고 역설하며 사태를 수습하고 회사를 재건하는데 앞장섰다.[18]

그는 우선 공장 건립과 함께 설비 도입을 중단 없이 추진해나가는 한편, 시급한 추가적 자금 문제도 해결하고 나섰다. 당장 외부 차입을 통해 발등에 떨어진 급한 불부터 꺼나갔다.

그리하여 경성방직은 식산은행으로부터 두 차례에 걸쳐 모두 8만2,000원(지금 돈 약 82억원)을 차입하는가 하면, 다시 직기 설치를 위하여 5만8,000원(지금 돈 약 58억원) 가량을 추가 차입했다. 물론 거액의 손실을 입은 경성방직의 신용으로는 식산은행으로부터 더 이상 돈을 빌릴 수가 없게 되자 김성수는 집안의 토지를 담보로 제공해야 했다.[19]

때문에 고창으로 내려가 또 다시 두 아버지에게 지원을 요청할 수밖에 없었다. 김기중은 가산을 탕진할지도 모른다고 염려했으나 끝내 아들을 믿고 땅 문서를 내놓았다. 김성수는 자신이 보기에도 가망이 없어 보이는 사업에 가산과 가운을 걸어야 했을 때의 괴로운 심정을 친구 고희동(우리 나라 최초의 서양화가)에게 이같이 내비쳤다.

'왜정倭政의 탄압은 날로 심각하고 경제는 한이 맺혀있는데, 아니할 수는 없고 앞길은 까마득하다. 부여조父與祖가 모아놓은 재산을 소진하고 아무 것도 이루는 것이 없다면 사람으로 차마 부끄러움을 급치 못하겠다.'[20]

아무렇든 집안의 토지를 담보로 제공하면서 마련한 차입금으로 우선 한숨을 돌릴 수 있었다. 하지만 그것만으로는 막대한 사업 자금을 날리고 만 회사를 살리는 데는 턱없이 부족했다. 회사를 살릴 수 있는 보다 근본적인 대책이 마련되어야만 했다. 또 그러기 위해선 무엇보다 자본금의 추가 납입이 절실했다. 때문에 이듬해 초에

열린 중역회의에서 어쩔 수 없이 추가 납입을 결정한 뒤 주주들에게 추가 납입을 정중히 통지했다.

그러나 주주의 반응은 싸늘했다. 자신의 투자금을 초보 경영진이 벌써 절반이나 날리고 만 마당에 추가 납입을 해야 할 의무도, 더구나 가망이 없어 보이는 사업에 또다시 자금을 투자할 생각이라곤 없었다.

때문에 사업을 계속하겠다는 의지를 천명한 김성수만이 혼자 남게 되었다. 끝내 고창 김씨 일가에서 경성방직의 지분을 인수해야 했던 것이다.

결국 경성방직의 전체 주식 2만주 가운데 그 절반에 가까운 9,270주를 김연수가 인수하지 않으면 안 되었다. 그러면서 경성방직 설립 때 13퍼센트에 불과했던 김씨 일가의 지분율은 65퍼센트에 육박하게 되었다.[21]

이같이 경성방직의 창업자인 김성수 대신 동생 김연수가 지분을 인수하게 된 건 다른 이유 때문이 아니었다. 앞서 얘기한대로 김성수는 교육 사업과 언론 사업만으로도 눈코 뜰 새 없이 분주했다. 더구나 교육 사업과 언론 사업을 벌이면서 이미 가산을 많이 소진하고 만 김성수와 달리, 동생 김연수는 아직 거액의 가산을 고스란히 보유하고 있는데다 또한 기업경영에 많은 관심을 보이고 있었기 때문이다.

어쨌든 김씨 일가의 지분율이 65퍼센트에 육박하게 됨으로써 경성방직은 이제 김씨 일가의 소유 기업이 되었다. 그렇다고 해서 경성방직을 사유물화 하고 말았거나, 민족 기업이 족벌 기업으로 전락하고 말았다는 시각은 아무래도 적절하지 못할 것 같다. 김씨 일가는 오직 살아날 가망이 없어 아무도 출자하지 않으려는 민족 기업의 불씨를 되살리고자 했을 따름인 것이다.

그와 함께 회사의 지배 구조 또한 보다 효율적으로 개편시켜나갔다. 그 핵심은 당연히 김연수였다.

김연수는 1921년 일본 유학을 마치고 귀국하자마자 형 김성수의 제의를 받아들여 어려움에 처해있던 경성직뉴의 경영을 넘겨받은 적이 있다. 경영을 넘겨받은 김연수는 수익성이 낮은 직포 생산을 접는 대신, 고무신 생산으로 업종을 과감히 변경시켜 빈사 상태에 빠져있던 경성직뉴를 살려내는 수완을 발휘했다. 그런 김연수가 경성방직의 지분을 인수하게 되면서 새로이 상무이사로 경영에 참여하기 시작한 것이다.[22]

이러한 노력 덕분에 존망의 기로에 서게 된 경성방직의 재무 상태가 점차 안정을 되찾아갔다. 재무 상태가 안정화되어 가면서 위기를 수습할 수 있었다.

새롭게 진용을 갖춘 경성방직의 경영진은 그동안 중단되어 있던 공장 건설을 서둘렀다. 그와 함께 설비를 들여오고 기술자와 직공을 훈련시켜, 마침내 제품을 시장에 내놓을 준비에 박차를 가했다. 또 그러한 준비 과정에서 경성방직의 새로운 경영진은 같은 시대의 다른 한국인 기업인들과는 전연 다른 면모를 보여주었다.

우선 이들에겐 보다 확고한 사업 의지가 있었다. 비록 최초 납입 자본금의 절반을 잃는 치명적인 실수를 범하긴 했지만, 그로 인하여 사업을 그만둘 정도로 나약하지는 않았다. 무엇보다 김성수는 다른 주주와 임원들을 설득하고, 또 자신의 부모를 설득해 사업을 계속하는 부단한 의지를 보여주었다.

둘째, 이들은 회사를 탄탄한 재무적 기초 위에 올려놓았다. 종래의 한국인 회사들은 흔히 출자금을 제대로 납입하지 않거나, 과도한 고액 배당으로 회사의 자금을 빼내가곤 해서 재무적으로 부실한 경우가 적잖았다. 하지만 새로이 진용을 갖춘 경성방직의 경영진은 사업에 필요한 주식자금을 납입했으며, 유사시에는 언제라도 차입을 하거나 혹은 자본금의 추가 납입을 통해서 필요 자금을 조달케 했다. 이것은 대지주로서 든든한 자금력을 가진 고창 김씨 일가가 회사의 대주주로 등장했기 때문에 가능한 일이었다.

셋째, 이들은 자질 면에서 당대의 한국인 가운데 최상의 지식인 그룹이었다. 이런 경영진은 김성수가 일본 유학 시절 형성한 인적 네트워크를 통해 구축될 수 있었다. 따라서 이들은 기업경영의 경험이 일천하다는 점을 빼곤 흠잡을 데가 없는 당대 최고의 엘리트였다. 경제학, 정치학, 법학, 공학 전공의 다양한 지식 배경을 가졌을 뿐더러, 아울러 실천력과 책임의식이 뚜렷했다.

넷째, 이들은 선진 기술을 제대로 학습 받았다. 경성방직에서는 일본과 조선의 고등공업학교 졸업자들을 대거 확보하고, 또한 그들을 일본에 파견하여 선진 기술을 교육받게 했다.

다섯째, 이들은 정부에 대한 교섭력, 사회에 대한 홍보 능력을 지니고 있었다. 이들은 원군 역할을 해주고 있는 김성수의 동아일보를 통해 자신들의 요구를 총독부에 제출하고, 또 일반 사회에 호소할 수도 있었다.

요컨대 이런 다섯 가지 면모는 다른 한국인 기업에서는 아직 찾아보기 어려운 점이었다. 설령 찾아볼 수 있다 하더라도 대개 일부분일 따름이었다. 따라서 경성방직에서 제품을 시장에 내놓고 본격적인 생존 테스트를 받게 되었을 때 그러한 요소들이 곧 보이지 않는 큰 힘이 되었음은 물론이다.

그러나 이러한 혁신적 면모에도 불구하고 아직은 이제 막 움트기 시작한 새 싹에 지나지 않았다. 제삼자가 보기에 경성방직의 출범은 도무지 불안하기 짝이 없어 보였다. 한 발 앞서 출범한 미쓰이 물산의 조선방직 제품들이 이미 시장을 지배하고 있는 상황에서, 뒤늦게야 뛰어든 경성방직이 과연 살아남을 수 있을지 많은 사람들은 의구심을 떨쳐버릴 수가 없었다.[23]

그렇대도 경성방직은 1923년 벽두부터 원료 면사를 매입하기 시작하여, 4월에는 제품을 생산하기 시작했다. 그리고 해마다 생산량도 늘려갔다. 생산 첫 해인 1923년에 3만8,652필이던 생산량은, 이후 지속적으로 늘어나 1929년에는 19만9,351필로 5배 이상 키워나갔다.

여기서 눈에 띄는 건 판매 첫 해엔 제품의 종류가 3종에 불과하였으나, 생산 개시 3차 년도엔 9종으로 더욱 다양화해졌다는 점이다. 회사가 새로운 상품을 계속 출시시켜 제품을 빈번하게 교체한 것은, 한편으론 경성방직이 시장 진입에 어려움을 겪고 있었다는 걸 알 수 있다. 그러나 다른 한편으로 보았을 땐 회사가 다각도로 시장을 공략해왔음을 말해주는 것이었다. 그렇다하더라도 경성방직은 1920년대 말까지도 전체 면직물 시장에서 매우 작은 비중을 점유하고 있었을 뿐이다.

다시 말해 제품을 판매하기 위해서는 무엇보다 제품을 취급해줄 판매점이 필요로 했다. 한데 한 발 앞서 생산을 시작한 미쓰이물산의 조선방직은 동양면화에 판매를 위탁했다. 동양면화는 면화 및 면사포의 국내외 유통망을 갖춘 전문상사였기 때문에 조선방직은 판로를 개척하거나 판매대금을 회수하는데 어려움이 없었다는 얘기다.

그에 반해 경성방직은 그러한 조건을 미처 갖추지 못한 채였다. 동양면화와 같은 거대 상사는 물론이고, 조선 각처의 유력한 면사포상들 조차 제품을 거의 취급해주지 않았다. 더구나 대부분 일본인이었던 국내 주요 면사포상들은 경성방직의 제품을 아예 일체 취급조차 않고 있었다. 이것은 경성방직의 제품이 품질과 브랜드 인지도 면에서 뒤떨어져 판매의 실익이 적기 때문이기도 하였으나, 딴은 한국인 기업이라는 이유도 컸다.

한데 일본인 상인들은 그렇다 손치더라도 박승직(지금의 두산그룹 창업자)이나 백락원(종로 육의전의 마지막 후예)과 같은 한국인 포목상들이 경성방직의 제품을 그다지 취급하지 않았다는 점은 다소 뜻밖이 아닐 수 없다. 이들은 경성방직과 거래는 하고 있었으나 그 주문량은 보잘 것이 없었다.[24]

물론 근본적인 이유는 마땅히 경성방직에 있었다. 이 무렵 경성방직의 제품을 한국인 소비자들이 거의 찾지 않았기 때문이다. 이 점에 대해 당시 전무이사로 경성방직의 실질적인 최고경영자였던 김연수는 이렇게 지적하고 있다.

> 빈약한 우리 힘으로 피땀을 들여 만들어낸 제품이… 조선 사람
> 의 손에 된 것이라서 눈도 거들떠보지 않는 것이다. …조선 사람
> 자체가 거의 모두 그런 관념을 가지고, 실용에 있어서 외관미에
> 있어서 다 건너온 상품에 손색이 전혀 없는 조선 제품에 쉽게 손
> 을 대지 않는 것이다. 그리하여 조선 사람을 본위로 하여 만든 물
> 건이 조선 사람에게 멸시적 불고를 당하게 되니….[25]

바로 이러한 점을 타개할 대책으로 경성방직의 경영진은 세 가
지 전략을 마련하고 나섰다. 경성을 비롯한 중심부 시장을 공략할
수 없는 막막한 상황에서 우선 주변부 시장부터 파고들기로 한 것
이다. 예를 들어 경성보다는 지방을, 그리고 각 도시나 읍내에서도
주변적 지위에 있는 상인과 접촉하여 판로를 개척하자는 거였다.
두 번째는 경성방직이 민족기업이며, 한국인은 이러한 민족기업의
제품을 사용해야 한다는 민족정서의 호소였다. 마지막으로 한국인
의 기호에 맞는 제품을 생산하자는 것이었다.

이 같은 타개책을 뒷받침하기 위해 경성방직의 경영진은 물산장
려운동에 적극 참여하여 민족기업임을 홍보하기 시작했다. 또한
〈동아일보〉 등에 광고를 통해서 '조선인은 조선인의 광목으로' 라
는 표어를 내거는 한편, '조선을 사랑하시는 동포는 옷감부터 조선
산을 쓰십시다' 라고 호소하고 나섰다.

그런가하면 상무이사 이강현은 서울시내 한국인 포목상들을 음
식점으로 따로 불러냈다. 그 자리에서 경성방직의 제품이 일본 동

양방적의 제품보다 품질이 다소 못한 것은 사실이지만, 경성방직의 제품은 '우리 자본 우리 기술로 짠 것'이며 '우리 어린 소녀들의 손으로 짠 것이니 외면하지 말고 점두에 놓아주기만이라도 해달라'고 읍소하기조차 했다.[26]

특히 면직물 수입으로 해마다 막대한 금액이 일본으로 새어나가고 있다는 점도 끊임없이 강조해나갔다. 당시 경성방직의 '태극성표' 신문 광고에 실린 문안에도 그런 사실이 고스란히 담겨있음을 볼 수 있다.

> 광목을 입는 터에는 한물을 더 입더라도 얼마인지 모릅니다. 이러한 모든 사정을 짐작하여 아무쪼록 튼튼하고 얌전하게 짜내어 한 푼이라도 값싸게 파는 것이 우리의 광목입니다. 종래 5천만원(지금 돈으로 약 5조원)이라는 대금이 해마다 광목 값으로 조선에서 빠져나간다는 생각을 하여 애를 태우며 짜내는 유일의 우리 광목입니다. 개인의 이익으로나 민족적 경제를 돌아보아 사랑하여 입고 힘 있게 권면합시오![27]

이러한 전략과 노력은 결국 오래지 않아 빛을 보기 시작했다. 그 동안 줄곧 외면 받아오던 경성방직이 비로소 대중 사이로 점차 확산되어 나갔다. 한국인들의 의식 속에 민족기업의 이미지가 각인되어 가는 가운데 국산품 애용의 확산으로 널리 사랑받을 수 있게 된 것이다.

그렇다고 제반 상황이 나아진 것은 아니었다. 생산 경험을 착실하게 축적해나면서 시장을 넓혀나갈 수는 있었지만, 경성방직의 사정은 이후에도 한동안 좋지 않았다. 무엇보다 낮은 수익성이 문제였다. 이것은 후발 기업이라는 불리한 점도 없지 않았다.

그러나 수익성이 낮다는 건 비단 경성방직만의 문제는 아니었던 듯싶다. 미쓰이물산의 조선방직 역시 같은 시기에 낮은 수익성으로 말미암아 고전을 면치 못하고 있었다. 다시 말해 경성방직과 조선방직 모두 어떤 공통적인 문제점을 안고 있었다는 얘기다.

무엇보다 이 시기에 조선에서 생산된 면포의 시장 가격이 일본산의 동급 제품보다 1필당 1원(지금 돈으로 약 10만원) 이상 더 저렴했던 점을 들지 않을 수 없다.[28] 나아가 조선 방직업체들의 생산 조건도 일본 방직업체들에 비한다면 상대적으로 불리했다. 당시 조선의 방직업체들은 주로 미국과 인도의 면을 원료로 사용하고 있었는데, 전량 일본을 거쳐서 도입되었기 때문에 운임 면에서 차이가 났다. 일본 방직업체들에 비해 한 단계를 더 거치게 되면서 생산 원가가 그만큼 더 올라갈 수밖에 없었던 것이다.[29]

더구나 때마침 불어 닥친 경제 불황의 여파 속에서 제품의 가격마저 폭락하고 마는 열악한 시장 환경으로 말미암아 수익성은 더욱 낮아질 수밖에 없었다. 탄생한 지 불과 얼마 되지 않은 조선의 방직업체들은 추운 겨울을 나는 생존의 시험 속에 놓일 수밖에는 없었다.

따라서 경성방직으로서는 하루 빨리 수익다운 수익을 올릴 수 있는 그러한 체질을 갖춰야만 했다. 그것만이 생존의 시험에서 살아남을 수 있는 유일한 길이었다. 또 그리기 위해서는 안으로 생산

　경성방직은 창업 이래 오랜 숙원 가운데 하나
였던 방적공장을 증설하면서, 마침내 김연수가
최고경영자로써 경영의 전면에 나서게 된다. 이
때 김연수의 나이 마흔이었다. 한 인간으로서 그
리고 15년차 경력의 경영자로서 원숙의 경지를
기대할 수 있는 불혹이었다.

성을 높이고 밖으로는 시장 환경을 호전시키는 일이 시급했다. 경성방직의 경영진에게 주어진 당면한 과제였다.

한데 1930년대 들어 예기치 않은 새로운 시대가 열렸다. 일본이 경제 공황으로 인한 사회 불안을 이기지 못해 1931년 여름 만주에서 전쟁을 일으켰다. 그리고 이듬해에 일본의 꼭두각시인 만주국滿州國을 세웠다. 이런 혼란과 격변 속에서 새로운 시대가 열리고 있었던 것이다.

그것은 곧 전에 볼 수 없는 급속한 공업화와 도시화, 또 그로 인한 경제 성장으로 이어졌다. 일본이 중국 대륙으로 세력을 확장시켜나가고 있는 가운데 조선의 경제 또한 급속한 확장의 기회를 맞았던 것이다.

그 가운데서도 방직공업과 화학공업의 성장이 가장 눈부셨다. 방직공업의 생산액은 당장 기하급수적으로 확대되었으며, 화학공업의 생산액은 그보다도 더욱 컸다.[30]

이쯤 되자 조선의 면방직 시장에서 수입대체 여지가 크다고 본 경성방직의 경영진은 이내 증설 투자에 들어갔다. 차입을 통해서 설비를 크게 확장시켰다. 그 속도는 일본이 세운 대규모 방적 기업에 결코 뒤지지 않았다. 이 시기 경성방직의 직기 수는 기하급수적으로 늘어났으며, 생산량 또한 급증했다.

그렇듯 설비 증설로 생산량이 크게 늘었으나 시장의 환경은 여전히 요지부동이었다. 방직공업의 눈부신 성장에도 불구하고 시장의 수익성은 여전히 저조하기만 했다. 아무런 실속이 없는 외연 확장에 머물렀을 따름인 것이다.

경성방직의 경영진은 다시금 깊은 고민에 들어갔다. 이미 자신들에게 주어져 있는 당면한 과제, 예컨대 방직과 방적을 겸하고 있는 조선방직과 달리 방직만으로 날로 저조해지고 있는 시장의 마진 속에서 어떻게 하면 수익다운 수익성을 올릴 수 있는 체질을 갖추느냐 하는 것이었다.

답은 멀리 있는 게 아니었다. 경성방직도 방적공장을 겸하자는 거였다.

사실 방적공장 건설은 그간 경성방직의 오랜 숙원이었다. 방적 공정이 없는 직조 공정만으로는 수익다운 수익성을 기대하기 어려웠던 때문이다. 경성방직은 일본의 조선방직에 비해 그만큼 어려울 수밖에 없었던 것이다.

이럴 무렵 회사 설립 이래 10년 가까이 사장직을 지켜오던 박영효가 퇴임했다. 그리고 그 자리엔 전무이사직을 맡아오던 김연수가 취임했다. 회사 설립 초기부터 줄곧 명목상의 사장으로 재직해왔던 박영효는 이때 이미 75세의 고령인데다 건강마저 악화되자 사장직에서 물러나 고문으로 추대되었다.

이때 김연수의 나이 마흔이었다. 한 인간으로서 그리고 15년차 경력의 경영자로서 원숙의 경지를 기대할 수 있는 불혹이었다. 그런 그가 경성방직의 새로운 최고경영자로 전면에 등장케 되었던 것이다.

사장으로 취임한 김연수는 경성방직의 이사진을 개편했다. 주주총회를 거쳐 이강현 등 종래의 이사진에다 화신백화점의 박홍식, 호남 대지주가의 현준호, 금광왕 최창학, 조선 최고의 대지주였던 민영휘의 손자인 민병수(민대식의 아들) 등을 증원하여 선임했다.

이런 이사진의 구성은 김연수가 자신의 사업 인맥을 비로소 구축했음을 말해준다. 종래의 이사진이 주로 그의 형 김성수의 일본 유학 동창들이었던데 반해, 새로이 선임된 이사들은 당대 상업과 금융계에서 한국인을 대표하는 기업가들이었다. 비록 일제의 식민 지배에 놓여있긴 하지만 한국사회도 바야흐로 자본이 지배하는 시장경제사회에 이르렀음을[31] 단적으로 보여주는 대목이기도 했다.

이같이 경성방직에도 한 시대가 마감하고 새로운 시대가 열렸다. 경성방직의 체제를 일신한 김연수는, 곧바로 방적공장의 건설이라는 숙원 사업에 착수했다. 그동안 면사를 전량 수입하여 면포만을 생산하던 공정에서, 우리 자본 우리 기술로 면사에서부터 면포에 이르기까지 일관 생산 체제로 전환한다는 야심찬 포부였다. 김연수는 그 준비 작업으로 이미 시흥에 공장부지 15만평까지 매입해둔 터였다.

그러나 조선총독부는 이런 프로젝트를 좀처럼 허가하지 않았다. 극심한 불황에 빠져든 일본은 어려움을 타개하기 위해 모든 생산을 통제하는 정책을 취하고 있었다. 이런 상황에서 경성방직이 방적 생산을 위해 새 공장을 짓겠다고 나섰으니 허가가 날 리 만무했다.

결국 더 이상 기다릴 수 없게 된 김연수는 허가가 나지 않는 시흥 공장을 포기한 채 영등포공장 안에 방적 공장을 증설하기 시작했다. 방적 공장의 증설에 투입된 자금은 174만1,000원(지금 돈 약 1천7백4십1억원)으로 경성방직의 자본금 100만원보다도 많은 대규모 건설이었다. 이에 따라 경성방직은 방적기 2만5,600추와 방직기 896

대를 갖추면서 미쓰이물산의 조선방직, 동양방적, 가네가후지방적과 함께 '조선 4대방大紡 체제'의 일원으로 당당히 올라설 수 있었다. 1930년대 들어 공업화의 주역이었던 방적 대기업의 반열에 마침내 합류할 수 있었던 것이다.[32]

그러나 1939년 9월 제2차 세계대전이 발발하자 일본의 탄압은 극에 달했다. 이른바 한일 두 민족의 동근동조론을 내세워 창씨개명을 강요한데 이어, 동아일보와 조선일보 등 민족언론을 폐간시켰다.

산업 부문 또한 전시체제로 강제 재편되었다. 면공업에 대한 압력도 절정에 달해 국산 면직물은 대부분 군수용으로 지정된데 이어, 일반 민수용은 30종으로 한정시켰다. 판매 가격까지 엄격한 통제에 들어갔다.

하지만 이미 체질 강화를 마친 경성방직은 고속 성장을 멈추지 않았다. 1942년에는 자본금이 1,000만원(지금 돈 약 1조원)으로 늘어났고, 1943년에는 의정부, 양평동, 쌍림동 등지에 각기 공장을 증설했다. 다시 이듬해엔 시흥에 염색공장까지 완공함으로써 이제 경성방직은 조면, 제사, 직포, 염색 가공에 이르는 모든 공정을 일관 처리할 수 있는 종합 면방직 공장의 면모를 갖추었다. 드디어 미쓰이물산의 조선방직과 비슷한 생산 능력을 보유케 된 것이다.

그러나 해방이 될 때까지 한국 경제는 일본의 산업과 경쟁이 되는 부분이라면 철저히 봉쇄당해야 했다. 일본의 산업을 보완할 수 있는 부분만이 겨우 숨통이 틔었을 뿐이다. 때문에 당시 국내 기업의 전체 자본을 살펴보면 일본 자금이 무려 94%를 차지했고, 겨우

6%만이 우리의 민족자본이었다. 그 중에서도 자본금이 10만원(지금 돈 약 100억원) 이상인 민족기업은 기껏해야 경성방직만이 유일했다.

대륙에서의 절정과
허무한 붕괴

흔히 역사적인 사건이라고 하면 어떤 일정한 문법이 작용하는 것으로 생각하기 쉽다. 하지만 그런 역사적인 사건일수록 실은 누구도 의도하지 않은 방향으로 역사의 진행을 바꾸어 놓는 성질이 있다.[33]

경성방직이 방적 공장마저 증설하면서 모든 공정을 일관 처리할 수 있는 종합 면방직업체로 본격 가동에 들어갈 무렵, 일본은 뜻하지 않은 중일전쟁을 일으켜 대륙 침략을 전면화했다. 그에 따라 생산과 가격, 판매 등 전면적인 전시 통제에 놓이게 되었다. 따라서 면공업 생산은 전반적으로 위축될 수밖에 없었고, 경성방직 또한 예외가 아니었다.

한데 이런 전시 통제 아래에서 경성방직은 뜻밖에도 마지막 남은 과제마저 일거에 해결할 수 있게 된다. 회사 설립 이래 줄곧 난제로 남아 있던 수익성의 벽을 마침내 넘어서게 것이다. 전시 통제 아래에서 전반적으로 물자가 부족해짐에 따라 제품 판매에 아무런 문제도 발생치 않게 되자, 굳이 일본인 판매회사를 통한 판매를 할 필요가 없게 되었다. 당시 면사포상점의 분위기가 어떠했는지를 전하는 기록이다.

> 그 당시 장사는 물건을 어떻게 사오느냐가 문제였지 파는 것에 신경을 쓸 필요가 없었다. 그만큼 물자가 귀했다. …인조견, 비단 할 것 없이 5궤짝만 팔아도 조선신탁회사에서 4~5개월 월급 받은 만큼이나 될 정도로 이익이 났다. 물건을 얻는데 고생은 했지만, 그렇게 편하고 이익이 많이 남는 장사도 없었다.[34]

이처럼 경성방직의 수익성은 공교롭게도 일본의 전시 통제 시기에 비약적으로 향상될 수 있었다. 순이익의 규모가 전시 통제 이전에 6만원대(지금 돈으로 약 60억원)에 그쳤던 것이, 전시 통제에 들어간 이후부터 일본이 패망할때까지 60만원(지금 돈으로 약 600억원)에서 심지어는 매기 별로 80만원(지금 돈으로 약 800억원)대를 기록하기도 했다.

거듭 말하지만 수익성이 이같이 크게 향상된 데에는 경성방직이 사업의 전개 능력이나 원가 경쟁력을 획기적으로 개선한 덕분이 아니었다. 앞서 얘기한 것처럼 전시 통제 아래에서 전반적으로 물자가 부족해짐에 따라 제품 판매에 아무런 문제도 발생치 않게 되자, 굳이 일본인 판매회사를 통하지 않게 되면서부터라고 할 수 있다. 그렇대도 이 시기 경성방직의 고수익성이 순전히 특혜적인 공정가격 덕분인 것만은 아니었다. 공교롭게도 이 시기 들어 경성방직이 고급 제품 위주로 생산품의 구성을 바꾼 것 또한 고수익의 또 다른 요인이었다.[35]

어찌됐든 경성방직의 수익성은 한국인 기업 가운데 단연 으뜸이었다. 이 시기 경성방직이 매기 별로 70만원(지금 돈 약 700억원)대의 순이익을 올리고 있는 반면에, 상업계의 대표기업인 박흥식의 화신백화점이 8~18만원(지금 돈 약 180억원), 금광업으로 크게 성공한 이종만의 대동광업이 12~17만원(지금 돈 약 170억원), 6대 은행 가운데 민규식의 동일은행이 13~17만원(지금 돈 약 170억원), 한상룡의 조선생명보험이 4~5만원(지금 돈 약 50억원)의 순이익을 올렸다. 각 부문의 대표적인 한국인 기업들이 기껏해야 경성방직 순이익 규모의 3/1 정도였던 셈이다.[36]

그러나 경성방직은 조선 안에서 더 이상 발전이 어려웠다. 전시통제 아래에서 물자가 절대 부족한 가운데 공정가격제로 수익성이 크게 나아지긴 하였으나, 하지만 그것은 기업 활동을 통제받은 데서 얻은 반대급부일 따름이었다. 김연수는 답답했다.

'생산업자는 생산에서 판매까지 자의로 할 수 있는 부분은 하나도 없었다. 그러므로 생산업자는 생산 의욕을 잃었을 뿐만 아니라 거의 임가공을 청부받아 하는데 지나지 않았다. 고무공업을 비롯하여 여타의 어떤 공업도 사정은 매일반이었다. 그래서 나는 이런 기업 아닌 기업(활동)에 염증을 느끼게 되었다.'[37]

김연수로서는 무언가 새로운 출구가 필요했다. 조선 바깥으로 눈을 돌리게 되었다. 조선 안에서 더 이상 발전이 어려운 가운데 조선 밖 만주에서 활로를 모색한 것은 당연한 일이었던 것이다.

사실 만주 진출은 그의 오랜 꿈이기도 했다. 김연수가 일본 유학을 마치고 돌아온 지 얼마 되지 않은 1921년 만주 대륙으로 여행을 갔을 때 그는 이미 다짐한 바 있었다. '우리가 살 길은 이 만주 대륙을 떠나서 달리 없을 것이다. 그런 만큼 언제고 이 만주 대륙을 상대로 큰 날개를 펴보리라' 한 것이다.

한데 경성방직이 생산한 광목 제품 '불로초'가 만주 지역에서 인기를 끌자, 경성방직의 경영진은 새삼 만주시장에 관심을 갖기 시작한 터였다. 특히 미쓰이물산의 조선방직이 1934년에 만주 잉커우방직을 인수하여 대륙으로 사업을 확장해나가는 것을 지켜보면서 김연수 또한 만주 진출을 본격 검토하기에 이르렀다.[38]

일본군이 파죽지세로 상하이, 난징 등지를 점령하자 그곳 중국인 경영의 방직공장들이 거의 폐문 상태에서 직포난織布難은 날로 격심해 갔다. 이 무렵부터 만주에서 인기를 끌고 있던 불로초표 광목이 이번에는 화북 일대로 그 세력을 뻗쳐 경성방직은 크게 신장하게 되었다. 그것은 중국인들이 적대국가인 일본 제품을 기피하는 데서 생긴 현상이었다. 이 뜻하지 않은 국제무대에서 각광을 받으면서부터 경성방직은 생산에 박차를 가하여 즐거운 비명을 올리고 있었다. 이대로 전진만 한다면 경성방직은 이제 조선의 경성방직이 아니라 동양의 경성방직이 되는 날도 그리 멀지 않을 것 같았다.[39]

김연수는 끝내 만주 지역에 방적회사를 설립하기로 용단을 내렸다. 아울러 만주로 진출하고자 하는 자신의 뜻을 분명히 밝혔다.

'조선의 경성방직이 아니라 동양의 경성방직'을 꿈꾸고자 한 것이다. 국내 기업으론 첫 해외 진출이었다.

결국 김연수는 1939년 12월에 남만南滿방적주식회사를 설립했다. 총 자본금은 1,000만원(지금 돈 약 1조원)으로 전액 경성방직이 출자하는 방식이었다. 실로 대규모 투자 사업이었다. 무려 17만평의 대지 위에 7,800여 평의 공장, 그리고 1만여 평에 달하는 남녀 기숙사, 강당, 식당, 사택, 창고 등의 건물이 신축되었다. 이런 공장 부지는 경성방직 영등포공장 부지의 6배에 달하는 것이었다.

이윽고 대규모 방적공장이 건설되자 경성방직의 여공들을 파견하는 한편, 또한 조선에서 직공들을 모집하고 나섰다. 그것으로도 인력이 충원되지 않자 만주 현지의 한국인 자녀들까지 채용케 했다. 초기 종업원 수는 약 1,300여 명 수준이었다.

또한 김연수는 우리 민족에게 무엇보다 중요한 조건 가운데 하나인 학교 설립도 빼놓지 않았다. 인력 확보의 방편으로 공장 내에 학교를 부설했다. 초등 학부와 중등 학부의 과정을 설치하고 하루 4시간씩 수업을 했다. 2시간의 수업시간은 하루 근로시간을 12시간에서 10시간으로 줄여 배려해주고, 나머지 2시간은 개인시간을 내도록 했다.

교사는 경성방직에서 파견된 관리사원들이 겸했다. 그들은 대학이나 고등공업학교를 졸업한 터라 교사 역할을 하는데 아무런 어려움이 없었다. 오히려 관리사원과 직공 간의 관계가 스승과 제자 관계로 맺어지면서 노무관리에도 도움이 되었다. 이것은 훗날 우리나라가 고도 성장기에 현장사원들이 주간에 공장에서 일하고, 야간

에는 학교에서 학업을 이수케 한 산업체 병설 학교에 해당하는 것이었다.[40]

더욱이 대륙으로 진출한 김연수는 일정한 거처가 없이 대륙을 떠돌고 있는 한국인 유민流民들에게도 눈길을 돌렸다. 그는 자신이 일찍이 설립한 주식회사 삼양사三養社를 통해 광활한 만주에서 대대적인 농장 사업을 펼쳐 그들을 정착케 했다. 우선 잉커우 지방에 대규모 천일농장을 개간한데 이어, 하이룬으로 진출해 반석농장을, 마이허커우 지역에 매하농장을, 휘난 지역에 교하농장을, 지린성 하구대에 구대농장 등을 한국인 유민들과 함께 개척해나갔다.

이밖에도 그는 한국인이 경영하다 어려움에 처한 삼척기업三拓企業를 인수해서 원시림을 벌채하여 농지로 개간하는 산림개간 사업에도 착수했다. 사업장은 북간도의 화룽현 일대에 자리한 원시림 3만여 정보(1정보 3,000평)였다.

김연수는 또 하얼빈의 오리엔탈비어도 인수하게 되었다. 이 맥주회사 역시 그간 한국인이 경영하다 어려움에 처하게 되면서 인수 간청을 차마 뿌리치지 못한 것이었다.

그런가하면 재정 부족과 비정규 학교 기피로 어려움을 겪고 있는 한국인 교육기관인 동광학교東光學校를 인수했다. 그런 다음 학교 시설과 교원을 확충하여 정규 학교인 동광중학교로 승격시켜 구대농장에 기부했다.

이처럼 김연수는 발해만의 교통 요지인 잉커우 항구에서 출발하여 철도를 따라 점점 더 대륙 속으로 진출해 들어갔다. 초기에는 주로 남만주 일대에서 사업을 벌였으나, 나중에는 만주국 중심부인

수도 신징新京 너머 북부 깊숙한 지역으로까지 확대시켜 나갔다.

그러면서 '조선 제일의 기업가' 로 자리매김했다. 그는 방대한 사업을 꾸려가기 위해 식산은행과 만주흥업은행으로부터 3,000만원(지금 돈으로 약 3조원)과 1,200만원(지금 돈 약 1조 2,000억원), 도합 4,200만원(지금 돈 약 4조2,000억원)을 차입하면서 이제 그에게 견줄만한 다른 한국인 기업가는 없었다.[41]

이 무렵 김연수는 만주에서의 기업경영에 대해 어느 때보다 확신에 차있었다. 자신은 물론이고 한국인들의 만주 진출에 대해 추호도 의심치 않고 있었다.

> … 인내력이 풍부한 정신과 그 저항력이 강한 체력과 기후 풍토의 근사한 점 등으로 보아 조선인의 만주국 진출은 장래 더욱 유망하다고 생각되며, 일만日滿 양국 정부에서도 만주국 제諸 민족 협화協和의 핵심이 될 일본 내지인에 준하여 조선인을 취급하게 된 오늘에 이르러 그 전도는 더욱 양양하다고 할 수 있다.[42]

김연수에게 일제 말기의 수년 동안은 사업 확장의 절정기였다. 자신이 표현하고 있는 것처럼 '가장 보람차고 다사다망한 시기' 였다. '오늘은 경성의 경성방직에, 내일은 삼양사 관할 농장에, 모레는 만주의 남만방적에, 그리고 다시 일본으로, 중국으로 동분서주' 했으며, 그런 분주한 나날 속에서 기업가로서의 의미와 보람을 찾았다.[43]

그러나 김연수의 이런 대대적인 만주 투자에 대해 형 김성수는 회의감을 나타냈다. '일본인들을 따라다니며 사업을 할 필요가 있느냐' 는 것이었다. 하지만 그 때 김연수는 '한창 사업에 대해 자신

한국 기업 사상 최초로 해외에 진출한 경성방직 김연수의 남만방적 공장 전경. 김연수는 방대한 사업을 꾸려가기 위해 은행에서 4,200만원(지금 돈 약 4조 2,000억원)을 차입하면서 일약 '조선 제1의 기업가'로 자리매김했다. 이 무렵 그는 만주에서의 기업경영에 대해 어느 때보다 자신에 차있었으며 한국인들의 만주 진출에 대해, '인내력이 풍부한 정신과 저항력이 강한 체력, 기후 풍토가 유사한 점 등으로 보아 조선인의 만주 진출은 장래 더욱 유망하다'고 확신하고 있었다.

이 생겼을 때요, 사업 의욕이 번성할 때라 형의 말을 귀담아듣지 않았다. 더구나 조선총독부가 조선에선 더 이상 신규 사업 허가를 내주지 않아 자연 만주로 진출할 수밖에는 없었다.'[44]

다시 말하지만 역사적인 사건이라고 하는 것은 누구도 의도하지 않은 방향으로 역사의 진행을 바꾸어 놓는 성질이 있다. 1945년 8·15해방 또한 그러했다. 정녕 누구도 예기치 못한 가운데 그토록 간절히 바라던 일제 식민 지배로부터의 해방이 일본의 패망과 함께 어느 날 갑자기 도둑처럼 돌연 찾아왔던 것이다.

하지만 아이러니하게도 일본의 패망과 더불어 김연수 역시 큰 낭패를 보았다. 일본의 패망은 곧 제국 전역에 걸친 그의 사업의 제국 또한 붕괴됨을 뜻했다. 일본군이 중국 대륙에서 철수하는 것을 뒤따라, 그는 거대한 방적공장과 6개의 대농장, 맥주공장과 함께 광활한 산림을 그대로 내버려둔 채 그만 빈손으로 돌아설 수밖에는 없었다. 그야말로 순식간에 자신의 전 재산 가운데 절반 이상을 상실하고 말았다.

미행으로 그친 시드머니,
전설의 산토끼로 남다

1945년 8·15 해방은 김연수에게도 분명 가슴 벅찬 감격이 아닐
수 없었다. 그러나 동시에 시련의 시작이기도 했다. 일제의 패망과
함께 자신의 재산 가운데 절반 이상을 상실해야 했던 그는, 뒤따라
명예에도 심각한 손상을 입는다. 해방과 더불어 경성방직이 좌익
노동운동의 거점이 되고 말면서 노조원들은 그를 배척했고, 결국
사장직을 내놓아야 했다. 특히 반민족행위자처벌특별법이 국회에
서 공포된 후 그는 일제의 협력자요, 친일파라는 명에까지 뒤집어
쓴 채 구속 기소되었다. 5개월 만에 무죄 판결을 받고 풀려나긴 하
였으나 그는 이미 재산도, 명예도, 사업도 대부분 잃은 뒤였다.

설상가상으로 경제 질서의 변화도 그에게는 만회할 수 없는 타
격이었다. 일제까지만 하더라도 지주소작제가 용인되고 있었으나,

새로이 독립한 한국 정부는 그렇지 않았다. 경자유전耕者有田이 곧 사회적 합의라며 지주소작제는 더 이상 용인되지 않았다. 이에 따라 거대 지주경영을 효율적으로 영위해왔던 마지막 남은 주식회사 삼양사마저 모두 잃어야만 했다.

뒤이어 6·25 한국전쟁이 터졌고, 정신적 지주였던 형 김성수마저 그의 곁을 홀연히 떠나갔다. 해방 후 한국민주당을 이끌었던 김성수는 1951년 이승만 정부에서 야당 출신 부통령에 당선되었지만, 60을 갓 넘긴 나이에 병마로 쓰러져 그만 1955년 타계하고 말았다. 김연수 또한 기업가로서는 전성기가 지난 어느덧 50대 후반이었다.

이처럼 김연수는 평생토록 쌓아온 재산을 한순간에 모두 잃고 새로이 다시 시작해야 했다. 그리하여 1950년대엔 식품업을 삼양사의 새로운 사업 분야로 정하고, 설탕과 밀가루 제조를 시작했다. 1960년대부터 본격적인 경제 개발이 시작되자 화학섬유에도 진출했다.

하지만 지난 시절엔 비교 상대조차 되지 않았던 후배 기업인들과 경쟁을 벌여야 했다. 더구나 한때 권력과 손을 잡았다가 큰 시련을 겪은 뒤로는 자의 반 타의 반 권력과는 거리를 두었고, 이 때문에 많은 사업 기회를 놓치기까지 했다. 그러는 사이 젊은 날의 그를 연상케 하는 유능한 후배 기업인들이 하나 둘 앞서 나가기 시작했다.[45] 그런 가운데 '지난 10여 년 동안 자신의 생애 가운데 가장 열심히 살았다' 고 고백했을 정도로 천신만고 끝에 지금의 (주)삼양사를 일궈낸 뒤, 그의 나이 여든이 되던 해(1975년)에 현역에서 물러났다.

일찍이 고창 김씨 일가의 김성수, 김연수가 실현하고자 하였던 시대는 여기까지였다. '한 송이 국화꽃을 피우기 위한' 이 두 형제의 역할은 안타깝게도 미행未行으로 그칠 수밖에 없었다. 정녕 한 송이 국화꽃을 피우기 위해서는 오는 봄날을 아직은 조금 더 기다려야 했으며, 이후에 다가올 다음 세대를 기약해야 했다.

어쨌든 고창 김씨 일가의 기업 활동은 일제 식민시대를 거치면서 이같이 때가 묻었고, 해방 후 김연수는 그동안 쌓아온 것을 모두 잃으면서 그의 기업 활동도 크게 위축되고 말았다. 이에 따라 후대인들은 김연수가 펼쳐 보인 기업 활동의 역사적 의의를 그저 대수롭지 않게 여기는 측면도 없지만은 않다. 그러나 그의 전시협력 사실이 기업 활동의 역사적 의의마저 부정할 수는 없는 일이며[46], 더욱이 당시의 사회적 배경에 대한 아무런 고민이나 성찰도 없이 단순히 현실만을 주장하는 것은 근시안적인 평가라는 지적을 피하기 어려워 보인다.

도대체 선구자란 무엇이겠는가. 한 시대의 선구자란 그 시대의 의지를 표현하고, 시대가 요구하는 의지를 그 시대에 전해주어, 그것을 실행할 수 있도록 하는 인간을 일컫는 것이 아니겠는가.

다시 말해 기존의 권위에 도전해서 새로운 권위와 창조를 도우려는 모든 세력의 대표자라고 할 수 있다면[47], 그렇다면 무기력하게 식민지의 나락으로 떨어지고 만 폐허와 공허 속에서 이 두 형제가 열어나갔던 길은 분명 그러한 역할이었다고 말할 수 있잖겠는가.

물론 이 두 형제가 한 시대의 선구자였는가 하는 문제를 논하자는 건 아니다. 그런 건 여기서 별반 중요한 것도 아니다.

분명한 것은 이 두 형제가 품었던 근대화의 이념, 당대 우리의 당면 과제였던 근대화를 우리 스스로 개척하고 단련시켜 이른바 '사회적 능력'을 키워나간 과정이었다는 점이다. 암울하기만 하던 일제 식민시대에 민족교육과 민족언론 설립이, 이 두 형제가 자신 있게 외쳤던 '우리 자본 우리 기술로 우리의 옷감을 만들어 입자' 던 자립 경제의 의지가 다른 무엇보다도 우선하는, 곧 그 시대를 실현하고자 했던 이들의 정수였다는 것이다.

따라서 고창 김씨 일가의 교육사업과 언론사업, 그리고 경성방직과 그 기업가들은 그저 간단히 일제의 예속자본이나 친일파라고 폄하하고 말 존재가 아니라는 것이다.[48] 그렇게 단정 짓고 말기에는 우리가 미처 다 알지 못한 부분이 엄연히 존재한다는 점이다.

특히나 이 두 형제가 한낱 중소 직포 업체로 출발한 경성방직을 일본의 대기업과 견줄만한 기업으로 성장시켜가는 과정은 곧 한국 기업의 성장과 단련의 과정이었다. 일제 식민 지배 아래에서의 그와 같은 기업적 훈련과 학습이 결국 역사와 경제 점쟁이의 제자들마저 놀라게 한 오늘날 한국의 대기업을 낳은 그 첫걸음이 되었다는 얘기다.

그리하여 일찍이 영국에서 몇몇 소수의 귀족층에 의한 실력양성론이 결국 산업혁명으로까지 이어졌다면, 일본 또한 일부 몇몇 소수의 젊은 무사들에 의한 실력양성론이 결국 명치유신으로까지 이어지게 되었다면, 방법과 정도에서 다소 차이를 인정한다하더라도 우리의 근대화 과정에도 분명 그러한 실력양성론이 엄연히 존재했을 것이라는 사실이다. 곧 '시드머니'가 있었음을 단언할 수 있다.

비록 무기력하게 식민지의 나락으로 떨어지고 만 일제하의 우리의 근대화 과정에도, 설령 그것이 근대화의 혁명으로까지 꽃을 피우지 못한 채 안타깝게 미행으로 그치고 말았다하더라도, 그 같이 우리만의 사회적 역량을 키위기 위한 김성수와 김연수라는 시드머니가 엄존했었다는 건 누구도 부인할 수 없다.

결국 제3장 '천년 동안의 비밀 학습' 에서 살펴본 한국인의 도저한 문화적 유전자, 다시 말해 한국인 고유의 형질 형성이라는 첫 번째 씨앗에 이어, 한국의 탄생을 위한 두 번째 씨앗, 곧 '시드머니' 가 이들 두 형제에 의해 마침내 이 땅 위에 뿌려졌던 것이다.

제7장
산토끼의 학습자들과
시발 자동차, 원양어업…

그렇듯 또 한 시대가 역사의 뒤안길로 스러져갔다. 그리고 또다시 우리는 그 다음 시대를 속절없이 맞이하게 되었다.

하지만 그 시작은 너무도 보잘 것이 없었다. 누추한 몸짓을 겨우 떨치고 일어난 초라한 것이었다. 조금이라도 쓸모가 있는 거라면 일제의 잔혹한 수탈로 이미 씨조차 바닥이 드러난 뒤였다.

더구나 해방 공간에서 우리는 내적 역량을 한데 결집시키지 못한 채 걷잡을 수 없는 혼란에 휩싸였었다. 그러다 동족상잔의 한국 전쟁으로 말미암아 그야말로 잿더미만이 남게 된 폐허와 공허 속에서, 초근목피의 부황 뜬 얼굴로 뎃빵족에게 자릿세까지 뜯겨가며 자기 피를 뽑아 팔아야 기껏 하루 동안의 주린 배를 채울 수 있는 처지에 놓이고 말았다. 예의 아프리카 가나와 함께 지구촌에서 가장 가난한 국가로 전락하고야 만 것이다.

우린 그렇게 겨우 처음으로 출발 선상에 등장했다. 왕조사회와 식민지배에 가로막혔던 굴레에서 벗어나 비로소 다 같이 출발 선상에 나란히 나설 수 있게 되었다.

그러나 돌아보면 여태껏 만나지 못한 새로운 시대였다. 그것은 분명 우리 모두가 그동안 숨죽여 기다려온 처음으로 맞이하는 기회이기도 했다. 만만찮은 도전과 응전이 기다리고 있으리라는 걸 모르진 않았다. 하지만 그 오랜 인고의 세월 끝에 마침내 우리에게 처음으로 주어진 기회 앞에서 결코 헛되이 주춤거리고 있을 수만은 없었다.

흔히 산토끼를 사냥할 때, 산토끼를 아직 한 번도 본 일이 없는 사냥개는 산토끼가 그만 시야에서 사라지게 되면 쉽사리 포기하고 만다고 한다. 반면에 산토끼를 한 번이라도 본 일이 있는 사냥개는 전혀 다르다는 것이다. 산토끼가 시야에서 사라져 보이지 않더라도 좀처럼 포기하지 아니하고 끝까지 뒤쫓는다고 한다.

짐작하였겠지만, 식민 지배 하에서 김연수의 경성방직과 박흥식의 화신백화점을 통하여 기업적 훈련과 학습을 바라본 이들이 있었다. 마치 산토끼를 바라보고서 뒤쫓는catch-up 사냥개들과도 같았다. 식민 지배 하의 김연수와 박흥식을 연상케 하는 유능한 후배 기업인이 바로 그들이었다. 오늘날 삼성의 이병철(1910~1987), 현대의 정주영(1915~2001), 럭키화학(훗날 LG)의 구인회(1907~1969), SK의 최종건(1926~1973), 한진의 조중훈(1920~2002). 금호아시아나의 박인천(1901~1984), 두산의 박두병(1910~1973), 한화의 김종희(1922~1981)

등… 수많았다.

이 가운데 널리 알려져 있는 것처럼 이병철은 제법 밥술이나 먹는 집안에서 태어난데 반해, 정주영은 찢어지게 가난한 농부의 아들로 태어났다. 따라서 이병철은 일찍이 일본 유학까지 다녀온 뒤 사업에 뛰어들 수 있었고, 정주영은 공사장의 막노동자로 전전하다 엇비슷한 시기에 투신케 되었다.

이들이 처음 벌인 사업 또한 흥미로웠다. 이병철은 지인들과 동업으로 쌀을 도정하는 정미소를, 정주영은 자신이 배달 일을 하던 쌀가게를 주인으로부터 물려받으면서부터였다. 1930년대 중반, 아직 누구도 주목하지 않은 가운데 작은 규모의 쌀 가공과 쌀 유통을 시작으로 각기 출발점에 섰다. 김연수의 경성방직이 방적공장까지 증축하면서 자본금 1,000만원(지금 돈으로 약 1조원)을 뛰어넘던, 당시 산업화의 주역이었던 일본 미쓰이물산의 조선방직 · 동양방적 · 가네가후지방적과 함께 '조선 4대방大紡'의 반열에 합류하며 바야흐로 만주 진출을 목전에 둔 시점이었다.

그러나 처음 한동안 두 사람은 좀처럼 바닥에서 헤어나지 못했다. 일제 식민 지배의 한계를 절감한 뒤 이병철은 마산의 정미소를 접고 대구에서 농산물을 만주로 수출하는 '삼성상회'를, 정주영 역시 쌀가게를 정리하고 자동차 수리 공장인 '아도서비스'로 재기를 노렸다.

그러다 8 · 15 해방을 맞이했다. 하지만 이어 6 · 25전쟁은 이들에게 곧 위기이자 기회였다.

특히 피난지 부산에서 가장 화려하게 성장한 기업은 단연 이병철의 ‘삼성물산’이었다. 그는 전쟁으로 무너진 회사를 신설 형식으로 재건하면서, 불과 1년 만에 17배로 키워내는 기적 같은 성공을 거둔다. 그의 회고다.

'…우선 서울에서 무역을 하던 경험을 살려 가장 공급이 달리는 생필품을 하나하나 조사했는데 달리지 않는 물자란 하나도 없을 정도였다. …동란과 함께 국내 물자가 잿더미로 화하고 생산능력이 마비된 데다 전시 인플레로 물가가 엄청나게 치솟기 시작하자, 정부로서도 관·민수 할 것 없이 당장 수입을 촉진시키지 않을 수 없는 실정이었다. 이 당시 부산에서의 사업 경쟁이란 자금의 동원 능력과 기동력의 싸움이나 다름이 없었다. 자금의 동원능력에 있어서는 우리를 능가하는 상사들이 적지 않았을 것이다. 그러나 기동력에 있어서는 삼성물산이 타사의 추종을 불허했다고 자부한다. 경황없이 1년을 보내고 결산해 보니 3억 원의 밑천이 장부상으로나마 무려 17배 이상으로 불어나 있었다. …모두가 노력한 결과인 것만은 사실이지만, 전쟁 경기라는 변칙적인 환경이 가져다 준 산물이라는 자격지심을 주체할 길이 없었다.'[1]

이후 이병철은 피난지 부산에서 ‘제일제당’과 ‘제일모직’을 잇따라 설립하면서 일약 재계의 차세대 주자로 급부상했다. 정주영 또한 미8군의 건설공사를 특유의 뚝심과 낙천성으로 헤쳐나간 여세를 몰아 ‘현대건설’을 설립하며, 일제의 몰락과 함께 붕괴하고 만 경성방직의 김연수를 하루아침에 단박 앞서 나가기 시작했다.

이 시점부터 둘의 행보는 놀라울 만치 거칠 것이 없었다. 1940년대 경성방직의 김연수가 조선이 비좁다며 만주 진출을 꾀할 때와는 비교조차 되지 않았다. 마치 한 해에 기업 하나씩을 새롭게 세워나가는 경쟁이라도 벌린 듯이, 이병철과 정주영은 서로 앞서거니 뒤서거니 하며 산업의 전 분야에 걸쳐 경제영토를 줄기차게 확장을 해나갔다.

그리하여 불과 반세기여 만에 이병철의 삼성은 오늘날 연간 매출 150조원 시대를 연 세계 기업 20위의 삼성전자를 비롯하여[2], 언론·방송·인터넷·출판·제지·광고·의류·중공업·경비·항공·종합상사·식품·의약·금융·보험·외식·스포츠·게임·전산정보·건설·레저·방송콘텐츠·유통·전시·행사대행·화물운송·직업훈련 등 모두 122개의 계열사를 거느린[3] 삼성제국을 이룩해냈다.

정주영의 현대 또한 여기에 조금도 뒤지지 않았다. 다만 삼성의 이병철이 '불씨마저 꺼야 공평한 상속이다' 는 자신의 철학에 따라 삼성제국의 전 재산 가운데 93.6퍼센트에 해당하는 지분을 자신의 후계자로 지목한 3남 이건희에게 고스란히 넘겨준데 반해[4], 정주영의 현대왕국은 사분오열 쪼개어졌다. 일찍이 정인영의 한라그룹·정순영의 성우그룹·정상영의 KCC그룹 등 동생들을 분가시켜준데 이어, 자신의 아들들에게도 재산을 골고루 상속했다.

그런 결과 지금은 현대·기아차그룹의 정몽구를 필두로, 현대백화점그룹의 정몽근, 현대그룹의 고 정몽헌, 현대중공업그룹의 정몽준, 현대해상의 정몽윤, 현대기업금융의 정몽일 등으로 저마다 분산되어 있다.[5] 하지만 정주영은 '70년대 후반 중동 건설에 진출하여 '20세기 최대의 건설' 로 불렸던 주베일 산업항 공사 등을 연이

　　피난지 부산에서 가장 화려하게 꽃피운(?) 이병
철의 삼성물산은 전쟁으로 무너진 회사를 신설
형식으로 재건하면서, 불과 1년 만에 17배로 키
워내는 기염을 토했다. 그는 여세를 몰아 피난지
부산에서 제일제당과 제일모직을 잇따라 설립하
면서 재계의 차세대 주자로 급부상했다. 일찍이
춘원 이광수가 감지하고 예언했던 '화신과 경성
방직의… 뒤에 오는 대군의 척후임이 확실하다'
고 한, 바로 그 대군이 불과 반세기 뒤에 속속 등
장하기 시작한 것이었다.

어 수주하면서, 자신의 생전에 이미 건설 · 조선 · 자동차 · 기계 · 금속 · 알루미늄 · 전자 · 화학 · 정유 · 금융 · 보험 · 무역 · 광고 · 유통 · 상선 · 항공 · 언론 · 목재 · 자원개발 · 스포츠 · 해운 · 미디어 · 전산정보 등 모두 45개의 계열사를 거느린 현대왕국을 이룩해냈다.[6]

럭키화학의 구인회 또한 전쟁이라는 누란의 위기 속에서 가히 눈부신 성공을 거두어냈다. 진주에서 비단 상점을 시작으로 투신한 그는, 화장품 제조를 통해 번 돈으로 1952년 플라스틱 제조 사업에 뛰어들어 빗, 비눗갑, 세숫대야, 화장품 뚜껑 등을 생산해서 히트를 쳤다. 당시의 플라스틱 제품은 곧 황금알을 낳는 거위였다. 원가의 무려 20~30배에 팔려나갔던 것이다. 여세를 몰아 구인회의 럭키화학은 김연수의 경성방직을 턱밑까지 추격하여 그때 이미 재계 4위로 급부상할 수 있었다.[7]

이병철과 정주영 · 구인회 등은 이후에도 시위를 떠난 살처럼 대단히 놀라운 속도로 영역을 부단히 확장시켜나갔다. 예의 반세기 동안이나 '숨 가쁜 수직 상승'을 계속했다. 한 단계씩 밟아 올라가는 계단식 성장 속도가 아니라 역사상 그 유례를 찾아보기 어려운 초고속 성장 속도였다.

물론 이들만이 결코 아니었다. 그 밖에도 왕조시대의 마지막 보부상이었던 '박승직 상점'을 이어받아 지금의 두산을 일으킨 박두병을 비롯하여, 작은 직물공장에서 시작하여 SK를 키운 최종건과 최종현 형제, 식민지 일본에서 껌 장사로 롯데를 일으킨 신격호, 화물선 선원에서 한진을 키워낸 조중훈, 택시 2대로 시작하여 금호아시아나그룹을 키워낸 박인천, 화약회사 판매사원에서 한화를 키워낸 김종희, 신문배달을 하던 소년이 31살에 창업하여 한때 세계경영의 지구촌 정벌에까지 나섰던 대우의 김우중 등등…. 이루 다 헤아릴 수 없을 만큼이나 많고 또 많았다.

일찍이 춘원 이광수가 감지하고 예언한 그대로였다. ‘…상업에서 화신백화점, 공업에서 경성방직의 확장·발전은 결코 한낱 사실만이 아니오, 뒤에 오는 대군의 척후임이 확실하다’고 한, 오늘날 한국을 탄생케 할 바로 그 대군이 불과 반세기 뒤에 속속 등장하기 시작했던 것이다.

어떻게 된 걸까? 대관절 어떤 신출귀몰한 숨은 재주가 있었기에 지구촌에서도 그 유례를 찾아볼 수 없는 숨 가쁜 수직 상승이 가능했던 것일까? 그것도 식민 지배와 전쟁으로 황폐화 되어 이제 더는 잃을 것조차 없는 희망의 빈곤, 의지 빈곤 속에서 ‘반세기만의 기적’을 이뤄낼 수 있었단 말인가?

4,987만 명의
영웅이 살아가는 나라

악몽과도 같았던 식민 지배와 동족상잔의 전쟁까지 치른 끝에 결국 잿더미만이 남게 된 폐허와 공허 속에서, 그러나 누추한 몸짓을 떨치고 일어나 마침내 에너지를 폭발시킬 수 있었던 건 비단 앞에서 살펴본 그들만의 역량은 결코 아니었다. 지난 반세기여 동안 광야를 건너고 또는 준령을 넘으면서, 그들과 함께 기꺼이 도전과 응전에 나섰던 이름 없는 수많은 이들이 있었다. 지난 천년 동안의 비밀 학습으로 단련되고 근육을 키어온 팔로어follower들의 어기찬 '어제의 도전'이 있었기에 가능한 역사였다. 수많았던 격변 속에서 지금은 아득히 망각되어 비록 몇 장의 흑백사진으로만 남아 있으나, 하지만 결코 잊어서는 안 될 피와 눈물로 얼룩진 그들의 시드머니 또한 없지 않았다.

먼저 많은 젊은이들을 탄광의 광부와 간호사로 멀리 독일로 떠나보내야 했다(1963).

이미 알려진 대로 박정희 정권은 1962년부터 수출 주도의 산업화 전략을 세웠다. 하지만 값싼 노동력만을 가지곤 수출산업을 육성할 수 없었다. 당장 돈이 있어야만 했다. 하지만 미국은 이미 무상원조를 받고 있는 나라에게 차관까지 빌려주긴 어렵다고 버텼고, 일본과는 아직 국교 수립마저 안 된 상태였다. 박정희 정권은 경제사절단을 독일에 파견하여 차관 제공을 요청했다.

독일은 4천만 달러에 달하는 상업차관 제공을 결정해주었다. 문제는 지급보증이었다. 이 문제는 우리의 인력을 독일에 수출하여 그들이 받게 될 급여를 3년 동안 독일 은행인 코메르츠방크에 매달 강제 예치하는 담보 방식으로 해결하기로 했다.[8]

인력 수출 직종은 독일에서 절대 부족한 남자 광부와 여자 간호사였다. 한데 광부 5천 명 모집에 가난한 나라의 대학생 4만 명이 몰려들었다. 간호사 또한 2천 명 모집에 2만 명이 몰려들었다. 치열한 경쟁을 뚫고 선발된 광부 1진 243명이 같은 해 겨울 독일로 떠났다. 이후 15년여 동안 광부와 간호사를 합해 모두 1만2천여 명이 파견되었다.

광부의 경우 한 달 임금이 국내 임금의 7~8배였다. 높은 임금에 독일과 같은 선진국에 가볼 수 있다는 매력도 작용하여 수많은 젊은이들이 몰려들었다. 당초 정부는 모집 대상자를 2년 이상 광부 경력을 가진 사람으로 제한했으나 이상한 일이 벌어졌다. 진짜 광부들은 필요한 서류를 작성하고 구비하는 일이 쉽지 않아 애를 먹는데 반해, 그런 일에 능한 대학 졸업자들이 가짜 서류를 만들어와 대거 끼어들었다.[9] 1963년 수출산업을 육성하기 위하여 독일에서 상업차관으로 빌려온 4천만 달러는 그렇듯 가까스로 마련할 수가 있었다.

참치(다랑어)가 어떻게 생겼는지조차 알지도 못하면서, 그걸 잡으러 무작정 대양을 개척해나간 원양어업 또한 한국의 탄생을 위한 어제의 도전이었다.

한국전쟁이 휩쓸고 지나간 잿더미 속에서 바다의 개척 또한 시급한 과제 중의 하나였다. 그리고 그 바다 개척에 처음으로 주목한 자는 화신백화점의 박흥식이었다. 한국전쟁 때 일본으로 피난을 가 잠시 체류하고 있을 때 다각도로 검토하고 짜낸 그의 신규 사업 계획안이기도 했다.

그 내용을 들여다보면, 일본에서 대규모 선단을 들여와 근해 어업을 크게 벌인다는 것이었다. 당시만 하여도 우리의 어선 보유량이나 어업기술은 너무나 보잘 것이 없었다. 국토의 3면이 바다로 둘러싸여 있으면서도 어업 경쟁력에서는 일본에 한참이나 뒤져있었다. 더구나 전쟁이 휩쓸고 지나간 잿더미 속에서도 어업은 비교적 손쉽게 할 수 있다는 생각에, 이미 일본에서 중고선 약 600여 척을 들여올 수순을 밟던 중이었다.

그러나 박흥식의 이런 꿈은 끝내 물거품이 되고 말았다. "일본이 박 아무개를 통해 경제침략을 하고자 하는 숨은 뜻이 있습네다." 하는 대통령 이승만의 말 한마디 때문이었다.

근해를 벗어나 대양으로 나간 원양어업의 첫 시작점은 1957년 지남指南호에 의해서였다. 해방 이후 원조 자금 32만6천 달러를 주고 미국에서 들여온 선박으로, 냉장실은 물론 방향과 수심, 어군 탐지기 등 각종 첨단 장비를 고루 탑재하고 있는 250톤급 강선이었다. 지남호의 선박명은 '남쪽으로 뱃머리를 돌려 거기서 부를 건져오라'는 뜻으로 이승만이 그렇게 명명했다고 한다.

지남호는 도입 직후 해무청의 관리 아래 주로 연근해 시험 조업에 이용되고 있었다. 그러다 이후 설립된 제동산업(주)으로 넘겨졌다. 제동산업의 심상준 사장은 처음부터 원양어업을 염두에 두고 인수한 것이었다.

심 사장은 곧바로 미 국무성에 줄을 댔다. 파트너는 윔스였다. 해방 이후 미군정장관 더치의 특별보좌관을 역임하고 있을 때부터 친목을 다져둔 사이였다.

심 사장의 연락을 받은 윔스는 사모아의 밴 캠프사에 한국어선이 잡은 참치를 사줄 수 있느냐고 문의했다. 그러나 대답은 별 신통치가 않았다. 한국이 그동안 참치를 어획한 경험과 실적이 없는데다, 이미 계약을 맺고 있는 일본 어선들의 어획만으로도 안정적인 통조림 생산이 가능하다는 것이었다.

심 사장은 단념하지 않았다. 윔스에게 재차 전문을 띄웠다. '(태평양전쟁)종전 이후 일본 경제는 대단히 빠른 속도로 성장하고 있다. 따라서 인건비의 상승 폭도 하루가 다르게 높아가고 있다. 또한 경제 성장에 따른 국민소득의 증대는 젊은이들로 하여금 힘든 작업을 기피하게 만든다. 이렇게 될 때 과연 일본이 앞으로도 밴 캠프사가 원하는 대로 어로 활동을 계속 할 것으로 보는가'?

웜스는 이 전문을 듣고 밴 캠프사를 다시 찾았다. 밴 캠프사의 안정적이고 지속적인 가동을 위해선 '제2의 일본'이 필요하다고 설득했고, 마침내 한국 어선에 기회를 줘보자는 대답을 이끌어냈다. 역사적인 인도양 시험 조업에 나설 수 있게 되는 순간이었다.

마침내 같은 해 6월 두 달여 동안 조업을 하여 223M/T의 참치를 어획해서 15만 달러어치를 수출한다는 부푼 꿈을 안고, 지남호는 뱃고동 소리도 요란하게 부산항을 출항했다. 우리 나라 원양어업사에 첫발을 내딛는 인도양 참치 연승(긴 낚시 줄에 여러 개의 낚시를 달아 바다 속에 늘어뜨려서 물고기를 잡는 방식)의 첫 시험 조업을 위해[10] 거친 파도를 헤쳐 나가기 시작한 것이다.

그러나 단 한 번도 나가본 적이라곤 없는 대양이었다. 더욱이 참치가 어떻게 생겼는지조차 알지도 못한 상태에서 참치를 잡으러 나선 기약 없는 행해였다. 그 날 지남호에 승선한 윤정구(훗날 오양수산 사장) 선장과 김재철(동원그룹회장, 무역협회장) 보조항해사를 비롯한 27명의 선원들은 일찍이 신대륙을 찾아 파로스항구를 떠나던 콜럼버스의 심정과 조금도 다르지 않았으리라.

부산항을 출항한 지남호는 이튿날 일본 시모노세키에 입항했다. 그곳에서 10여 일 동안 급유 및 보급과 수리를 마친 뒤 다시 출항하여, 일주일의 항해 끝에 첫 어업 기지인 대만에 닻을 내렸다.

그리고 다음 날 대만 동쪽 먼 해역에서 어장 탐색을 위한 첫 투승을 실시했다. 선원들은 혹시나 하는 기대감에 부풀었다. 송아지 크기만 하다는 참치는 아니더라도 큼직한 상어라도 잡혔으면 하는 심정으로 낚시 줄을 끌어올렸으나, 실망스럽게도 허탕이었다. 그래도 희망을 저버리지 않은 채 필리핀 근해와 싱가포르 근해로 조업 장소를 옮겨 시험 투승을 계속해보았지만 결과는 역시 참담했다. 대양의 물고기들조차 그런 우릴 우습게만 보았던 것이다.

더구나 연료마저 바닥나고 있었다. 이제는 참치를 잡으러 인도양으로 나갈 수도, 그렇다고 부산항으로 귀항할 수도 없는 난감한 처지에 놓이고 말았다.

다행히 싱가포르에 한국인 한 사람이 살고 있었다. 천연고무를 수입하던 한국무역진흥회사였다. 지남호는 거기서 2,500달러를 가까스로 빌려 급유를 하고 식량과 함께 선수품을 보충한 뒤, 8월초 최종 목적지인 인도양을 향해 다시금 출항했다.

그리고 사흘 뒤인 8월 14일 저녁 마침내 인도양 니코발아일랜드 해역에 도착하여, 광복절이기도 한 이튿날 새벽에 역사적인 첫 투승을 실시했다. 선장의 지시에 따라 선원들은 일제히 낚시를 던졌다. 하지만 참치연승 경험이 있는 자가 있을 리 만무했다. 몇몇은 상어연승 조업이나마 경험을 했다지만, 대부분 연승의 원리도 모른 채 배를 탄 초보자들이기 일쑤였다.

따라서 조업은 서투르고 어설프기 짝이 없었다. 선원들은 책을 들여다보며 거기에 적혀있는 그대로 투승을 따라했으나 그야말로 흉내를 내고 있는 정도의 수준일 따름이었다.

드디어 투승 이후 4~5시간이 지나자 조바심 속에 낚시 줄을 건져 올리기 시작했다. 그러나 빈 낚시 줄만 하염없이 올라왔다. 선원들의 실망감은 이만저만이 아니었다. 그렇게 저마다 말을 잃어가고 있을 즈음 어디에선가 와, 하는 함성이 들렸다. 선원들은 함성에 그

만 일제히 시선을 빼앗겼고, 누군가는 자신이 잡고 있던 낚시 줄을
내팽개친 채 소리 나는 쪽으로 냅다 뛰어갔다.

“…?”

다음 순간 선원들은 낚시 줄을 따라 수면 위로 펄떡거리며 올라
오고 있는 거대한 어체를 발견하곤 방금 전보다 더 큰 함성을 내질
렀다. 누군가는 두 팔을 번쩍 들어 올려 만세를 부르기도 했다. 그
동안 말로만 들어왔던, 책갈피 속의 흑백사진으로만 보아왔던 바로
그 참치였다(실제는 참치와 비슷한 새치였다).

선원들은 생전 처음 보는 자신의 키만 한 거대한 참치를 보자 그
만 입을 다물지 못했다. 그저 신기하고 대견스러워 한동안 눈길을
떼지 못할 정도였다. 서둘러 손질한 다음 냉동실에 보관해야 하는
데도 저마다 다음 작업을 또 어떻게 해야 하는지조차 몰라 우왕좌
왕하고만 있었다.

선원들의 함성 속에 진행된 이 날의 첫 조업은 당시로선 가히 성
공적이었다. 어획량은 0.5톤으로 그리 많진 않았으나, 순수 우리 기
술과 우리 선원들에 의해 얻어진 첫 결실이라는데 자못 의미가 컸
다.

그럭저럭 첫날 조업이 모두 끝난 직후 지남호 선장은 본국으로
무전 연락을 취했다. 광복절인 이날 한국원양어업사의 첫 장을 연
뜻 깊은 낭보를 어서 고국에 전하고 싶었다. 소식을 접한 제동산업
은 말할 것도 없거니와 휴일 당직 근무 중이던 해무청에서도 쾌재
를 불렀다.

지남호는 그 날 이후에도 인도양에서 보름여 동안이나 조업을

　인도양의 참치 원양어업에 이은 북태평양에서
의 원양어업 또한 값진 어제의 도전이었다. 그러
나 북태평양에서의 도전은 엄청난 시련이 뒤따랐
다. 이듬해 여름 저인망 어선 8척과 냉동 운반선
1척으로 선단을 구성하여 출어에 나섰으나, 그만
강한 풍랑 속에 헤어 나오지 못한 채 저인망 어
선 2척이 침몰했다. 승선했던 29명의 선원들은
물귀신이 되고 말았다. 당초 생각했던 것보다 북
태평양에서의 풍랑이 너무나 거칠었던 것이다.
사진은 지남호가 잡아온 참치를 경무대에서 대통
령 이승만과 주한 외교사절들이 구경하고 있다.

계속했다. 어획량은 하루 평균 0.5톤 안팎으로 꾸준히 잡아 올렸으나, 점차 시간이 흐르면서 마실 물이 문제였다.

선장은 하루라도 더 조업할 요량으로 물을 제한시켰다. 양치질과 식용 이외에는 식수 사용을 금했다. 선원들의 고통은 말이 아니었다. 목이 말라붙고 얼굴마다 흰 소금꽃으로 뒤덮여갔다.

이윽고 8월말이 되자 이젠 밥 지을 물 밖에는 남지 않았다. 싱가포르로 귀항을 서둘러야 했다.

결국 지남호는 싱가포르에서 급유와 함께 식료품을 보충한 뒤 부산항으로 돌아왔다. 뱃고동을 울리며 기약도 없는 대양으로 출항한지 108일 만이었다.

지남호가 인도양에서 건져 올린 참치 어획량은 총 50톤 남짓이었다. 전체 어획량의 80% 이상이 고가로 수출할 수 있는 황다랑어였으며, 일부 눈다랑어와 새치도 섞여 있었다. 이 참치들은 노스웨스트 항공편으로 전량 미국으로 공수되었다. 참치의 대미 수출길이 처음으로 열리기 시작한 것이다.

인도양의 참치 원양어업에 이은 북태평양에서의(1966) 원양어업 또한 값진 어제의 도전이었다. 같은 해 여름 부산수산대학 실습학생 34명을 태운 389톤급 실습선 백경호가 한 달간의 어장조사를 마치고 돌아온데 뒤이어, 삼양수산의 조업선(100톤급) 10척으로 구성된 선단의 시험 조업마저 희망적이었다. 북태평양에서의 원양어업이 과연 소문대로 '물 반 고기 반'의 황금어장임을 확인하고 돌아온 것이다.

그러나 북태평양에서의 도전은 엄청난 시련이 뒤따랐다. 이듬해 여름 저인망어선(100톤급) 8척과 냉동운반선(958톤급) 1척으로 선단을 구성하여 2차 출어에 나섰으나, 그만 강한 풍랑 속을 헤어 나오지 못한 채 저인망어선 2척이 침몰했다. 승선했던 29명의 선원들은 물귀신이 되고 말았다.[11] 당초 생각했던 것보다 북태평양의 풍랑이 너무도 거칠었던 것이다.

그렇다고 그 정도의 희생에 겁을 집어먹고 물러날 한국인들이 아니었다. 이듬해 곧바로 대림수산과 한성기업이 배를 띄우면서 합류한데 이어, 조난사고를 당한 삼양수산마저 다시금 가세함으로써 북태평양에서의 원양어업 시대를 본격적으로 열어나갔다.

하지만 당시만 해도 북태평양에서의 원양어업은 주로 100톤급의 소형선을 조업선으로 띄웠다. 대부분 일본 어부들이 자국 연안에서 고기잡이배로 타다가 고물선이 되어 시쳇말로 내다버린(?) 것을 거저 주워온 거였다. 거기에다 기껏 모선을 겸한 냉동운반선으로 선단이 구성됐었다. 70년대 이후 조업선이 좀 더 커지기 전까지는 대개 그 수준을 넘지 않았다.

때문에 말이 좋아 원양어업이지 겨우 100톤급의 소형선으로 북태평양에서 조업을 한다는 건 실로 목숨을 내건 위험천만한 곡예가 아닐 수 없었다. 지금 한강에 떠다니는 유람선들이 대개 400톤급 정도다. 그러니 유람선 크기의 고작 4분의 1 정도 밖에 되지 않은 '쪽박 배'를 타고서 북태평양의 거친 바다 속으로 뛰어들었던 것이다.

더구나 북위 42도에서 50도 사이의 북태평양은 거칠기로 소문이나 뱃사람들마저 두려워서 가지 않는다고 알려져 있는 '죽음의 바다death sea'였다. 그런 망망대해 속에서 그토록 작은 쪽박 배에 목숨을 의지한 채 명태며 연어 따위를 잡아 날라야 했다. 따라서 얼음 같은 북태평양의 심해 속으로 숱한 목숨을 수장하는 대가를 치르지 않으면 안 되었다.

미군부대에서 쓰다버린 군용 드럼통을 주어다가 처음으로 자동차를 만들기 시작한 것 또한 한국의 탄생을 위한 어제의 값진 도전이었다.

동족상잔의 6·25 한국전쟁이 휩쓸고 지나간 잿더미 속에서 이제 막 전후 복구가 한창일 때 첫 국산 자동차가 생산되어 나왔다. 처음으로 자동차를 만들기 시작했다는 뜻으로 이름 붙여진 시발始發이 그것이다.

그렇다고 무슨 공장이 따로 있었던 것도 아니다. 그저 맨 땅 위에 천막을 둘러진 채 사람들이 한데 모여 망치로 드럼통을 두들겨 펴고 부품을 끼어 맞추어 제작하는, 자동차 1대를 만드는데 무려 4개월이 걸렸다고 한다. 참고로 오늘날 현대자동차 아산공장에선 정확히 1분에 자동차 1대씩이 생산되고 있다. 암튼 요즘 식으로 말하면 지구촌에서도 몇 대 안 되는 이른바 수제 차였던 셈이다.

하기는 전쟁을 치른 폐허와 공허 위에서 무엇 하나 변변한 것이 있을 리 만무했다. 해방 이후 미국에서 들어온 거라면 무엇이든 주어다가 일상에 필요한 물건으로 대체해 쓰던 시절이었다. 물건을 담았던 골판지나 나무 박스는 판잣집의 벽체나 지붕으로 쓰였고, 통조림 깡통은 밥그릇에서 냄비, 등잔, 단추와 필통 등과 같은 다양한 물건으로 재생되었다.

한데 한국전쟁이 발발하자 전쟁 수행에 필요한 무기와 탄약, 식량 등의 물자를 수송하는 자동차와 함께 석유를 싣고 온 군용 드럼통이 넘치도록 들어왔다. 그리고 그런 2.5톤 GMC트럭 한 대의 차대로 우리는 보다 더 크게 늘려 버스로 개조하여 타곤 했다. 3/4톤 무기 수송 차량의 차대는 합승차를, 군용 드럼통은 승용차의 차체를 만드는데 사용되었다. 첫 국산차 시발 또한 이른바 '깡통문화'로 대변되는, 전후 미군부대에서 쓰다 버려진 그런 물자들을 활용하여 탄생한 것이었다.

물론 군용 차량의 엔진과 차축만 가지면 망치로 드럼통을 두들겨 펴서 부품을 껴 맞춰 버스와 같은 차량으로 만들어내는 기술(?)은, 이미 일제 강점기인 1940년대 후반부터 쌓아온 우리만의 숨은 노하우였다. 그렇게 한두 대씩 맨손으로 차량을 만드는 작업을 '생산'이라 하지 않고 '꾸민다'고 일컬었다. 자동차를 한두 대씩 꾸며보는 작업은 '40년대의 정비업체들이라면 누구나 경험해본 일이었다. 오늘날 글로벌 현대자동차로 성장한 본 정주영의 현대자동차공업사 역시 자동차 정비업을 하면서 트럭을 몇 대씩이나 꾸미곤 했던 것이다.

때문에 자동차 수리보다는 꾸미는 일에 재미를 붙여 전문적으로 하는 업체들이 생겨나면서, 기존 부품을 재생하여 다른 차종으로 변형한 차량들이 부쩍 늘기 시작했다. 이런 업체 중에는 당시 국제차량공업사, 신진공업사(훗날 신진자동차), 하동환자동차가 유명했다. 전쟁을 치른 직후여서 아직은 기계공업도 변변하지 못한 상태에서 이같이 재생 자동차 제작이 활발하게 이루어질 수 있었던 것은 순전히 미국이 가져온 차량들 때문이었다. 당시 미군 차량들을 수리할 때 버려진 폐품들이 다수 쏟아져 나온 데다, 또한 미군 창고에서 흘러나오는 부품도 결코 적지 않았다. 재생 자동차 제작은 이러한 부품들을 하나도 버리지 아니하고 활용하면서 가능케 된 것이다.

그 가운데서도 국제차량공업사의 최무성, 최혜성, 최순성 3형제가 단연 눈길을 끌었다. 당장 필요한 부품만 해도 1만여 개나 헤아린다는, 그야말로 달걀로 바위를 치는 것과 같은 무모한 도전일 따름이었다.

한데도 국제차량공업사의 3형제는 용감했다. 미군부대에서 흘러나온 부품을 알뜰히 활용하고, 없는 부품은 비슷하게 모방하여 직접 만들어내면서 해결점을 찾아나가기로 한 것이다.

당시 미군정은 운행이 가능한 차량일지라도 심한 고장이나 하자가 발생했을 땐 그냥 고철로 불하했다. 고철로 불하한다는 건 다시는 재생하지 못하도록 차대는 절단하고, 엔진 등의 부품도 재생이 불가능하도록 해체해버린 뒤에야 내놓은 것이었다.

따라서 차량 제작에서 가장 기본이 되는 차대부터 다시 손을 봐야 했다. 미군정에서 불하받은 것을 가져다가 용접해서 붙이고 망치로 두들겨 새로이 맞추어야 했다.

하지만 엔진은 단순치 않았다. 부분적으로 깡그리 파손되어 있어 재생이 어려운데다, 수량 확보도 여의치 않아 가장 어려운 난제였다. 때문에 재생이 가능한 부품은 최대한 살려 쓰되, 일부 부품의 자체 제작을 시도해 조립해 나가지 않으면 안 되었다. 다시 말해 엔진의 국산화(?)에 돌입하지 않으면 안 되었는데, 그런 문제를 해결

해 나가기 위해 당시 업계에서 '함경도 아바이'라고 불리는 기술자
를 모셔왔다.

함경도 아바이라 불리는 사람은 정규 교육도, 그렇다고 엔진 전
문가도 아니었다. 일찍이 원산에서 선박의 수리와 정비를 하면서
오랫동안 기계 부품을 해체하고 수리해온 경험이 전부였다. 오로지
자신의 경험과 어떤 감만을 가지고서 엔진의 국산화에 뛰어든 것
이다.

때문에 쉽지만은 않았다. 엔진 부품의 형틀을 만들고, 쇳물을 부
어 주조하고, 또 가공하는 과정을 수많이 되풀이 하면서 적잖은 시
행착오를 거쳐야 했다. 그런 시련 끝에 만들어져 나온 엔진은 미군
지프의 망가진 엔진을 들어내고 그 자리에 얹어 실시한 시험 주행
에서 다행히 시동이 걸리고 잘 달려주었다. 미군 지프의 4기통 엔
진을 모델로 한 국산 엔진의 국산차가 처음으로 내달리는 감격스러
운 순간이었다.

국제차량공업의 3형제는 그렇게 만든 시발 자동차를 광복 10주
년 기념 산업박람회(1955)에 출품했고, 당당히 대통령상을 받아냈
다.[12] 망치산업시대라고 불렀던 열악한 공업 수준에서 순전히 수작
업으로 태어난, 하지만 우리 나라에서 만든 최초의 자동차로 한국
자동차공업의 탄생을 알리는 첫 출발점이었다는 점에서 자못 의미
가 컸다.

그러나 시발 자동차의 의미는 비단 거기에 그치지 않았다. 그 어
떤 기계공업도 전연 구축되어 있지 않은 척박하기 이를 데 없는 토
양 위에서, 우리가 동원할 수 있는 모든 재료와 형태의 가공법을 찾

아내어 만들어진 순수 '한국산 디자인'이었다는 점도 빼놓을 수 없다.

예를 들면 이렇다. 재료 면에서 철판을 따로 공급해줄 만한 제철소가 없던 시절에 당시 미군부대에서 흘러나온 드럼통은 가장 쉽고 저렴하게 구할 수 있는 철판이었다. 또한 철판이 두꺼워서 자동차 사고에도 안전했으며, 고치기도 쉬운 최적의 재료였다는 점이다.

더욱이 시발 자동차의 3형제는 드럼통을 잘라 망치로 두들겨 펴는 수공 작업에서 보다 효율적인 제조 공정을 계발하지 않으면 안 되었다. 산업박람회 수상 이후 본격적인 양산 체제에 들어가면서, 전 직원이 달라붙어도 시발 자동차 1대를 만드는데 꼬박 이틀씩이 소요되자 당장 문제가 불거졌다. 도저히 주문을 따라가지 못할 만큼 제작 분량이 많아지면서 드럼통을 일일이 망치로 두들겨 펴는 것조차 어려워졌던 것이다.

그래서 생각해낸 것이 철판의 가공 공정을 줄이기 위한 기발한 아이디어였다. 드럼통을 절반으로 잘라내어 대충 편 다음에 한밤중이 되면 공장 앞 을지로 길거리에다 내다놓았다. 그러면 밤새 육중한 GMC 트럭들이 그 위를 지나다니면서 마치 손으로 반듯이 편 듯 납작하게 만들어주었다. 그렇게 반듯하게 펴진 철판을 손으로 정교하게 다듬어서 보다 세련되게 다듬어 나갈 수 있었다.

시발 자동차는 그 위에 다시금 미적 감각을 한껏 발휘했다. 사실 한국전쟁때 쏟아져 들어오기 시작한 미군 지프는 군용이었다. 자동차에 필요한 최소한의 기계 부품만으로 구성되어 있을 뿐더러, 전쟁 임무를 수행할 수 있는 기능만을 반영한 디자인이었기 때문에

시발 자동차의 인기는 가히 폭발적이었다. 자가용과 택시 수요에 대응하면서 을지로 공장에서 생산되어 나오자마자 불티나게 팔려나갔다. 이러한 인기에 힘입은 시발 자동차는 지속적으로 기술력을 개발하여 생산을 늘려나갔다. 한 달에 겨우 1대 제작하기도 어려웠던 시발 자동차를 이듬해부터는 한 달 평균 15대까지 생산해냈다. 이후에도 폭증하는 주문량에 맞추어 설비와 인력을 대폭 확충시켜 월 100대 생산까지 늘려가면서 한국 자동차공업의 초석을 닦았다.

아무래도 승용차로는 어울리지 않았다.

한데 시발 자동차는 그러한 지프를 모방했지만 결코 답습하지만은 않았다. 다소 어려웠음에도 불구하고 승용차로서의 기능과 미감을 고려해서 다시금 디자인 되었다. 하드 탑의 지붕을 얹어 객실을 만들고, 도로 주행이 적합하도록 세부 형태를 계획하고 장식적인 미감도 반영했다. 시발의 라디에이터 그릴은 지프의 평평한 모양에서 V자 형으로 돌출되도록 했는데, 이 모양이 당시로서는 세련되게 보여 반응이 좋았다. 이처럼 지프의 차대와 부품을 고스란히 이용하여 시발 자동차가 만들어지긴 하였으나, 결과적으로 소비자의 요구와 함께 미감을 반영하려는 노력이 덧붙여지면서 자연스럽게 시발의 디자인은 지프와 크게 달라질 수 있었다.

이렇게 만들어진 시발 자동차는 차를 만들 수 있는 그 어떠한 토양도 마련되어 있지 않은 환경 속에서 오직 주어진 조건을 최대한 활용한 의지의 결과였다. 이러한 작업은 시발 자동차 3형제의 경험적 지식과 시대의 감수성을 바탕으로 한 미적 감각의 실현이었으며, 당대의 삶과도 밀착된 디자인이었다.

그러면서 시발 자동차의 인기는 가히 폭발적이었다. 자가용과 택시 수요에 대응하면서 을지로 공장에서 생산되어 나오자마자 불티나게 팔려나갔다. 특히 상류층의 부인들 사이에서 '시발계契' 가 생겨날 만큼 인기를 독차지했다. 당시 시발 자동차의 한 대 값이 30만원이었다는데, 너도나도 구입하겠다고 예치한 계약금만 1억원에 달할 정도였다.[13]

이러한 인기에 힘입은 시발 자동차는 지속적으로 기술력을 계발하여 생산을 늘려나갔다. 한 달에 겨우 1대 제작하기도 어려웠던 시발 자동차를 설비와 제작 과정, 인력을 체계화하면서 이듬해부터는 한 달 평균 15대까지 생산해냈다. 이후에도 폭증하는 주문량에 맞추어 설비와 인력을 대폭 늘려 월 100대 생산까지 늘려나가면서 오늘날 한국자동차공업의 초석을 닦았다.

월남 전쟁에 파병되어(1965) 수많은 젊은 병사들이 피 흘렸던 고귀한 희생 또한 한국 탄생에 결코 빼놓을 수 없는 도전과 응전의 한 장이었다.

그 해 7월 미 대통령 존슨은 박정희에게 보낸 편지에서 '현재 월남에 있는 병력 8만 명을 배 또는 그 이상으로 증가해야 된다는 것이 불가피하다' 며 한국군의 참전을 요청했다. 이에 따라 월남 파병에 정권의 명운을 걸기로 한 박정희는 '한국 정부도 이미 사단 규모의 전투 병력을 월남에 증파('64년 비전투 비둘기부대를 이미 파병시킴)할 계획을 추진 중에 있으며, 다음 달 국회 승인을 얻게 될 것' 이라고 답했다.[14] 8월 13일 국회에서의 파병 동의안은 야당이 불참한 가운데 찬성 101, 반대 1, 기권 2표로 통과되었다. 파월시키기로 한 2만여 명의 전투부대엔 해병 청룡부대를 모체로 하여 창설된 해병 제2여단과 육군 수도사단을 맹호부대라는 이름으로 선정되었다.[15]

이윽고 10월 12일 여의도 광장에 30만 군중이 동원된 가운데 환송 대회가 열렸다. 당시 박정희 정권이 내세운 파병의 명분은 한국전쟁 때 입은 은혜에 대한 보은론과 또 한 가지는 '도미노 이론' 이었다. 박정희는 환송 연설에서 파월 장병들을 '화랑의 후예' 라고 부르면서 '대한 남아의 기개' 를 만방에 떨치라고 말했다.[16]

그러나 월남 파병 문제는 이미 그 이전부터 정계나 언론계에서 그 득실을 놓고 활발히 거론되던 중이었다. 당시의 분위기를 언론인 송건호는 이렇게 말하고 있다.

'…이러한 논의 과정에서 언론계의 대부분은 파병이 후일 한국에 오래오래 문제를 남길 것이라는 비판적 입장이 압도적으로 우세했다. 따라서 이 점에 있어 사적으로는 거의 일치점을 보였다. 그러나 이러한 파병 반대 여론이 신문에는 단 한 번도 제대로 반영되지 못했다. 공개적으로 월남 파병이 앞날의 국가 이익으로 보아 이롭지 않으며, 파병에 반대한다는 주장을 사설을 통해 명백히 밝힌 신문은 하나도 없었다. 단지 파병에는 이러저러한 문제점이 있다는 애매모호한 주장만이 있을 뿐이었다. 언론이 이미 양심과 독립을 제대로 지키지 못한 첫 번째 예였다.' [17]

언론이 이처럼 절대 권력 앞에 침묵을 지키고 있는 사이 파병은 계속되었다. 아울러 한국의 대 베트남 수출은 물품 군납의 증가에 힘입어 크게 증가하고 있었는데, 베트남 특수가 GNP에서 차지하는 비중은 '65년 0.6%에서 '69년에는 3.0%로 올랐다. [18]

또한 월남 파병은 많은 신화를 만들어내기도 했다. 그 신화의 주인공 가운데 하나가 한진이었다. 한진은 월남 특수 5년 동안 모두 1억3,000만 달러를 벌어들여 전형적인 '월남 재벌'이 되었다. 한진은 이 공로를 인정받아 박정희의 배려로 '69년 3월 국영기업이던 대한항공을 인수하면서 일약 재벌로 도약하기 시작했다. [19]

월남 파병은 한일협정(1964)과 더불어 60년대 후반기 고도성장을 이끈 쌍두마차였다. GNP 성장률은 66년 12.6%, 67년 7.8%, 69년

15.0%를 각기 기록했다.[20] 60년대 후반의 연평균 경제 성장률이 11.8%로, 이는 60년대 전반기 성장률 5.5%의 두 배가 넘는 것이었다. 외환 보유고 또한 '64년 1억2,900만 달러에서 '70년엔 8억5,400만 달러로 급증했다.[21]

따라서 이런 베트남 특수를 들먹이며 지금껏 파병을 정당화하는 주장도 없지 않다. 이런 논리에 대해 사학자 한홍구는 이렇게 말한다.

'베트남 특수의 최대 수혜자는 피 한 방울 흘리지 않은 일본이었다. 일본은 매년 우리가 베트남 특수의 전 기간에 벌어들인 금액보다도 훨씬 더 많은 달러를 벌어들였다. 또 베트남 하늘에 더 많은 나라의 국기가 휘날리길 원했던 미국의 요구에 따라 대만은 단 20명의 병력만을 파견했으나, 더구나 단 한 명의 병력조차 파견하지 않은 싱가포르나 홍콩이 베트남 특수를 누리지 못했거나 냉전의 정치경제적 논리 속에서 선택적으로 개방된 미국 시장에서 배제되지는 않았다. 이에 반해 한국은 돈으로 환산할 수 없는 소중한 인명 피해에, 민간인 학살이라는 멍에에, 그리고 미국의 용병이라는 손가락질을 받아가며 베트남 전쟁에서 얻은 경제적 소득은 겨우 20여 명의 병력을 파견한 대만이 얻은 소득을 약간 상회하는 정도였다.'[22]

그렇다. 실제 베트남 특수를 입에 올리기에는 우리가 치러야 했던 희생이 너무나 컸던 게 사실이다. 이동 외과병원과 태권도 교관단 파견(1964)에서부터 주월 한국군 사령부가 철수할(1973) 때까지의 10년 간, 연인원 32만 명을 파병하고 평균 5만여 명을 상시 주둔시킨 가운데 한국군 전사자는 무려 5,000여 명, 부상자는 1만6,000여 명에 이르렀다.

그러나 한국군 전사자 수가 정기적으로 신문에 보도되기는 파병 첫 해인 '65년 한 해 뿐이었다. 박정희 정권은 기자들에 대한 위협은 기본이었고, 온갖 회유와 포섭 공작이 잇따랐다. 여기에다 대중 문화까지 동원시켰다. 한국군의 대량 사망은 은폐되고 만 채, '월남에서 돌아온 새까만 김 상사 이제서 돌아왔네'로 시작되는 김추자의 노래 〈월남에서 돌아온 김 상사('69년 발표)〉'만 한사코 울려 퍼졌다.[23]

어쨌든 월남 파병은 당시에도 찬성의 목소리가 있었는가 하면 반대의 목소리도 있었다. 또 그런 논쟁은 아직도 그치지 않은 채 유효하다. 다만 확실한 것은 베트남 파병에 따른 파월 외화 수입이 5년(1966~1970) 동안 총 6억2,502만 달러였으며, 한국은 베트남 전쟁에서 총액 약 10억 달러 정도의 외화를 획득했다. 월남 파병 10년 동안 젊은 병사들이 피 흘린 대가가 한 해에 1억 달러 정도였으며, 그렇게 거둬들인 외화가 제2차 경제개발 5개년 계획(1967~1971)에 필요한 재원으로 수혈될 수 있었다.[24]

1973년부터 시작된 중동 진출의 붐도 빼놓을 수 없는 역사의 장이었다.

이른바 '월남 특수'가 끊기면서 한국은 다시 새로운 '특수'를 찾지 않으면 안 될 시점이었다. 그럴 때 오일 달러로 흥청대는 중동으로 눈길을 돌렸다. 그렇잖아도 오일 쇼크(1973)로 이미 석유의 위대성을 새삼 절감하게 된 한국으로서는 중동 진출만이 살길이라는

　월남 특수가 끝나면서 한국은 다시 새로운 특
수를 찾지 않으면 안 되었는데, 당시 오일 달러로
흥청대던 중동으로 눈길을 돌렸다. 개별 업체로
는 단연 현대의 활약이 눈부셨다. 월남 특수가 한
진그룹을 낳았다면, 중동 특수는 현대그룹을 길
렀다고 할 정도였다. 현대는 바레인의 아랍수리
조선소 건설공사 수주(1975)를 시작으로, 이듬해
사우디의 주베일 산업항 공사를 9억3,000만 달
러에 수주하는 개가를 올렸다. 우리 정부는 만세
를 불렀고, 이는 ‘국가적인 경사’로 여겨졌다. 그
도 그럴 것이 당시 현대의 수주액은 같은 해 우
리 정부 예산의 약 25%에 달하는 천문학적인 액
수였다. 사진은 현대그룹 정주영 회장의 집무실
풍경.

판단을 내렸음직한 것이다.

이에 따라 월남에 진출한 한국 기업들 가운데 가장 먼저 중동 시장을 두드린 기업은 삼환이었다. 삼환이 사우디의 카이바–알울라 간 고속도로 164킬로미터 구간에 대한 국제입찰에서 낙찰되어 2,405만9천 달러짜리 공사 계약을 체결한(1973) 것이 중동 진출의 첫 신호탄이었다. 당시 사우디 당국은 제다 공항에서 성지聖地 메카로 가는 공항로 1.2킬로미터 구간을 40일 안으로 완공시켜 달라는 무리한 요청을 하기도 했다. 하지만 그런 무리한 요청이야말로 한국 기업만이 가능한 공기工期 단축의 신화로 오히려 빛을 발할 수 있게 되었다.[25]

정부 차원에서의 지원도 한 몫을 거들었다. 박정희 정권이 중동 진출을 강력히 추진하게 된 데에는 경제브레인 오원철의 역할이 컸던 것으로 알려지고 있다. 오원철은 삼환이 중동에 진출하는 것을 지켜보면서 박정희를 설득하기 시작했다. 그는 박정희에게 한국의 세 가지 장점을 역설했다고 한다.

'첫째는, 우수한 인력을 보유하고 있다는 것입니다. 중동은 작업 환경이 가장 나쁜 곳입니다. …선진국 기술자는 돈을 아무리 준다 하여도 그런 곳에 갈 사람이 없습니다. 그런데 한국에는 군인 정신으로 무장한 수십 만 명의 제대 장병들이 있습니다. 월남에서의 경험도 있습니다…. 두 번째 장점은 한국 남자 기능공의 인건비가 선진국보다는 훨씬 싸고 기술 수준은 후진국보다 월등히 높다는 점입니다…. 세 번째가 공기 단축 문제인데, 우리가 가장 자신 있어 하는 점입니다. (중략)각하, 중동에 진출하자면 뒷거래가 꼭 필요하다

고 합니다. 그런데 우리는 이 방면에도 소질이 있지 않습니까? [26]

오원철의 주장에 박정희가 설득되어 중동에 첫 번째 각료급 사절단이 파견(1974)되었다. 새로이 취임한 건설부 장관 김재규에게 박정희는 '오일 쇼크로 인한 외환위기는 오일 쇼크로 부자가 된 중동에서 그 처방책을 찾아야 한다' 라며, 중동건설 진출 진흥책을 마련하라고 강력한 지시를 내렸다. [27]

그 같은 파격적인(?) 지원 덕분에 이듬해부터 중동에서의 수주가 활발히 진행되었다. 총 수주액이 8,900만 달러(1974)에서 이듬해 7억5,100만 달러로 급격히 늘어났다. [28]

월남전 이후 대부분의 해외 송금은 이처럼 중동 지역에서 들어왔다. 파견 노동자들에게서 유입되는 송금액이 1억 달러를(1973) 넘어선 뒤 '75년엔 1억5,800만 달러, '76년엔 3억300만 달러, '77년엔 5억8,400만 달러, '78년엔 7억6,900만 달러, 그리고 '79년엔 11억5,800만 달러로 두 자릿수를 기록했다. 정부는 중동에 파견된 노동자들의 월급 가운데 80% 이상을 반드시 한국은행으로 송금하도록 하는, 강제 송금 규칙을 적용하여 은행에 예치하는 금액을 극대화시키고자 했다. [29]

개별 업체로는 단연 현대의 활약이 눈부셨다. 월남 특수가 한진그룹을 낳았다면, 중동 특수는 현대그룹을 길렀다고 할 정도였다.

현대는 1975년 10월 바레인의 아랍수리조선소 건설공사 수주를 시작으로, 12월엔 사우디 해군기지 해상 공사를 연거푸 따냈다. 이듬해에도 현대는 사우디의 주베일 산업항 공사를 9억3,000만 달러에 수주하는 개가를 올렸다. 정부는 만세를 불렀고, 이는 '국가적인 경사'로 여겨졌다.[30] 그도 그럴 것이 9억3,000만 달러라는 수주액은 같은 해 우리 정부 예산의 약 25%에 달하는 거액이었다.

더욱이 경쟁사가 15억2,000만 달러를 써낸 것에 비해 현대는 그것보다 6억 달러나 낮은 액수로 공사를 따냈기 때문에, 경제부총리 남덕우 등 일부 관료들은 입찰가가 너무 낮아 현대가 손해 보지 않을까 우려를 하기도 했다. 하지만 현대는 그런 우려를 불식시키는 예민한 솜씨를 보여주었다.[31] 여세를 몰아 현대는 사우디 해군의 육상 및 해상기지와 함께 주택성 발주의 주택 전용 항만공사도 수주하여 인근 지역 안에서 합계 18억 달러 이상의 대형 공사를 동시에 추진하게 되었다.[32] 이런 결과 1975년 중동 진출 이후 '79년까지 현대는 약 51억6,400만 달러의 외화를 벌어들였으며, 현대의 총 매출이익 누계 가운데 60%가 해외 건설 공사에서 얻은 이익이었다.[33]

끝으로, 해외 이주 이민 또한 '한국의 탄생'을 위한 또 다른 숨은 도전이었다.

지난 반세기여 동안 우리 나라에서 부의 지도를 찾아 낯선 땅으로 떠난 해외 이주 이민자 수는 어림잡아 700만 명에 달한다. 지금은 지구촌의 어느 곳을 가보아도 한국인들을 어렵잖게 만나볼 수 있을 만큼 선진국에서 후진국에 이르기까지 폭넓게 흩어져 살아가고 있다.

특히 '한상韓商'으로 일컬어지는 재외동포 경제사업 연대 공동체는 눈에 보이지 않는 우리만의 지구촌 네트워크일 뿐더러, 지난 1997년 김영삼 정권이 초래한 IMF 외환 위기로 나라가 큰 어려움에 처해있을 때 미주 지역을 비롯한 해외동포들이 약 1조원을 고국에 송금하여 위기 탈출에 힘을 보태기도 했다. 지금도 미주 지역에서는 해마다 10억 달러 정도가 꾸준히 송금되면서 끊이지 않는 젖줄이 되고 있다.

그러나 돌아보면 결코 잊어서는 안 될 이들은 또 있다. 한국경제를 고도성장시켜오면서 희생된 노동자와 농민이 그들이다.

한국경제가 본격적인 성장 가도를 내달리기 시작하였을 때 우리의 수중에는 축적된 자본도, 기술도, 그야말로 쥐뿔도 없는 폐허와 공허 위에 내던져져 있었다. 그 때 우리가 가진 거라곤 또 의존할 수밖에 없었던 건 오로지 사람, 곧 노동력 뿐이었다. 노동자야말로 한국 경제 성장을 뒷받침해온 주역이었으며, 나아가 한국경제의 성장은 곧 그들의 질적 성숙과 궤를 같이 해왔다고 볼 수 있다. 아니 거기에 전적으로 의존해왔다고 밖에는 말할 수 없다.

예컨대 1960년대에는 나이 어린 10대 중후반의 여성 노동자들이 달러를 벌어들임으로써 비로소 한국의 공업 기반이 구축될 수 있었다. 70년대에는 남성 노동자들이 밖에선 중동 열사의 건설현장에서 달러를 벌어들이고, 안에선 공고 출신의 기능공들이 중화학공업을 일으켜 세웠다. 80년대 후반에 이르러 대학을 졸업한 고급 인력이 대거 산업현장에 합류하면서 첨단산업이 발전하기 시작했고, 유학파들이 가세하면서 세계적 수준의 기술이 개발될 수 있었다.

이같이 짧은 기간 안에 초고속 성장의 기적을 일구어낸 한국경제의 역사를 한 편의 영화라고 본다면, 노동자들은 단연 그 주연배우였다. 노동자들은 혼신의 힘을 다해 연기했고, 자신이 출연한 영화가 흥행에서 대박을 터뜨리는데 결정적인 역할을 다했다. (각본,

연출 등은 지배 엘리트들이 맡았지만)마땅히 탁월한 연기를 해낸 주연배우답게 스포트라이트를 받으면서 박수갈채와 함께 넉넉한 보수를 받아야 옳았다.

하지만 현실은 정반대였다. 노동자들은 주연배우의 역할을 충실히 하였음에도 불구하고 엑스트라 취급에 머물렀다. 스포트라이트나 박수갈채를 받기는 고사하고 철저히 외면의 대상이었다. 넉넉한 보수는 꿈도 꾸기 어려울 정도로 박봉에 시달려야만 했다.

이처럼 고도성장의 그늘에서 숱한 노동자들이 극심한 희생을 치러야 했을 때 이들과 똑같은 운명의 수레바퀴 속으로 빠져들었던 이들은 바로 농촌의 농민들이었다. 노동자들의 희생을 뒷받침하기 위해 또다시 농민들을 희생시키는 연쇄 고리가 형성될 수밖에 없었다.[34]

우리가 지난 반세기여 동안 이뤄낸 놀라운 경제 성장은 오로지 이 같은 역사적, 사회적 기반 위에서 얻어진 것이었다. 4,987만 한 사람 한 사람이 모두가 다 도전과 희생의 영웅적 삶을 살아왔던, 그들이 곧 위대한 이야기 지금의 한국을 탄생케 할 수 있었던 것이다.

박정희와 〈프레이저 보고서〉, 그리고 '천년 동안의 비밀 학습'

참으로 머나먼 길을 더듬어왔다. 아득히 먼 고려 이전의 불교에서부터 조선의 유교를 거쳐 초기 기독교에 이르기까지, 역사라는 아주 오랜 경험의 유산을 두루 살펴보았다. 아울러 그러한 경험의 유산 속에서 한국인들만의 독특한 역사적 근육이라도 해도 좋고, 도저한 문화적 유전자 곧 DNA라 불러도 좋을 '천년 동안의 비밀 학습'이 우리도 모르게 뼛속까지 깊숙이 육화되어 왔음을 발견할 수 있었다.

그러나 그토록 부단히 학습하고 단련해왔음에도 우리에게는 좀처럼 기회가 주어지지 않았다. 억말무본이라는 왕조의 국시에 오랫동안 가로막혀 있다 일제 식민시기에 이르러 비로소 근대화의 이념, 당대 우리의 과제였던 근대화를 우리 스스로 개척하고 단련시켜 이른바 사회적 능력을 키워나가고자 하였음을 목격할 수 있었다. 비록 미행으로 그치고 말았으나 고창 김씨 일가의 경성방직을 비롯한 대군의 척후, 곧 시드머니가 한국인들의 형질 위에 처음으로 뿌려졌으며, 그것이 해방 이후 발아하여 대군으로 몰려오기 시작하면서 마침내 엄청난 에너지로 폭발되었다. 역사와 경제 점쟁이의 제자들마저 놀라게 한 '반세기의 기적'을 이뤄낼 수 있었던 것이다.

그러나 이러한 사실들은 우리가 지금까지 이해하고 것과는 분명 상충되는 면이 있다. 지금껏 박정희의 이름으로 지배해온 경제성장이라는 등식과도 사뭇 다른 시각이다.

사실 일부이긴 하나 그동안 박정희=경제 성장이라는 실체가 애매모호하다는 지적이 없지 않았다. 말들은 요란스러우나 구체적이고 과학적인 데이터를 만나볼 수 없다는 거였다.

실제로 박정희의 통치가 끝나는 마지막 해인 1979년 1인당 국민소득은 1,676~1,679달러 정도였다. 2천 달러를 채 넘지 않는 수준이었다. 더구나 GNP는 마이너스로 돌아섰고, 경상수지는 사상 최악인 41억5천만 달러의 적자를 기록했다. 오일 재고는 7일분 밖에 남지 않았으며, 소비자 물가상승도 18.3%까지 뛰었고, 외환 보유고 또한 바닥이었다는 주장이 그것이다.

그렇다하더라도 국민의 다수가 여태 그렇게 믿어오고 있다. 박정희=경제 성장의 정서가 엄연히 존재하고 있음이 사실이다. 필자 역시 이러한 사실을 존중하는데 조금도 주저하거나 딴죽을 걸 생각이란 일체 없다.

한데 한국의 경제성장을 언급하면서 또한 빼놓을 수 없는 것이 있다. 20여 년 전에 극히 일부 내용만이 책으로 발간되어(실천문학사) 나온데 이어, 최근 들어 영상으로 전모가 공개되면서 단숨에 조회수 100만 건을 간단히 넘긴 미국 의회의 〈프레이저 보고서Fraser Report〉가 그것이다.

요컨대 〈프레이저 보고서〉란 한국이 왜 그토록 빨리 성장할 수 있었는지 그 비밀을 담고 있다. 다시 말해 대다수의 한국인들이 박정희가 우리의 경제를 성장시켰다고 철석같이 믿고 있는데 반해 〈프레이저 보고서〉는 단연코 아니라고 손사래를 친다.

그러면서 1961년 6월 13일, 한국경제 개발 계획이 이미 미국의 백악관에서 우리도 모르는 사이 수립되었다고 말한다. 당시 케네디 대통령 직속 한국 태스크 포스 팀이 작성한 국가 기밀 보고서, 예컨대 미국이 한국을 발전시켜야 하는 이유 3가지를 제시한다. 첫째, 북한 공산주의와의 대결에서 이겨야만 한다. 둘째, 미국의 국가적 위신이 한반도에 걸려 있다. 셋째, 일본을 보호하는데 중요하다. 결국 한국이 무너지면 일본이 위험에 처하고, 미국의 태평양 방어 라인에도 위태로워지게 된다. 따라서 미국의 이익을 지키기 위해서는 한국경제를 발전시켜야 한다는 요지다.

이를 위해 미국은 친미 국가들의 개발을 수행하기 위한 국제개발처AID, 다시 말해 공산주의를 막기 위한 경제 전문가부대(?)를 통

이른바 '반세기만의 기적'으로 일컬어지고 있는 한국의 경제 성장을 언급하면서 결코 빼놓을 수 없는 부분이 있다. 박정희=경제 성장의 정서와 더불어 최근 화제를 모은 바 있는 미국 의회의 〈프레이저 보고서〉가 곧 그것이다. 더욱이 이 둘은 서로 상충된다는 점에서 이슈가 되고 있다. 대다수의 한국인들이 우리 경제를 박정희가 성장시켰다고 철석같이 믿고 있는데 반해, 〈프레이저 보고서〉는 단연코 아니라고 손사래 치면서 쟁점이 되고 있다. 사진은 박정희 국가재건최고위원장 박정희가 미국을 방문했을 때 백악관에서 미 대통령 케네디와 환담하고 있다.

해 경제 원조 방식을 바꾼다. 지금까지의 군사 안보, 전후 복구, 한국인들의 최저 생계유지에만 사용해오던 것을 한국의 경제 개발에 집중 투자하기로 결정한다. 그런 결과 때마침 군사 쿠데타로 정권을 잡은 박정희를 내세운 '수출주도형 국가Birth of Export-Led Nation' 가 탄생하면서 한국이 그토록 짧은 기간 안에 놀라운 경제 성장을 이뤄낼 수 있었다는 것이다.

이것은 앞서 제2장 〈한 송이 국화꽃을 피우기 위해서〉에서 이미 얘기한 조지 프리드먼의 발언과도 일치하는 대목이다. 21세기 노스트라다무스라는 명성을 얻고 있다는 석학 프리드먼이 그로부터 꼭 이 반세기가 지난 시점에서 '1950년대 이후 한국의 발전은 미국과의 전략적 관계에 기초를 두고 있다' 거나, '한국이 미국의 귀중한 전략적 자산이기 때문에 미국시장에 우호적으로 접근할 수 있는 기회가 주어졌을 뿐더러, 기술 이전과 투자가 이뤄졌다' 는 주장과도 그대로 오버랩 된다.

하지만 이것 또한 의문투성이다. 도대체 미국이 언제 어떻게 어느 수준까지 도와주어 우리가 그렇듯 놀라운 경제 성장을 이뤄낼 수 있었다는 것인지 알 수가 없다. 과연 지난 반세기여 동안 우리의 나이 어린 10대 중후반의 여성 노동자들이 저임금으로 희생되고 있었을 때, 숱한 젊은이들이 월남에서 목숨을 잃어가고 있었을 때, 중동 열사의 건설현장에서 굵은 땀방울을 흘려가며 싸우고 있었을 때, 북위 42도에서 50도 사이의 '죽음의 바다' 에서 사투를 벌여가며 그렇듯 어렵사리 달러를 벌어들이고 있었을 때에 미국이 뭘 어떻게 하였다는 것인지 묻지 않을 수 없다.

그러나 이 〈프레이저 보고서〉 또한 전연 뜬금없는 소리만은 아니라는 생각도 든다. 우리가 받아들이건 받아들이지 않건 간에 프리드먼의 예에서 볼 수 있듯이 적어도 미국의 지식인들 사이에선 이미 그러한 정서가 문법화 되어 있음을 확인할 수 있다.

그렇다. 둘 다 그만 유효하다고 치자. 박정희=경제 성장, 인정하기로 하자. 박정희를 내세워 뒤에서 경제 개발을 시켰다는 미국의 〈프레이저 보고서〉 또한 인정하기로 하자. 어떤 형태가 되었던지 간에 우리 나라의 경제 성장에 일정 부분 역할이 있었던 것만은 분명한 사실이기 때문이다.

그렇다하더라도 다시금 남는 문제가 있다. 박정희=경제 성장이나 미국의 〈프레이저 보고서〉를 전적으로 받아들인다 하더라도 여전히 풀리지 않는 의문이 존재한다. 박정희나 〈프레이저 보고서〉 모두 어떤 리더 한 사람에 의해 그렇듯 엄청난 에너지를 폭발시켰다는 얘기인데, 여기에 대한 어떤 구체적인 설명도 들을 수 없다는 점이 곧 그것이다.

생각해보라. 그렇다면 다른 친미 국가들은 왜 우리와 같은 기적이 일어나지 않았던 것일까. 다른 나라들 또한 미국 국제개발처의 경제 전문가부대(?)가 파견되었을 텐데 유독 한국에서만 이 같은 놀라운 기적이 일어날 수 있었단 말인가. 다른 나라들 역시 분명 어떤 리더가 없지 않았을 텐데 말이다. 설령 없었다손 쳐도 그렇다. 그만한 매뉴얼쯤은 미국이 얼마든지 연출할 수 있었을 텐데도 어떻게 이러한 결과가 나온 것인지. 이런 점에 대해서는 또 무어라 설명할 수 있을는지 의문을 갖지 않을 수 없다.

더구나 지구촌을 한 바퀴 둘러보아도 우리와 같이 짧은 기간 안에 폭발적인 경제 성장을 이룬 나라도 없다. 또 이러한 현상은 앞으로 다시는 나타나지 않을 것이라고 전문가들은 단언하고 있다.

어떻게 된 걸까? 그렇다면 박정희도 〈프레이저 보고서〉에 대해서도 다시금 묻지 않을 수 없게 된다. 박정희와 함께 미국 국제개발처의 경제 전문가부대(?) 말고도 한국인들의 그 무엇이 더해졌기에 그토록 짧은 기간 안에 폭발적인 경제 성장이 이뤄졌던 것일까? 우리가 지금껏 한국 탄생의 비밀을 애써 묻고자 한 이유도 딴은 여기에 있었던 것이다.

흔히 산토끼를 사냥하고 돌아온 노련한 사냥꾼은 자신이 어떻게 산토끼를 잡았는지 잘 설명하지 못한다. 그냥 어떻게 하다보니까 잡히더라는 식으로 얼버무리고 말기 일쑤다. 그에 반해 산토끼를 놓친 사냥꾼은 으레 설명이 길어지기 마련이다. 산토끼는 뒷다리가 길어서 언덕을 너무 빨리 뛰어올라 도무지 쫓아갈 수가 없었다거나, 산토끼는 귀가 커서 다가서기도 전에 이미 알아차려 도망치더라는 등 설레발이 길어진다. 돌아보면 우린 지난 반세기여 동안 저마다 산토끼를 사냥했던 노련한 사냥꾼들이었다.

한데도 우리들의 이런 산토끼 사냥에 대해서는 그동안 진지한 논의조차 거의 없었던 게 사실이다. 그저 이런 이야기를 꺼내려 할 적마다 사냥꾼 개인의 능력으로 한정짓고 말았거나, 아니면 어떤 특정인이 산토끼를 잘 몰아준 덕분이 아니었겠느냐며 오도하고 마는 것이 고작이었다.

　　물론 우리가 가야할 길은 아직도 멀기만 하다. 국민소득은 2만 달러를 넘었다는데 국민들은 왜 가난하기만 한지. 기업은 부자라는데 개인은 왜 살기가 더 팍팍해진 건지. 경제대국 10위의 국가라는데 자살률은 왜 그토록 높은 것인지. 노동의 가치는 여지없이 무너져 내려 일자리 고용은 날로 줄어만 가는지. 그저 닫힌 사고와 편향성만이 횡행하고 지배를 하는지. 광화문 앞을 지나 집으로 돌아올 적마다 속절없이 되뇌어보게 되곤 한다.

　　그러나 아직도 식지 않은 〈한국 탄생의 비밀〉이 뿜어내는 열기 때문일까. 필자는 작금의 이런 고난으로부터 탈출을 꿈꾼다. 다시 한 번 역사와 경제 점쟁이의 제자들마저 놀라게 하는, 그러한 탈출을 그려본다. 단지 막연한 미몽이 아닌 우리가 지키고 살아온 역사의 근육을 믿는다. 아니 한국의 탄생은 아직 온 적이 없는 과거일 뿐더러, 그러므로 이제부터 진짜 한국의 탄생이 시작되어질 것이라고 확신한다. 이제 겨우 그 초성을 말했을 따름이라는 걸 여기에 애써 밝혀두고자 한다 ■

The Korean Company Growth's 100 Year History
한국기업 성장 100년史
박상하 지음
한국기업성장 100년史
박상하 지음
기업성장史는 과거와 현재와의 끊임없는 대화이며, 나아가
기업의 미래에 대한 통찰력을 길러가는 유일한 고백이다!
경영자료사
경영자료사

□ 출전을 밝혀주는 원주 목록

제1장 '한국의 탄생' 그 이전의 한국

1) 최창규, 「한국의 사상」, 서문당, 1996

2) 조중화, 「다시 쓰는 임진왜란사」, 학민사, 1996

3) 박상하, 「나를 성웅이라 부르라」, 일송북, 2008

4) 이장희, 「임진왜란사연구」, 아세아문화사, 1999

5) 유성룡, 이재호 옮김, 「懲毖錄」, 역사의 아침, 2007

6) 이기훈, 「전쟁으로 보는 한국역사」, 지성사, 1997

7) 작자 미상, 김광순 옮김, 「산성일기」, 서해문집, 2004

8) 전해종, 「한중 조공관계 개관」, 일조각, 1970

9) 이영훈 외, 「한국 근 ·현대사」, 기파랑, 2008

10) 이영훈 외, 위의 책

11) 이범직, 「이상과 열정, 조선역사」, 쿠북, 2007

제2장 지구촌이 주목하기 시작한 '한국의 탄생'

1) 임종국, 「밤의 일제 침략사」, 한빛문화사, 2004

2) 이영훈 외, 「한국 근 ·현대사」, 기파랑, 2008

3) 천관우, 「자료로 본 대한민국 건국사」, 지식산업사, 2007

4) 이영훈 외, 위의 책

5) 이영훈 외, 위의 책

6) 천관우, 「자료로 본 대한민국 건국사」, 지식산업사, 2007

7) 인촌기념회, 「仁村 金性洙 傳」, 인촌기념회, 1976

8) 로버트 올리버, 박일영 옮김, 「대한민국 건국의 비화」, 1990

9) 김학준, 「해방 공간의 주역들」, 동아일보, 1996

10) 이영훈 외, 「한국 근 · 현대사」, 기파랑, 2008

11) 정진석, 「납북」, 기파랑, 2006

12) 백종천 외, 「6 · 25 전쟁에 관한 연구」, 국사편찬위원회, 1991

13) 백영훈, 「대한민국, 그 위대한 힘」, 연암프레스, 2009

14) 이대근, 「해방 후, 1950년대의 경제」, 삼성경제연구소, 2002

15) 이대근, 위의 책

16) 서중석, 「조봉암과 1950년대」, 역사비평사, 1999

17) 백영훈, 「대한민국, 그 위대한 힘」, 연암프레스, 2009

18) 이재봉, 「미, 민주혁명 막을 군사독재 구상」, 신동아, 1995
　　이완범, 「장면과 제2공화국」, 국학자료원, 2003

19) 새뮤얼 헌팅톤, 이종인 옮김, 「문화가 중요하다」, 김영사, 2001

20) 유병규, 「특별기고」, 조선일보, 2010

21) 박상하, 「한국인의 기질」, 한반도, 2002

22) 현대경제연구원, 「신년특집」, 조선일보, 2010

23) 이부형, 「땀으로 넘은 기술격차」, 조선일보, 2010

24) 동아일보, 「社說」, 동아일보, 2009

25) 복거일, 「한국 지식인, 무엇을 생각하는가」, 민음사, 1998

26) 김진경, 「삼십년에 삼백년을 산 사람은 어떻게 자기 자신일 수 있을까」, 당
대, 1996

27) 조지 프리드먼, 「석학 인터뷰」, 조선일보, 2010

28) 카터 J. 에케트, 주익종 옮김, 「제국의 후예」, 푸른역사, 2008

29) 주익종, 「대군의 척후」, 푸른역사, 2008

30) 서정주, 「한 송이 국화꽃을 피우기 위해」, 1947

제3장 먼저 '천년 동안의 비밀 학습' 이 있었다

1) 윤성환, 「美 종교국장 한국 찾은 이유는」, 매일경제, 2010

2) 김영태, 「한국불교사」, 경서원, 1986

3) 한영우, 「왕조의 설계자 정도전」, 지식산업사, 1999

4) 김영태, 「한국불교사」, 경서원, 1986

5) 과학원 력사연구소, 「조선철학사」, 과학원 력사연구소, 1961

6) 과학원 력사연구소, 위의 책

7) 정항교, 「율곡선생의 금강산 답사기」, 이화문화출판사, 2001

8) 이상국, 「추사에 미치다」, 푸른역사, 2008

9) 박상하, 「한국인의 기질」, 한반도, 2002

10) 박상하, 「명성황후, 최후의 8시간」, 운디네, 2005

11) 이기동, 「유학의 핵심은 동이족 한마음사상」, 주간 동아, 2010

12) 홍찬식, 「한중일 新삼국지」, 동아일보, 2010

13) 장재천, 「조선조 성균관 교육과 유생문화」, 아세아문화사, 2000

14) 한영우, 「왕조의 설계자 정도전」, 지식산업사, 1999

15) 「조선경국전」, 政典 宿衛

16) 「경제문감」, 後序

17) 「조선경국전」, 治典 官制

18) 「경제문감 별집」, 君道 唐堯

19) 한영우, 「왕조의 설계자 정도전」, 지식산업사, 1999

20) 「경제문감 별집」, 宰相 政事當出於中書

21) 「조선경국전」, 治典 宰相年表

22) 위의 책, 禮典

23) 한영우, 「왕조의 설계자 정도전」, 지식산업사, 1999

24) 「조선경국」, 正寶位

25) 한영우, 「왕조의 설계자 정도전」, 지식산업사, 1999

26) 한영우, 위의 책

27) 「경제문감」, 監司 考課法

28) 홍찬식, 「한중일 新삼국지」, 동아일보, 2010

29) 그레고리 클라크, 이은주 옮김, 「맬서스, 산업혁명 그리고 이해할 수 없는 신세계」, 한스미디어, 2009

30) 정진홍, 「대장경의 비밀」, 중앙일보, 2010

31) 김호년, 「古美術저널」, 미술저널社, 2005

32) 이어령, 「뜻으로 읽는 한국어사전」, 문학사상사, 2002

33) 한영우, 「왕조의 설계자 정도전」, 지식산업사, 1999

34) 「불씨잡변」, 佛氏乞食之辨

35) 한영우, 「왕조의 설계자 정도전」, 지식산업사, 1999

36) 박상하, 「경성상계」, 생각의 나무, 2008

37) 오춘호, 「사치도 옹호했던 박제가」, 한국경제, 2010

38) 전주신흥고교, 「선교사들의 내한과 기독교 학교의 설립」, 전주신흥고교, 2004

39) 송규진, 「통계로 본 한국 근현대사」, 아연출판부, 2004

40) 김정운, 「나는 아내와의 결혼을 후회한다」, 쌤앤파커스, 2009

41) 김정운, 위의 책

42) 홍찬식, 「홍찬식 칼럼」, 동아일보, 2009

43) 백성호, 「노트북을 열며」, 중앙일보, 2009

44) 최준식, 「한국인에게 문화는 있는가」, 사계절, 1997

45) 최준식, 위의 책

46) 최준식, 위의 책

47) 최준식, 위의 책

48) 최준식, 위의 책

49) 최준식, 위의 책

50) 최순우, 「무량수전 배흘림기둥에 기대서서」, 학고재, 1001

51) 최준식, 「한국인에게 문화는 있는가」, 사계절, 1997

제4장 욕사무지欲死無地의 조선왕조

1) 이영직, 「세상을 움직이는 100가지 법칙」, 스마트비즈니스, 2009

2) 이범직, 「이상과 열정, 조선역사」, 쿠북, 2007

3) 고석규 외, 「역사 속의 역사 읽기」, 풀빛, 1996

4) 고석규, 위의 책

5) 이범직, 「이상과 열정, 조선역사」, 쿠북, 2007

6) 고영진 외, 「역사 속의 역사 읽기」, 풀빛, 1996

7) 고영진 외, 위의 책

8) 이범직, 「이상과 열정, 조선역사」, 쿠북, 2007

9) 박상하, 「경성상계」, 생각의 나무, 2008

10) 이용선, 「조선거상」, 동서문화사, 2005

11) 박상하, 「경성상계」, 생각의 나무, 2008

12) 야마베 겐타로, 안병무 옮김, 「한일합병사」, 범우사, 1982

13) 도면회, 「일제식민통치연구1」, 백산서당, 1999

14) 김경옥, 「여명80년」, 창조사, 1964

15) 야마베 겐타로, 안병무 옮김, 「한일합병사」, 범우사, 1982

16) 김경옥, 「여명80년」, 창조사, 1964

17) 朝鮮總督府, 「朝鮮 保護及倂合」

18) 고석규 외, 「역사 속의 역사 읽기」, 풀빛, 1996

제5장 19세기까지 세계는 '맬서스의 덫'에 걸려 평평했다

1) 그레고리 클라크, 이은주 옮김, 「맬서스, 산업혁명 그리고 이해할 수 없는
   신세계」, 한스미디어, 2009

2) 필리스 딘, 라경수 외 옮김, 「영국의 산업혁명」, 민음사, 1978

3) 고건, 「시론」, 한국경제, 2009

4) 노택선, 「전쟁, 산업혁명 그리고 경제성장」, 해남, 2005

5) 그레고리 클라크, 이은주 옮김, 「맬서스, 산업혁명 그리고 이해할 수 없는 신세계」, 한스미디어, 2009

6) 필리스 딘, 라경수 외 옮김, 「영국의 산업혁명」, 민음사, 1978

7) 김종현, 「영국 산업혁명의 재조명」, 서울대출판부, 2006

8) 유모토 고이치, 연구공간 수유+너머 동아시아 근대 세미나팀 옮김, 「일본 근대의 풍경」, 그린비, 2004

9) 케네스 비 파일, 박영신 외 옮김, 「근대 일본의 사회사」, 현상과 인식, 1994

10) 유모토 고이치, 연구공간 수유+너머 동아시아 근대 세미나팀 옮김, 「일본 근대의 풍 경」, 그린비, 2004

11) 그레고리 클라크, 이은주 옮김, 「맬서스, 산업혁명 그리고 이해할 수 없는 신세계」, 한스미디어, 2009

12) 홍찬식, 「이토 히로부미의 일본」, 동아일보, 2009

13) 고석규 외, 「역사 속의 역사 읽기」, 풀빛, 1996

제6장 한국 탄생의 '시드 머니'

1) 삼천리, 「朝鮮 近代 三大 財閥 摠解剖」, 삼천리, 1930

2) 삼천리, 「1,200만원이라는 민영휘의 재산은 어듸로 가나?」, 삼천리, 1936

3) 삼천리, 「은행장의 하루」, 삼천리, 1934

4) 삼천리, 「朝鮮 近代 三大 財閥 摠解剖」, 삼천리, 1930

5) 전봉관, 「황금광시대」, 살림, 2005

6) 인촌기념회, 「仁村 金性洙傳」, 인촌기념회, 1976

7) 이영훈 외, 「한국 근·현대사」, 기파랑, 2008

8) 인촌기념회, 「仁村 金性洙傳」, 인촌기념회, 1976

9) 삼천리, 「朝鮮 近代 三大 財閥 摠解剖」, 삼천리, 1930

10) 인촌기념회, 「仁村 金性洙傳」, 인촌기념회, 1976

11) 인촌기념회, 위의 책

12) 삼천리, 「朝鮮 近代 三大 財閥 摠解剖」, 삼천리, 1930

13) 주익종, 「대군의 척후」, 푸른역사, 2008

14) 「경성방직오십년」

15) 주익종, 「대군의 척후」, 푸른역사, 2008

16) 「조선 은행 회사 조합 요록」; 「조선신사록」, 1931

17) 주익종, 「대군의 척후」, 푸른역사, 2008

18) 인촌기념회, 「仁村 金性洙傳」, 인촌기념회, 1976

19) 주익종, 「대군의 척후」, 푸른역사, 2008

20) 동아일보, 1955

21) 「경방육십년」

22) 주익종, 「대군의 척후」, 푸른역사, 2008

23) 주익종, 위의 책

24) 주익종, 위의 책

25) 김연수, 〈금일에 이르기까지〉, 「신민」, 1927

26) 김연수, 「재계회고」, 한국일보, 1981

27) 동아일보, 「태극성표 광고」, 동아일보, 1928

28) 「조선면사포상연합회」, 「조선면업사」

29) 주익종, 「대군의 척후」, 푸른역사, 2008

30) 주익종, 위의 책

31) 주익종, 위의 책

32) 주익종, 위의 책

33) 에드워드 카, 「역사란 무엇인가」, 범우사, 1996

34) 홍재선, 「재계회고」, 한국일보, 1981

35) 주익종, 「대군의 척후」, 푸른역사, 2008

36) 주익종, 위의 책

37) 김연수, 「재계회고」, 한국일보, 1981

38) 주익종, 「대군의 척후」, 푸른역사, 2008

39) 김연수, 「재계회고」, 한국일보, 1981

40) 김연수, 위의 책

41) 주익종, 「대군의 척후」, 푸른역사, 2008

42) 김연수, 「在滿 朝鮮人의 將來」, 滿鮮學海社, 1943

43) 주익종, 「대군의 척후」, 푸른역사, 2008

44) 김용안, 「재계회고」, 한국일보, 1981

45) 주익종, 「대군의 척후」, 푸른역사, 2008

46) 주익종, 위의 책

47) 에드워드 카, 「역사란 무엇인가」, 범우사, 1996

48) 주익종, 「대군의 척후」, 푸른역사, 2008

제7장 '산토끼'의 학습자들과 시발 자동차, 원양어업…

1) 공제욱, 「한국전쟁과 재벌의 형성」, 한울아카데미, 2000

2) 중앙일보, 「삼성전자의 브랜드 파워 순위」, 중앙일보, 2011

3) 자치경찰연구소, 2009

4) 박상하, 「이기는 정주영, 지지 않는 이병철」, 무한 2009

5) 김명호, 「세기의 가교」, 삼연서점, 1996

6) 박상하, 「이기는 정주영, 지지 않는 이병철」, 무한, 2009

7) 이한구, 「한국재벌형성사」, 비봉출판사, 1999

8) 중앙일보, 「실록 박정희」, 중앙출판, 1998

9) 이기홍, 「경제근대화의 숨은 이야기」, 보이스사, 1999

10) 한국원양어업협회, 「한국원양어업30년사」, 한국원양어업협회, 1999

11) 성락곤, 「한국원양어업경영사」, 해암그라픽스, 2003

12) 교통신보사, 「자동차 70년사」, 교통신보사, 1975

13) 전영선, 「고종 캐딜락을 타다」, 인물과 사상사, 2010

14) 정승옥, 「68년 박정희 '북 공격 요구' … 미서 '반대'」, 세계일보, 2002

15) 강준만, 「한국현대사산책」, 인물과 사상사, 2002

16) 한홍구, 「박정희 정권의 베트남 파병과 병영국가화」, 역사비평, 2003

17) 송건호, 「한국현대언론사」, 삼민사, 1990

18) 정성진, 「한국전쟁과 영구군비경제」, 한울아카데미, 2000

19) 백승열, 「재벌그룹, 재벌 총수들」, 문원, 1995

20) 이종오, 「반제반일 민족주의와 6 · 3운동」, 역사비평, 1988

21) 정성진, 「한국전쟁과 영구군비경제」, 한울아카데미, 2000

22) 한홍구, 「박정희 정권의 베트남 파병과 병영국가화」, 역사비평, 2003

23) 한홍구, 위의 책

24) 임영태, 「대한민국 50년사」, 들녘, 1998

25) 강준만, 「한국현대사산책」, 인물과 사상사, 2002

26) 오원철, 「에너지정책과 중동 진출」, 기아경제연구소, 1997

27) 오원철, 위의 책

28) 오원철, 위의 책

29) 신광영, 「동아시아의 산업화와 민주화」, 문학과지성사, 1999

30) 오원철, 「에너지정책과 중동 진출」, 기아경제연구소, 1997

31) 주태산, 「경제 못 살리면 감방간대이」, 중앙출판, 1998

32) 이춘림, 「나의 현대40년」, 아산사회복지재단, 1997

33) 정주영, 「이 땅에 태어나서」, 솔, 1998

34) 박세길, 「미래를 여는 한국인史」, 시대의 창, 2010

집필에 따른 도움 말씀을 주신 분들

김재억((주)삼양사 상임감사), 홍일식(고려대 총장), 정병헌(숙명여대 교수), 김진현(경희대 교수), 백승종(서강대 교수), 김걸(한학자), 김정수(한학자), 박현모 (한국학중앙연구원 교수), 주익종(경제학 박사), 윤해중(인도네시아 대

사), 권상술(세계경영연구원 교수), 이기동(성균관대 교수), 금장태(서울대 교
수), 윤사순(고려대 교수), 오창호 (한신대 교수), 최일권(아시아경제 기자)

한국 탄생의 비밀

2013년 10월 30일 초판 1쇄 인쇄
2013년 11월 6일 초판 1쇄 발행

발행처 | 경영자료사
지은이 | 박상하
발행인 | 마복남
등　　록 · 1967. 9. 14(제311-2012-000058호)
주　　소 서울시 은평구 증산로 403-2
전　　화 (02) 735-3512, 338-6165 | 팩스(02)352-5707

www.kybook.kr / E-mail :bba666@naver.com

ISBN 978-89-88922-66 8 03320

※책값은 표지 뒷면에 표시되어 있습니다.
※잘못 만들어진 책은 바꿔 드립니다.

「한국 탄생의 비밀」 저자 강연 안내

■ 강연 내용

「한국 탄생의 비밀」은 우리의 장구한 역사가 오늘날에도 우리들의 유전자 속에 고스란히 녹아 있다고 보는 데서부터 출발하게 됩니다. 더욱이 오늘날 한국의 탄생과도 매우 밀접하게 관련되어 있음을 또한 전제로 하고 있습니다. 그런 만큼 「한국 탄생의 비밀」이 우리들에게 던지는 질문은 한결 같습니다. 역사 속의 우리들은 과연 어떠한 과정을 거쳐 오늘에 이르렀는지, 지금의 우리가 있기까지 왜 그토록 장구한 시간이 걸려야 했는지, 오늘날의 우리가 탄생하기까지 그런 시간들은 대체 어떠한 역할을 하였는지, 아직도 지구촌에는 구태에 갇혀 헤어나지 못하고 있는 국가와 민족이 적지 않은데도 지난 반세기여 동안 우리의 성장은 그렇듯 역사와 경제 점쟁이의 제자들마저 놀라게 하였는지 등…. 역사를 씨줄 삼고 경제를 날줄 삼아 거시적 관점에서 톺아보는, 경건한 성찰을 통하여 또 다른 지평을 경험케 될 것입니다.

■ 무료 강연 안내

「한국 탄생의 비밀」의 도서 100권 이상 단체 구입 시 저자가 출강하여 무료 강연을 해드립니다.

■ 자세한 문의는 아래로 해주시기 바랍니다.

경영자료사 TEL. (02) 735-3512, 338-6165 FAX (02)352-5707

www.kybook.kr / E-mail :bba666@naver.com